KB124490

오늘부터는 오를 집만 보인다

오늘부터는 오를 집만 보인다

돈 버는 안목을 키우는 하루 30분 부동산 투자 습관

앨리스허(허미숙) 지음

다산북스

좋은 습관을 가진 사람이
좋은 부동산을 내 것으로 만듭니다

앨리스허, 허미숙 대표라는 인물을 단번에 존경하게 된 에피소드가 있습니다. 때는 2016년 겨울, 제가 '대한민국 부동산 투자의 정석'이라는 6주짜리 정규 강의를 진행하고 있을 때였지요. 허미숙 대표는 이 강의의 수강생이었습니다. 그리고 3주 차, '갭 투자의 정석'이라는 파트의 강의를 하던 날이었습니다. "갭 차이만 보면 안 됩니다. 입지와 상품 모두 고려해야 하지요. 판교신도시에도 갭 투자를 할 만한 아파트가 있고, 실제로 갭이 5000만 원이 안 되는 매물도 있습니다"라고 짧게 이야기했던 기억이 납니다.

물론 그 아파트가 어디인지, 아니 하물며 판교신도시의 어느 지역인지조차 언급도 하지 않았습니다. 그냥 지나가는 말로 한 것이었습니다. 실제로 그날 강의에 들어가기 직전에야 확인한 매물이었고 판교신도시에 그런 매물은 딱 하나밖에 없었으니까요. 그날 허미숙 대표는 안부 인사도 없이 빠르게 사라져버렸습니다. 평소엔 강의를 잘 들었다고 한마디라도 꼭 인사를 건네고 가는 그녀였던지라 '뭔가 급한 일이 있나 보다'라고 짐작했었어요. 그리고 정확히 여섯 시간 후, 허미숙 대표에게 전화가 왔습니다.

"빠숑 오라버니! 찾았어요! 그런데 조금 전 매도되었대요."

입이 쩍 벌어졌습니다. 강의장은 강남역 인근이었고, 성남 분당구에 위치한 판교신도시까지는 차를 몰고 가는 절대 시간이 필요합니다. 게다가 판교신도시에 있는 단지가 수십 개는 될 텐데 오로지 갭 금액이라는 힌트 하나만 갖고 모든 퍼즐을 조합해 기어이 물건을 찾아내다니요! 심지어 그 물건을 갖고 있는 중개소까지 찾아내는 그녀의 능력에 두 손으로 '엄지 척!'을 들어 보일 수밖에 없었습니다. 허미숙 대표의 실행력, 그리고 전국을 내 집 마당처럼 훤히 내다보는 정보력에 혀를 내둘렀던 기억이 납니다.

그 이후 허미숙 대표는 말 그대로 승승장구했습니다. 전국을 누비는 투자자로서 모든 종류의 투자를 성공시켰고 다양한 사업에도 도전했습니다. 베스트셀러 저자가 되었을 뿐 아니라 부동산 일타강사로 활약하며 '앨리스허의 부동산 유니버스'를 만들어 고정 팬들을 계속 확보해 나가고 있지요. 지금도 스마트튜브TV의 고정 게스트이자 스마트튜브 경제 아카데미의 인기 강사 그리고 부동산 무크지《올라잇》의 고정 칼럼니스트로서 저와 10년 가까이 함께 작업을 해오고 있습니다. 지금은 오히려 제가 많이 배우고 도움을 받고 있을 정도입니다. 강의의 인기는 더할 나위 없지요. 허미숙 대표가 한번 강의를 하면 앵콜 강의 요청이 쇄도하곤 합니다. 저는 이것이 모두 허미숙 대표가 '현장에 몸담으며 직접 공부한' 진짜 고수이기 때문이 아닐까 생각합니다.

부동산 투자에서 현장을 공부하는 것이 중요한 이유는 여럿 있습니다. 첫째로 시장을 이해하는 데 아주 유리합니다. 현장을 방문하면 해당 지역의 부동산 시장 상황이 어떤지 직접 보고 느낄 수 있습니다. 지역 경제는 물론 사람들이 어디로 이동하는지(혹은 이동해 오는지), 그 지역의 개발은 어떻게 되어가는지 등을 실시간으로 파악할 수 있으며 이는 부동산 가치와 잠재적인 수익성을 평가하는 데 큰 역할을 합니다. 허미숙 대표의 수익률이 뛰어난 이유가 여기에 있겠지요.

둘째로 현장을 자주 가는 사람이 입지 평가 능력에 더 탁월합니다. 현장에 가면 일자리, 교통 편의성, 주변 편의시설, 환경 쾌적성을 직접 내 눈으로 확인할 수 있습니다. 이런 입지 요소들은 임대나 매매 시 가격에 직접적인 영향을 미치지요. 혹자는 "그런 건 집에서 손품으로도 쉽게 파악할 수 있지 않나요?"라고 묻는데, 그 지역에 살아 숨 쉬는 사람만 느낄 수 있는 미세한 변화가 분명 있습니다. 현장에 가야 그 미묘한 차이도 정확히 포착하고, 더 빨리 기회를 선점할 수 있습니다.

셋째로 리스크에 더 유리합니다. 현장 조사를 통해 구조적인 문제나 법적 이슈, 환경적 문제를 사전에 발견할 수 있으니까요. 이러한 위험 요소를 미리 파악하고 대비할 수 있어 장기적으로 투자의 안정성을 높일 수 있습니다.

마지막으로 네트워킹과 협력 면에서 훨씬 우위를 확보할 수 있습니다. 현장을 다니다 보면 현지의 중개인, 개발자, 다른 투자자와의 네트워크를 구축할 기회가 생깁니다. 이러한 인맥은 부동산 시장의 변화에 발 빠르게 대응하고 좋은 투자 기회를 잡는 데 큰 도움이 됩니다. 집은 뭐니 뭐니 해도 사람이 살고live 사는buy 것이니까요.

그래서 저는 부동산 투자에 현장에서 배우는 것, 즉 임장이 투자의 성패를 좌우한다고 몇 번이고 강조합니다. 현장에서 내 발과 귀로 얻은 정보, 그리고 수없이 현장을 가보며 익힌 '직관'은 더 빠르고 정확한 결단을 내리도록 도와줍니다. 그렇게 점차 고수가 되어가는 것이지요. 그리고 이 현장 학습, 즉 임장에서 명실상부한 대한민국 최고의 전문가가 바로 앨리스허, 허미숙 대표입니다. 허미숙 대표

곁에서 그녀가 어떻게 공부하고 투자하는지를 제 눈으로 확인했기에 자신 있게 말할 수 있습니다.

허미숙 대표는 '임장의 여왕'이라 불릴 만큼 부동산 현장 경험이 아주 많습니다. 하지만 단순히 그저 '현장에 많이 가서' 임장의 여왕이 될 수 있었던 게 아닙니다. 그녀의 임장 뒤에는 그곳을 임장하러 가기까지의 치열한 과정이 있습니다. 밥 먹듯이 데이터를 보며 시장의 미묘한 변화를 감지, 오를 지역을 빠르게 찾아내고 매주 성실하게 분양단지를 분석하며 전국의 적정 시세를 파악합니다. 그것도 전국구로 말이지요. 아마도 "○○시 대장아파트의 시세는 얼마지?"라는 질문을 던지면 허미숙 대표가 챗GPT보다도 정확하고 빠르게 대답할 것입니다. 임장을 가기 전에는 모두가 놀랄 만큼 치밀하게 손품을 팔아 그 지역 곳곳을 파악합니다. 그리고 이런 작업을 정말 '습관처럼' 밥 먹듯이 해온 것입니다. 10년 동안이나요!

허미숙 대표는 그녀의 두 번째 책인 이 『오늘부터는 오를 집만 보인다』에서 오를 곳을 찾기 위해 어떤 습관을 만들었고, 그 습관을 어떻게 지켜왔는지 구체적이고 디테일한 방법들을 그대로 전해주고 있습니다. 첫 번째 책도 물론 좋았지만, 개인적으로는 이번 두 번째 책이 더 좋습니다. 허미숙 대표의 가장 큰 장점인 '습관'을 독자들이 쉽게 따라 할 수 있도록 구체적으로 노하우를 풀어주었기 때문입니다.

모두가 똑같은 습관을 갖고 있다면 누구나 똑같은 결과가 나올 것입니다. 하지만 다른 사람들보다 더 좋은 습관을 갖고 있다면 더 좋은 결과를 만들어낼 수 있겠지요. 허미숙 대표는 이를 증명하는 사람이라고 생각합니다. 때론 게으름 피우고 싶거나 잠시 쉬고 싶어도 꾹 참으며 묵묵히 부동산 투자 습관을 지켜온 수많은 순간들이 '앨리스허'라는 지금의 존재를 있게 한 전환점이었을 것입니다. 허미숙 대표의 성공은 결코 그녀가 엄청나게 특출 난 '부동산 천재'거나 남들보다 자본이 많은 사람이어서 이뤄낸 게 아닙니다. 그걸 바로 이 책이 증명하고 있습니다.

허미숙 대표가 이번 책에서 공개하는 부동산 투자 습관과 통찰력은 부동산 투자를 시작하는 이들에게 소중한 가이드가 될 것입니다. 부동산 투자라는 걸 올바르게 이해하려면 이론적 지식과 실제 현장 경험, 두 가지가 고루 필요합니다. 이론적 지식만 갖고는 현장에서만 포착되는 미묘한 변화들을 결코 알 수 없어 타이밍을 놓치기 쉽습니다. 한편 제대로 된 공부 없이 무턱대고 투자하면 예상치 못한 결과 앞에서 좌절할 수 있지요. 허미숙 대표의 책은 부동산의 기본 개념과 전략은 물론 실제 현장에서 무엇을 어떻게 익혀야 하는지까지 저절로 깨우칠 수 있도록 설계되어 있습니다. 초보자부터 경험 있는 투자자까지, 누구나 부동산 시장에 대한 깊이 있는 통찰력을 얻을 수 있을 것입니다. 이 책이 부동산에 대한 여러분의 지식을 한 단계 끌어올리고, 오를 집만 찾아내는 습관들을 몸에 장착

시킬 수 있게 해주리라 믿습니다. 남녀노소 누구나 부동산 시장에서 성공하기 위한 첫걸음을 이 책과 함께 시작하시길 바랍니다. 허미숙 대표의 정수를 담은 이 책을 통해 '오늘부터는 오를 집만 보이는' 안목을 키우시길 진심으로 기원합니다.

스마트튜브 경제아카데미

빠숑 김학렬 소장

평범했던 나는
어떻게 습관의 기적을 믿게 되었나

"지금 해약하시면 이미 납부한 금액의 20%밖에 수령 못 하시는데, 그래도 해약하는 데 동의하시겠습니까?"

보험사 직원의 청천벽력 같은 말에 멍 쨌던 그날을 아직도 기억한다. 회사를 박차고 나온 지 딱 1년이 되는 때였다. 직장에서 제법 고액의 연봉을 받아왔고 남편 역시 사업을 하고 있었기에 퇴사한다고 해서 금방 경제적 어려움이 닥칠 거라곤 생각해 본 적도 없었다. 그러나 회사를 박차고 나와 계좌를 열어보니 은행 펀드매니저의 권유로 들었던 펀드는 반 토막이 나 있었다. 우리는 내 집 한 채도 온전히 장만해 놓지 않은 상태였다. 결국 돈의 노예로 살아온 18년 동안 내가 이룩해 놓은 자산은 하나도 없었던 것이다.

매달 열심히 벌어 아이들 교육에 올인했던 우리였다. 그러나 꼬박꼬박 들어오던 월급은 이제 더 이상 없었고 엎친 데 덮친 격으로 남편의 사업에도 빨간 불이 켜지기 시작했다. 갑작스레 한 달 한 달의 생활비 걱정을 해야 하는 상황이었다. 결국에는 납부할 여력이 되지 않아 노후연금, 종신보험을 중도 해지하러 보험사에 간 길이었다. 그런데 중도 해지를 하면 대부분의 금액이 날아간다니…….

이렇게 되니 노후에 나를 지켜주리라 철석같이 믿었던 보험들이 오히려 자산을 좀먹은 것이나 다름없었다. 통장 속 금액이 말해주고 있었다. 이게 바로 재테크의 '재' 자도 모르고 살아온 대가라고. 그날 나는 손해를 무릅쓰고 꼭 필요한 보험 몇 개만 남겨둔 채 오랫동안 부어온 각종 보험을 해약했다. 마치 썩은 다리를 잘라내는 것처럼 가슴이 아팠지만 돌아보면 그날은 터닝 포인트였다. 내가 당장 할 수 있는 재테크가 뭐가 있을까, 고민하다 '부동산 투자'라는 힌트를 얻은 순간이었으니 말이다.

습관으로
새로운 삶이 시작되다

처음으로 아파트를 매수했을 때는 부동산 투자를 시작한 게 내 인생에서 가장 잘한 결정처럼 느껴졌다. 인천의 한 평범한 주택가에 오래된 소형 평수 아파트를 하나 매수했을 뿐이었지만 어쨌거나 내 명의로 된 아파트가 생겼고, 매달 월세가 꼬박꼬박 들어온다는 게 너무나 기뻤다. 벌써 부자가 된 기분으로 전국 곳곳에서 소액 투자처를 찾아 다녔다. 그러나 그 기쁨도 잠시, 투자금이 뚝 떨어지자 의욕은 함께 사라졌다. 처음에는 불타는 의욕에 휩싸여 서울, 수도권, 지방을 가리지 않고 발 빠르게 달려가 주머니에 있던 돈을 전부 쏟아부었던 나였다. 그런데 돈이 모두 투자한 곳에 묶이자 금세 부동산 공부를 게을리하게 된 것이다.

2년 후 드디어 그간 사 모아둔 아파트들의 전월세 만기가 하나씩 도래하면서 부푼 기대를 안고 아파트들을 하나하나 부동산에 내놓았다. 내 상상과는 조금 달랐다. 제법 좋은 수익률로 미소 짓게 만드는 아파트도 물론 있었지만, 생각보다 안 오른 아파트도 많았다. 심지어 매도를 하려고 부동산에 내놨는데 쉽게 팔리지 않는 아파트들이 속출해 당황스러웠다. 왜 A 아파트는 많이 올랐는데 B 아파트는 이 모양이지? 남들은 잘도 매도하고 얼마를 벌었다고들 하는데, 왜 내 물건은 잘 팔리지 않을까. 과연 나는 무엇을 잘못한 걸까. 물

건들을 쭉 적어놓고 뚫어져라 쳐다봤다. 문제는 하나였다. 그 지역
도, 아파트도 잘 모르면서 그저 '누가 좋다더라' 하는 말에 홀딱 넘
어가 막무가내로 매수하고 왔다는 것. 결국 제대로 된 공부를 하지
않고 시작한 부동산 투자는 모래 위에 성을 짓는 것이나 마찬가지
였다.

처음부터 다시 시작해 보기로 마음먹었다. 이러다가는 인생을
한번 역전시켜보려 시작한 부동산 투자가 도리어 내 삶을 더 불안
하게 할지도 몰랐다. 그렇게 놔둘 수는 없었다. 곧바로 새로운 곳을
매수하러 나가는 대신 먼저 내 투자 방식을 정돈하는 데 집중했다.
매일 밤 10시에 알람을 맞춰놓고 책상 앞에 앉는 습관을 들였다.
'누가 좋다더라' 하는 데 혹해 매일 다른 지역을 살펴보던 것과 달리
내 나름의 지역 공부 순서를 정해 매일 그대로 지역들을 검색해 공
부했다. 정말 별것 아닌 일이었다. 그런데 이 작은 습관들은 '나만의
투자'를 시작했다는 느낌을 주었다. 공급물량 그래프를 주기적으로
살펴보며 '이곳은 얼마 안 가 상승세가 올 것 같은데', '내년부턴 공
급이 줄어드는데, 슬슬 전세가가 올라오지 않을까?' 생각했던 예측
들은 실제로 맞아떨어졌다. 내가 눈여겨봤던 곳에 얼마 안 가 투자
자들이 모여드는 모습을 보며 나는 자신감을 되찾아나갔다. 스스로
에 대한 믿음이 생기자 의욕도 쉬이 사라지지 않았다. 욕심 내지 말
고 하루에 하나의 과제만 하자고 결심하고 꼭 지킬 수 있도록 내 나
름의 공부 루틴도 짜보았다.

'둘째가 학원에서 제일 늦게 오는 날이 목요일이니까 목요일은 임장을 나가는 날로 정해보자.'

'목요일에 임장을 가려면 수요일엔 손품을 팔아서 어디를 중점적으로 봐야 할지 정해야겠지.'

표준국어대사전은 '습관'을 '어떤 행위를 오랫동안 되풀이하는 과정에서 저절로 익혀진 행동 방식'이라고 정의한다. 저렇게 일주일 동안 할 일을 차근차근 정하던 때가 바로 부동산 투자가 매일의 습관으로 자리 잡는 순간이었다. 이때까지도 아직 몰랐다. 아주 작은 습관들이 쌓이고 쌓여 인생을 얼마나 바꿔놓았는지 말이다.

천천히 계속된
놀랍고도 엄청난 변화들

변화는 천천히 이어졌다. 신축아파트를 사고, 분양권을 사고, 재건축 재개발 물건을 샀다. 그것도 남들이 들으면 "그 돈으로 신축을 샀다고?"라고 되묻는 소액으로 말이다. 강사들이 집어주던 곳이나 투자자들이 '거기 오른대' 떠들던 곳에만 찾아가던 과거와 달리 내 손으로 직접 찾아, 내 발로 걸으며 투자 물건을 고르기 시작했다. 처음엔 '내 예측이 과연 맞을까?' 불안하기도 했지만 매수하자마자 코브라 상승을 하는 결과가 몇 번 나오며 신바람이 났다. 부동산 투자

15

습관뿐만 아니라 나의 일상에서도 사소한 습관들을 꾸준히 늘려나갔다. 하루 5000보 이상을 걷고 매일 인증샷을 올리고, 어느 달은 매일 새벽에 일어나 책 10페이지씩을 읽는 등 매달 '이달의 습관'을 하나씩 정해 실천해 보기도 했다. 몸이 예뻐지고, 하루가 의미 있는 시간으로 꽉 차니 매일이 활기차고 즐거웠다.

이런 습관들은 처음 시작할 때는 상상도 못 한 결과들을 불러다 주었다. 속물처럼 보일 수 있겠지만 삶의 여유는 통장에 돈이 쌓일수록 커진다. 좋은 습관을 만드니 돈이 생겼고, 돈이 쌓이며 부자가 되기 위한 습관들도 지속할 수 있었다. 덕분에 내 삶이 조금씩 풍요로워지고 여유가 생기며 내 인품까지도 너그러워지는 경험을 했다. 예전에는 참지 못했던 일들이 참아지고, 용서도 되었다. 그러다 보니 가족과의 관계도 절로 좋아지고 인생 자체에 자신감이 붙었다.

그러던 중 '부동산 투자 강의'라는 새로운 일도 시작하게 되었다. 매주 지도를 만들어 임장을 다니고 임장기를 쓰다 보니, 부동산 카페 '발품'의 수장이신 골목대장 님이 내게 이런 뜻밖의 제안을 해오신 것이다.

"허야, 이번에 부동산 스터디 모임에서 발표를 할 사람이 필요한데 네가 좀 해줄래? 주제는 그냥 하고 싶은 거 하면 돼."

"네, 알겠습니다. 주제는…… 지금 제가 매주 실천하고 있는 임장에 대해 말해드리면 어떨까요?"

"그래, 그래. 임장하는 방법 알려주면 사람들이 좋아하겠네."

그렇게 여러 사람들 앞에서 내 투자에 대해 이야기하는 시간을 처음으로 가졌다. 메모까지 해가며 내 이야기를 귀 기울여 듣는 모습을 보니 절로 기운이 났다. 그런데 강의를 끝내고 내려오자마자 골목대장 님은 곧바로 강사 제안을 주시는 게 아닌가. 강의를 너무 잘한다며, 바로 강의를 모집할 테니 준비하고 있으라는 말에 가슴이 콩닥콩닥 뛰었다.

"60명 모집인데 100명이 넘게 신청했어. 앵콜 강의 해야겠어!"

얼떨떨했다. 한편으로는 아무런 타이틀도 없는 내 강의에 과연 사람들이 모일까 반신반의하고 있었는데, 매일 해오던 '임장 습관'이 이런 결과까지 가져다준 것이다. 나는 그렇게 부동산 투자자로서, 그리고 부동산 강사로서 진짜 인생을 살기 시작했고 종래에는 소액을 굴리고 굴려 서울 도심에 꼬마빌딩까지 매수하며 '건물주'까지 되었다.

그것이 내가 부동산 투자에 대해 책을 쓰며 '습관'이란 키워드를 길어 올린 이유다. 부동산 사무소에 들어가 보는 것조차 떨리던 그때 조금씩 시도했던 아주 작은 습관들이 모여 나를 바꿔놓았다. 하루에 고작 30분~한 시간을 쓰는 별것 아닌 일이라도 꾸준히 하면 인생은 달라지기 시작한다.

지나고 나서 보니 나는 뭘 하든 어떤 방향이나 방법을 또렷이 알고 시작했던 적은 없었다. 무턱대고 일단 들이대고 시작했다. 좋다는 건 무엇이든 열심히 하고, 꾸준히 버텼다. 그러다 보니 실수도, 실패도 많았지만 묵묵히 '계속했다.' 그런 내게 습관은 진짜 인생을 가져다주었다. 나의 수고가, 습관이 쌓이면 정말 뭐든 된다. 정주영 회장도 말하지 않았는가. "자네, 해보기나 했어?"

부자가 될 기회는
아직도 널려 있다

많은 사람이 부자가 되고 싶은 마음은 간절하지만 사소한 일이라도 꾸준히 실천하지 못한다. 새해 첫날, 한 달의 시작인 1일, 그리고 매주 월요일이 될 때마다 우리는 수없이 많은 계획을 세우지만 대부분 '작심삼일'에 그친다. 그 계획만 끝까지 실천했어도 누구나 멋진 몸매의 슈퍼 리치가 되어 있지 않을까? 결국 '그동안 내가 살아온 삶의 결과'가 곧 나인 것이다. 그렇다면 한 번쯤 제대로 습관을 만들어보는 게 어떨까.

하루아침에 벼락부자 되기, 그리고 오랜 시간 자잘한 습관을 쌓으며 매일 조금씩 부자 되기 중 무엇이 쉬울까? 당연히 후자일 것이다. 부자가 되고 싶다면 후자의 방법이라도 기꺼이 선택해야 한다. '돈벼락 맞기'만 마냥 고대하기엔 시간이 너무 아깝다.

게다가 2024년은 대한민국 부동산 대부분이 고정 대비 시세가 20~30%는 하락해 있는 때다. 진정한 고수는 아무도 사지 않을 때 가장 좋은 물건을 싸게 사두고, 집값이 연일 오르고 있다는 뉴스가 나오면 바로 그때 유유자적 팔고 나온다. 지금 시작하면 바로 내가 그 고수가 될 수 있다. 2~3년 전과 달리 소액으로도 선점할 수 있는 곳이 전국에 무수히 많다. 단지 공부하지 않은 사람의 눈에는 보이지 않을 뿐!

이 책에 부동산 고수가 되는 나만의 습관들, 그 습관을 꾸준하게 유지할 수 있는 비법을 모두 눌러 담았다. 부동산 투자를 시작해보려는 분들이 과거의 나처럼 우왕좌왕하지 말고 제대로 된 방법을 배우길 바란다. 무엇보다도 습관을 만드는 데는 돈이 들지 않는다. 강한 의지와 간절한 마음만 있다면 작은 돈으로도 돈이 오는 길목을 선점해 자산 상승을 일궈낼 수 있을 것이다. 아니, 꼭 그러길 바란다. 나의 첫 책으로는 부동산 투자로 당신의 진짜 인생을 시작하길 바랐다면, 이 두 번째 책으로는 당신이 진정한 부자가 되는 지름길을 얻어가길 희망한다.

당신이 부자가 될 기회는 아직도 많다.

2024년 5월
앨리스허

부동산 유튜브나 책을 보면 늘 '공부해야 한다'고 하지만 정작 '그래서 뭘 어떻게?'라는 질문에 대답해 주는 건 없었습니다. 두루뭉술할 뿐 구체적인 계획과 실천에 대한 이야기는 없었지요. 그러나 앨리스허 님은 다릅니다. 하나하나 어떻게 해야 할지를 알려줍니다. 그런 앨리스허 님의 책이라면 '우등생의 비밀 노트' 같은 투자의 비기가 되지 않을까 기대가 됩니다!

— Wit800 님

앨리스허 님의 습관을 따라 하기 시작한 지 벌써 3개월째, 이젠 누가 시키지 않아도 주말이면 척척 임장 지역을 찾아 임장하러 떠납니다. 제 손으로 지역을 찾아내고, 손품을 팔고, 임장을 하는 그 시간이 무척이나 뿌듯합니다!

— 쭈니스 님

그저 '내 집을 사고 싶다'는 막연한 마음만 있을 뿐, 오랫동안 망설이기만 했던 제가 앨리스허 님의 무료 강의 하나를 듣고 곧바로 부동산 공부를 시작했습니다. 그리고 딱 석 달 만에 주택을 매수하고, 내가 사는 지역은 물론 다른 지역도 살펴보는 사람으로 거듭날 수 있었습니다. 집순이인 제가 부동산 공부를 하며 걷는 즐거움도 느끼고, 알던 지역도 새롭게 보이는 기쁨도 느끼고 있습니다.

— 300억 부린이 님

사실 챌린지를 시작하고 처음 한 달은 임장을 가고, 다녀온 후 임장기를 올리기까지 해야 하는 일이 힘들기도, 귀찮기도, 포기하고 싶기도 했습니다. 그동안 했던 수많은 포기들을 떠올리며 이번만큼은 완주해 보자, 하는 다짐을 하며 버티고 버티다 보니 어느새 저는 변해 있더군요. 얼마 전에는 여행하던 중 자연스레 임장을 하고 있는 제 자신을 발견하고 스스로에게 놀랐답니다. 습관이 제 인생에 더 큰 변화를 가져다주리라 이제는 의심치 않습니다.

— 몽개비 님

혼자서 임장을 다닐 때는 가고 싶은 아파트 몇 곳을 가는 데 그쳤는데, 선생님에게 임장을 배우고 나서부터는 지역을 전체적으로 보는 눈이 생겼습니다. 상급지와 비교해 볼 수 있는 능력, 단지별 특성, 학군, 일자리…….
선생님의 말을 들으면 들을수록 생각하는 힘이 쑥쑥 커지는 걸 느낍니다. 이제야 '현장에 답이 있다'는 말이 무슨 뜻인지 이해가 갑니다!

— 스토리 님

부동산에 관심은 있었지만 이런 핑계, 저런 핑계를 대며 미처 공부를 습관화하지는 못했습니다. 우연한 기회로 앨리스허 님의 임장 습관 수업을 듣게 되었고, 처음 강의를 들어보니 '이 기회를 놓치면 평생 후회하겠다'라는 생각이 들었습니다. 습관 챌린지에 참여한 지 3개월, 부동산에 대해 생각하는 그릇이 조금씩 커지고 있다는 게 느껴집니다.

―소보류 님

직장인이 부동산 공부를 하고 임장을 가려면 주말 시간을 할애해야 합니다. 또는 연차를 소진해야 하지요. 그러다 보니 혼자서 부동산 공부를 하는 일이 생각만큼 쉽지 않았습니다. 하지만 올해 2월부터 저는 매주 1회 임장을 갑니다. 심지어 매주 임장을 가지 않으면 불안합니다. 바로 앨리스허 님의 부동산 습관 챌린지를 시작하고부터입니다. 올해 가장 잘한 선택이 이 부동산 습관 챌린지를 시작한 것이 아니었나 생각합니다.

―황금별 님

앨리스허 님과 함께하면서 비로소 꾸준한 임장의 매력과 진가를 깨달을 수 있었습니다. 단편적인 공부로는 절대 얻을 수 없는 지식이 바로 습관에 있었습니다. 혼자라면 절대 오래 하지 못했을 거예요. 부린이를 도와주시는 앨리스허 님에게 너무 감사드립니다.

―금소니 님

지천명이 나이가 되었지만 '하늘의 뜻' 같은 건 아직도 모릅니다. 하나 그건 압니다. 작은 습관 하나라도 다스리지 못한다면 하늘의 뜻을 알아도 아무 소용이 없다는 것을요. 올해는 하나의 습관이라도 제대로 해보고자 앨리스허 님과 함께하고 있습니다. 앨리스허 님과 함께 습관을 지속하다 보면 나도 경제적 자유를 이룰 것이라는 희망이 생깁니다.

― 마음부자 님

앨리스허 님과 습관 챌린지를 하면서부터 부동산에서는 까막눈이나 다름 없던 제가 이제는 주변 지역이 보이고, 입지도 보이고, 가격도 보입니다. 앨리스허 님이 그동안 몸소 깨친 노하우를 모두 전수해 주신 덕분에 부자가 되는 길의 문을 열고 들어설 수 있었습니다. 이제는 차근차근 걸어가기만 하면 되겠다는 자신감이 넘쳐납니다.

― 아이들 님

'도대체 부동산 공부를 어떻게 해야 할까?' 여기저기 강의를 듣고 머릿속 이 복잡할 때 우연히 앨리스허 님을 만나게 되었습니다. 임장할 곳에 대한 자세한 분석과 혼자 하려면 막막한 동선까지! 덕분에 많이 성장할 수 있 었습니다. 무엇보다도 습관을 실천한 후에는 임장기를 쓰며 머릿속으로 한 번 더 새기고, 생각하니 무언가를 했다는 성취감이 들었고, 이는 '나도 무 엇이든 할 수 있다'는 자신감을 갖게 해주었습니다. 이제는 주말이면 설레 는 마음으로 집을 나섭니다.

― 현영 님

차례

1장 · 부동산 투자에서 왜 '습관'이 중요할까?

2장 · 오를 집이 저절로 보이는 아주 작은 일주일의 루틴

3장 · 습관을 돈으로 바꾸는 앨리스허의 족집게 투자 과외

4장 · 최고의 부동산 습관은 어떻게 지속되는가

1장

부동산 투자에서
왜 '습관'이 중요할까?

무턱대고 산 아파트로
절실히 깨달은 '습관'의 필요성

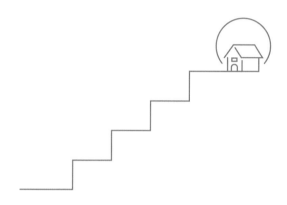

부동산 투자에서 왜 습관 형성이 중요할까? 첫 번째 이유는 '잃지 않는 투자'를 하기 위함이다. 체계적인 부동산 공부를 하기도 전에 섣부르게 판단해 덜컥 매수해 버리면 행복해지는 게 아니라 오히려 자책과 불안 때문에 부동산 투자에서 멀어지게 된다. 사실 매수만큼 쉬운 게 없다. 돈만 있으면 할 수 있는, 부동산 투자에서 가장 쉬운 일이다. 단지 '좋은 곳'을 매수하는 게 어려울 뿐!

나도 부동산 투자를 막 시작했던 초보 시절에는 걸핏하면 마음이 급해졌었다. 지금 당장 하지 않으면 늦을 것만 같고, 내 눈앞에 있는 이 물건이 조금만 있으면 오를 것 같고, 지금 계약금을 쏘지 않으면 누군가가 채갈 것만 같은 조급함에 몸이 들썩거렸다. 쫓기는 마음으로 가계약금을 쏘고 나서야 제정신을 차리고 후회를 하기도 했지만, 이미 엎질러진 물이었다.

2014년 가을, 부동산 투자를 시작한 지 고작 1년도 안 된 매우 위험한 초보 시절이었다. 제대로 된 공부나 인사이트 없이 소액으로 전세 레버리지 투자를 할 수 있는 투자처만 마구 찾아다녔다. 앞으로는 집값이 오를 일만 남아 있다는 말에 공부도 하지 않은 채 급한 마음으로 인천 연수구의 연수동에 임장을 갔다. 경매에 나온 물건을 조사하기 위함이었다. 마침 투자자에게 우호적인 젊은 부동산 소장님을 만나 한참 수다를 떨었다. 소장님 왈, 이 지역은 신혼부부도 많고 바로 길 건너에 남동공단이 있어서 전세 수요가 끊이지 않는다고 했다. 바로 인근인 인천 1호선 원인재역은 이용자 수도 많은 데다가 초·중·고등학교 모두 가까워서 실거주 만족도도 높단다. 게다가 적십자병원과 공원까지 품고 있었다.

여기까지 보니 이 연수솔밭마을아파트는 '입지 대박' 아파트였다. 초보자인 나의 눈에 하트가 그려질 수밖에 없었다. 무엇보다 매매가와 전세가도 붙어 있어서 '아, 드디어 내가 아무도 몰랐던 흙 속의 진주를 찾았구나!' 하는 기쁨에 가슴이 방망이질했다.

'오늘 꼭 이 물건을 사야지' 결심하자 마음이 급해졌다. 투자금을 줄이고픈 마음에 가장 싼 1층을 매수해야겠다고 결정했고 그 자

■ 내가 매수한 연수솔밭마을아파트 입지 ■

리에서 가계약금까지 보냈다. 집으로 돌아오면서도 나는 내가 뭘 잘 못한지도 모른 채 그저 투자금이 적게 들어가는 흙 속의 진주를 찾았다는 기쁨에 취해 있었다.

그러나 기쁨은 잠시였다. 잔금일은 다가오는데 통 전세 계약이 되질 않는 것이다. '전세 수요가 많은 곳이라 했는데 왜 이러지?' 불안한 마음에 알아보니, 전세 물량은 많은데 내 물건은 1층이고 그다지 수리가 잘 되어 있지도 않으니 자꾸만 우선순위에서 밀린다고 했다. 잔금일이 코앞인데도 세입자는 나타나지 않았다. 결국 어쩔 수 없이 은행 대출을 알아보고 잔금과 동시에 월세 계약을 했다.

매수가 1억 3500만 원

대출금 1억 원

월세 보증금 1000만 원 월세 55만 원

수리비 500만 원

투자금 3000만 원 (매수가-대출금-월세 보증금+수리비)

그나마 대출 금리가 낮아서 이자를 내고 나도 매달 월세에서 30만 원 정도가 남으니 애써 그걸로 위안을 삼았다. 그렇게 월세 계약 2년이 지나고, 2016년 만기일이 되었다. 이상했다. 매매가는 그다지 오르지 않고 전세가만 올랐다. 물건을 팔려고 소장님과 전화를 했더니, 인천에 입주 물량이 너무 많아서 아파트 거래가 거의 안 된다고 했다. 다른 집주인들도 매매로 내놓았다가 어쩔 수 없이 전세로 돌리는 상황이란다. 게다가 그동안 월세에서 이자를 빼고 나면 통장에 월 30만 원씩이 들어왔었는데, 대출 규제 때문에 이자만 내던 전과 달리 이자에 원금까지 함께 상환해야 하는 상황이 되어 더 이상 월세 투자의 장점도 없었다. 세입자 만기에 맞춰 매도를 시도했지만 결국 팔리지 않았고, 1억 5000만 원에 새로이 전세를 놓았다. 다행히 전세로 전환하며 투자금을 미리 회수할 수는 있었지만, 나는 많이 오르지도 않은 이 애물단지 아파트를 다시 2년이나 반 강제로 보유해야 했다.

'2014년에는 투자금 3000만 원으로 훨씬 더 좋은 물건을 살 수 있었는데, 왜 그때 그렇게 신중하지 못했을까? 이 오래된 소형아파트에서 탈출이나 할 수 있을까?'

속상했다. 모든 게 좋게만 보였던, 무식해서 용감했던 2014년에는 하나도 보이지 않던 단점들이 이제야 눈에 보였다.

- 인천 연수구에 수년간 공급물량이 집중되어 있는데 매매 흐름이 좋을 수 있을까?
- 역세권이라고 모두 좋은 게 아닌데, 인천 1호선이 어떤 노선인지 공부했는가?
- 오래된 구축 단지 안의 소형아파트 1층, 과연 오를까?
- 이 지역에는 매수 수요가 많을까, 전월세 수요가 더 많을까?

이런 생각들이 그 아파트를 보유했던 기간 내내 속상함과 후회로 남았다. 그때였을 것이다. 이런 주먹구구식 투자로는 부자가 되기는커녕 오히려 잘못 산 물건들로 화병만 나게 된다는 걸 뼈저리게 느낀 게.

아이들에게 공부를 시킬 때는 엉덩이를 의자에 붙이고 있으라고 그렇게 강조하고, 예습 복습 습관을 들이라고 귀에 딱지가 앉게 말하면서도 정작 나는 마음만 급해져서 해야 할 공부는 다 건너뛰고 '돈이 되겠지' 하는 막연한 생각으로 매수부터 했다. 꾸준히 봐야 할 데이터와 꼭 고려해야 할 입지 분석이 있고, 투자금 대비 수익률 분석 등의 공부가 선행되어야 하는데 '어려워서 모르겠고, 일단 내 수중에 돈이 있고 왠지 이 물건이 돈이 될 것 같으니까' 하는 잘못된 판단으로 실패를 저지르고 만 것이다.

세상은 넓고
오를 곳은 많다

이제는 더 이상 물건을 보유하는 내내 '이 물건이 정말 오를까?', '내가 매도해야 할 시점에 팔릴까?' 하는 걱정에 시달리고 싶지 않았다. 철저한 사전 공부를 통해 정말 돈 되는 아파트를 선택하는 '확신'을 갖고 싶었다. 비로소 나는 꾸준한 부동산 공부 습관의 필요성을 절실하게 깨달았다. 더 이상 보고 싶은 것만 보고 듣고 싶은 것만 들으며 여기에 팔랑, 저기에 팔랑하는 부동산 투자를 하고 싶지 않았다.

처음에는 집에 앉아서 공부하는 사이에 좋은 물건이 다 사라져 버리는 건 아닐까, 집에 엉덩이 붙이고 있는 것보단 일단 나가는 게 좋지 않을까 하는 조급함도 들었다. 그러나 부동산 공부를 체계적으로 시작하고 공부 습관을 들이니 알 수 있었다. 세상은 넓고 오를 곳은 많다는 것을.

결코 조급할 필요가 없었다. 실력이 쌓이고 시간이 지날수록 오히려 투자할 곳이 너무 많아서 문제였다. 공부를 할수록 매력적인 투자처가 튀어나왔다. 실제로 매수하기 전에 지역 선택하기, 어떤 물건을 살지 고르기, 언제 사고 또 언제 팔아야 하는지 흐름을 익히기……. 이 일련의 과정을 반복 학습하다 보면 투자할 곳이 눈에 선연히 보였고, 나의 선택에 자신감도 생겼다.

물론 부동산 투자에는 과감한 실행력도 필요하지만, 그 전에 나의 판단에 확신을 가지려면 그 판단을 뒷받침할 근거가 반드시 필요하다. 그 근거를 만들어가는 과정이 바로 부동산 습관이다. 그리고 습관이란 하루아침에 만들어지는 게 아니다. 결국 그 습관이 쌓이는 시간을 견뎌내는 게 부동산 투자의 성공을 판가름하는 진정한 열쇠였다. 제대로 공부하지도 않고 오래된 소형아파트를 덜컥 매수하고, 팔리지도 않아 4년이나 기다려 고작 2000만 원 오른 값에 매도한 '산 경험'으로 얻은 훌륭한 교훈이었다.

대체 뭘 공부하고,
어떤 습관을 길러야 할까?

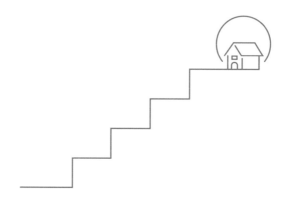

고백하건대 나도 부동산 투자를 시작하고 첫 2년 동안은 방황의 시기를 보냈다. 어떤 데이터를 봐야 하는지, 투자 지역은 어떻게 찾는지도 모르는데 단기간에 돈을 벌고 싶으니 습관을 쌓는 건 뒷전이었다. 이리저리 기웃거리다가 유명 강의를 들어보면 보통 이런저런 이유로 추천해 주는 지역이 있다. 강서구 마곡지구가 좋아진다더라, 마포구가 강북 대장이 된다더라, 성동구가 천지개벽 한다더라……. 나는 행동력 하나는 빨라서 초보 시절에도 그런 얘기를 들은 다음 날이면 무조건 현장을 가보곤 했다.

2015년 처음 가본 마포구 공덕동은 곳곳에 경사가 심한 지형에 주위에는 삼성아파트들밖에 보이지 않았다. 마포래미안푸르지오가 대장아파트라고들 하는데, 역시나 경사가 심해서 올라갔다 내려오는 길이 마치 등산하는 기분이었다. 과연 이곳이 강북의 대장이 될 수 있을까, 반신반의하며 그냥 집으로 돌아왔던 기억이 난다.

강서구 마곡지구도 가봤다. 신축아파트만 있으니 좋아 보이긴 했지만 입주장을 겪은 지 얼마 되지 않아 전세가가 낮아서 투자금이 많이 들어가니 엄두가 나지 않았다. 어딜 가야 하나, 지도를 보다가 가격이 만만한 방화동으로 가서 매매가와 전세가의 차이가 작다는 이유 하나로 21평짜리 구축아파트 2층을 덜컥 사갖고 왔다.

책상에 앉아서 지도를 검색하다 보니 이번에는 성동구 옥수동이 눈에 들어왔다. 옥수역을 끼고 있고, 한강도 보이고 다리를 건너면 바로 강남 압구정이다. 네이버 부동산에서 시세를 조사해 보니 옥수삼성 59㎡형(26평형)의 시세가 4억 6000만 원에 최근 전세가가 4억 원이었다. '우와, 뭐지? 임장 가봐야겠다!' 하고 생각은 했지만 차일피일 미루다가 결국 가보지 못했다.

2014년부터 2년 동안 우왕좌왕 계획 없이 남들이 주는 정보에 휩쓸려 다니며 정작 투자해야 할 곳은 지나치고, 그냥 지나가는 게 나았을 곳에 투자를 했다. 내가 여태 뭘 하고 있던 걸까? 열심히는 하는데 안목이 느는 것 같지도 않고 뚜렷한 성과도 없으니 지치기 시작했다.

가만히 생각해 보면 너무나 당연했다. 그 지역을 몇 번이나 가봤다고 몇 억 원짜리 집을 덜컥 사고, 그 많은 아파트 중 대체 어떤 물건이 오를지를 자신만만하게 이야기할 수 있겠는가. 그게 가능하다고 생각했던 것부터가 위험한 발상이었다. 비유하자면 그때 나는 어디에 유전이 있는지도 모르면서 주변에서 '여기 있대', '저기 있대' 말하는 대로 아무 데나 삽질만 하고 있었던 격이다. 그런다고 석유가 나오겠는가. 일단 나 스스로 유전이 어디 있을지 공부하고 숙고해 범위를 좁힌 후 똑똑하게 파야 했다.

'임장'의 개념을
완전히 바꾸기 시작했다

차를 타고 한 바퀴 돌아보는 식의 임장을 멈췄다. 두 발로 걸으면서 하나하나 내 눈에 익히는 수고스러움을 기꺼이 선택했다. 아는 게 없으니 매번 들어가기 꺼리던 부동산에도 용기 내서 문을 두드렸다. 처음 가는 지역에 대해 빨리 습득하려면 그 지역을 잘 아는 부동산 소장님의 설명이 꼭 필요했다.

그렇게 결심한 후 처음 임장을 한 곳이 내가 사는 지역인 경기도 안양시였다. 동안구, 만안구 중 일단 인구가 더 많은 동안구부터 갔다. 안양은 인구 60만의 도시, 한 번 가봐서 알 턱이 없으니 마을별로 나누어 두세 번 정도 갔더니 그제야 동네별 특장점이 보였다. 그 다음은 만안구. 정비사업이 한창 진행되는 구역들, 월곶판교선 호재를 받는 구역들로 나눠 돌았다. 하루를 꼬박 쏟아도 다 보지 못해 역시나 몇 번을 더 다녀왔다. 두 번, 세 번씩 가면서 임장 가기 전에 손품을 팔며 지역별, 아파트별 가격 차이를 파악했다. 전체에서 범위를 좁혀가면서 속속들이 파악하는, 매우 품이 많이 드는 작업이었다. 이전 같았으면 고작 동안구, 만안구 각각 한 번씩 차를 타고 휘 돌아보거나 아파트 몇 개만 걸은 후 '안양시 임장 다 했다!'라고 쾌재를 불렀을 것이다. 정작 머릿속에 남은 건 하나도 없으면서 말이다. 임장 방식을 바꾸니 안양시가 머리에 다 들어왔다. 마치 도시를 내 손바닥 안에 올려놓은 것 같았다. 그때 깨달았다. 소풍 가듯 한두 군데 다녀오는 건 임장이 아니었다. 그 지역의 전부를 완벽하게 알아가는 것이 진정한 임장이었다.

그러나 임장을 어떻게 해야 하는지 어렴풋이 보여도 해결되지 않는 고충이 있었다. 임장을 어디로 가야 할지 모르겠는 것이다. 임장 지역이 곧 투자할 지역이 될 것이므로 무턱대고 아무 곳이나 갈 순 없었다. 체계적인 계획과 기준이 필요했다. 물론 여러 유명 투자자들의 블로그를 보면 지금 당장 핫한 지역이 어디인지, 반대로 상황이 좋지 않은 지역이 어디인지는 쉽게 알 수 있다. 하지만 핫하다는 지역은 부리나케 달려가 봐도 막상 이미 너무 많이 올라서 소액으로 접근하기 불가능하거나, 괜찮다 싶은 물건은 매도자의 변심으로 계좌를 받기가 어려웠다. 즉, 남들이 다 아는 곳은 이미 '투자 골든타임'을 놓친 것이나 다름없었다. 그럼 나는 어디로 가야 할까? 임장을 하는 법을 알게 되자 이번에는 임장 지역을 내 손으로 찾아보고 싶었다. 그 수준의 '레벨 업'이 필요한 단계였다.

그럼 어떻게 선별해야 할까? 궁리 끝에 찾은 게 '수요와 공급 데이터'였다. 잘 알지는 못했지만 부동산 가격을 올리고 내리는 여러 요소 중 가장 기본이 되는 게 수요와 공급이라고 하니, 거기에 힌트가 있을 것 같았다.

'공급이 많으면 살 사람보다 팔 사람이 많을 테니 살 때 떨어진 가격에 담을 수 있고 공급이 부족하면 팔 사람보다 살 사람이 많으니까 팔 때 가격을 높여서 부를 수 있겠지? 그럼 일단 공급이 제일 많은 지역과 공급이 제일 부족한 지역을 가보고 비교해 보는 건 어떨까?'

그렇게 해서 시작한 게 지역별로 공급물량을 파악하는 습관이었다. 처음부터 너무 많은 데이터를 보려고 욕심을 부렸다간 제 풀에 지쳐 나가떨어질 수 있으니 일단 가장 보기 편한 데이터부터 꾸준히 보자고 결심했다(공급물량을 분석하는 나만의 방법은 2장에서 자세히 다룬다).

공급물량을 파악하고, 그를 통해 임장 지역을 선별하는 단계까지 가는 데 좌충우돌의 과정을 겪으며 거의 2년의 시간이 걸린 듯하다. 그다음 2년은 매주 공급물량 데이터를 손수 입력하는 습관을 만들었다. 매주 금요일 밤 10시에 알람이 울리면 무조건 책상에 앉아 엑셀을 켜고 데이터를 입력했다. 처음엔 뭘 알지도 못하고 무작정 모든 데이터를 입력했다. 일주일 동안 전국에 분양한 아파트를 하나하나 클릭해 상세 정보를 읽어보며 양식의 칸을 채우는 데만 급급했다. 이때까지만 해도 지역별로, 연도별로 어떤 지역에 얼마나 많이 입주할 예정인지를 보기 위함이었으니 개별로 분양하는 단지에는 별 관심이 없었다.

그런데 입력을 하다 보면 1군 건설사의 대단지라든지 분양가가 너무 싸거나 반대로 너무 비싼 경우는 눈에 쏙쏙 들어오곤 했다. 서울 수도권 내지 내가 좀 아는 지역에 분양을 한 경우도 마찬가지였다. 그런 게 보이면 어쩔 수 없이 삼천포로 빠지곤 했다.

'어? 여기에 자이가 들어오네.'

'아니, 분양가가 왜 이렇게 비싸? 위치가 어디길래 그래? 입지 한 번 봐야겠다. 주변 대장아파트가 얼마길래 이러지?'

그나마 내가 아는 지역은 쉽게 분석할 수 있었지만 잘 모르는 지역은 지도를 한참 동안 보면서 해당 아파트가 지어질 위치를 찾아보고, 주변을 검색하고, 네이버 부동산에서 시세도 찾아봐야 하니 시간이 한참 걸렸다. 꼼꼼히 살펴봐도 입지가 좋아 보이는데 미분양이 났다면 슬쩍 부동산이나 건설사에 전화를 해보기도 했다. 그러면 어느새 한두 시간씩 훌쩍 지나 있어 나머지 공급물량을 입력하는 데 애를 먹기도 했지만, 포기할 수는 없었다. 이 데이터를 입력하고, 그중 눈에 띄는 단지들을 분석하는 게 얼마나 큰 공부가 되는지를 내가 몸소 느끼고 있기 때문이었다.

'임장과 공급물량 데이터 보기를 내 운명처럼 여기고 매주 계속하는 루틴으로 만들어봐야겠다!'

부동산 투자를 위한 나만의 습관 캘린더 만들기

지금이야 월화수목금, 주 5일 매일매일 습관 하나씩을 실천하고 있지만 시작은 이토록 미약했다. 소풍처럼 임장을 다녀오는 아주 작은 루틴에서 시작해 지역을 내 손 안에 놓는 임장으로 방식을 바꾸고, 데이터를 하나 골라 꾸준히 공부하며 임장 지역을 선별하고……. 작은 루틴을 차차 고치고, 확장하면서 지금의 습관이 확립되었다. 부동산 투자 습관을 들인다는 게 어쩌면 거창해 보일지도 모르겠지만, 처음에는 쉽게 시작해 볼 수 있음직한 아주 작은 루틴으로 시작해 보길 추천한다. 내가 쉽게, 편하게 할 수 있는 루틴을 골라 하루에 한 가지씩, 혹은 일주일에 한 번 정도로 시작하면 된다.

큰아이가 여덟 살, 둘째가 네 살일 때 본격적으로 부동산 투자를 시작한 나는 처음부터 부동산 공부를 하는 시간을 고정해 뒀다. 육아를 하려면 며칠을 통으로 빼는 것은 사실 불가능했다. 그래서 일주일 중 내가 가장 많은 시간을 할애할 수 있는 날인 목요일을 '임장의 날'로 선언하고, 이날을 제외하고는 약 한 시간 내외면 할 수 있을 정도의 루틴을 요일마다 세세히 나눴다. 그리고 아이들을 일찍 재운 후 밤 10시가 되면 무조건 책상에 앉는 것이다.

수요일은 임장에 필요한 사전 준비를 할 수 있도록 지도를 만드는 날로 정했고, 임장을 다녀온 후 그 기억이 오래 남도록 월요일엔 무조건 기록을 남기기로 했다. 매주 금요일에는 기계처럼 수요-공급 물량을 체크하면서 공급이 가장 많은 지역, 가장 부족한 지역을 임장지로 선별했고 화요일에는 각 지역별로 가장 최신축이 될 분양단지를 체크하며 이 지역의 트리거가 될 법하다고 판단되면 임장지로 선별했다. 수요-공급 데이터를 체크하며 자꾸 삼천포로 빠지다 보니 아예 분양단지를 세세히 체크하는 날을 따로 마련한 것이다. 이렇게 체계적인 계획을 세우고 부동산 공부 습관을 위한 일주일의 루틴을 만들었다.

금요일	지역별 공급물량을 살펴보고 분석하기
목요일	아이들을 학교, 유치원에 보내고 하원 시간인 6시 전까지 임장하기
수요일	임장 갈 곳의 지도를 만들고 사전 조사하기
화요일	부동산114 & 청약홈 사이트를 보면서 분양단지 체크·분석하기
월요일	임장 다녀온 기록을 남기고 부동산 관련 글을 읽기

나는 이를 8년간 매주 꾸준하게 실천하고 있다. 단, 주말에는 종일 아이들에게 올인하고 주중에 아이들이 먹을 음식을 냉장고에 준비해 둔다. 이것이 내가 만든 '일주일 부동산 공부 캘린더'다. 세분화시키니 각 요일마다 내가 정한 공부를 하는 데 긴 시간이 들지 않았고, 육아와 집안일을 병행하기 충분했다. 습관을 반복하다 보니 점점 새로 공부해야 할 것들이 줄어 나중에는 하루 30분으로도 거뜬할 정도였다. 이처럼 '나만의 캘린더'를 만들고 실행해 보길 추천한다.

- 매일 아침 눈뜨자마자 부동산 뉴스와 부동산 블로거의 글을 읽고 내 생각 기록하기
- 이번 주는 어떤 지역에 어떤 아파트가 분양했을지 찾아보기
- 부동산 지인으로 공급과잉 지역, 공급부족 지역 찾아보기

일단은 이런 가벼운 일부터 캘린더에 '오늘의 부동산 공부'로 적어보자. 요일을 정해 정기적으로 하는 게 좋다. 캘린더에 적힌 그날의 공부에 '완료' 표시를 하면 할수록 내 머릿속 창고가 자산으로 가득 채워지는 게 느껴질 것이다.

책상 앞
데이터가 전부는 아니다

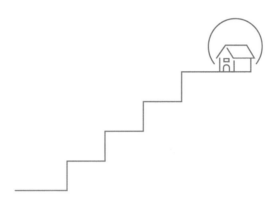

임장을 나가기 전까지 '갈까, 말까' 하는 나와의 싸움에서 이기는 것은 정말 힘들다. 하지만 막상 현장에 나가서 도시의 변화를 느끼고, 그 도시를 내 손 안에 넣게 되면 그 뿌듯함이 계속 신발끈을 매게 만들어준다. 일단 현관문을 나서야 비로소 보이는 것들이 있다. 뉴스나 실거래가 데이터만 보고는 알 수 없는 '현장의 흐름'이란 게 분명히 존재한다.

이를테면 올림픽파크포레온(둔촌주공 재건축) 청약에 당첨된 사람이 2023년 1월에 부동산 하락론만을 굳게 믿고 계약을 포기했다면 얼마나 평생을 자책하겠는가. 분양가 13억 원이던 올림픽파크포레온의 $84m^2$형 실거래가는 약 1년이 지난 2024년 봄, 20억 원을 넘어섰다.

그 당시는 신문이 연일 부동산 하락에 대한 기사로 도배되었을 때였다. 하지만 그 기사만 믿고 잠실의 대장아파트 3인방인 엘스, 리센츠, 트리지움을 좀 싸게 매수할 수 있겠다 싶어 부동산에 왔던 실거주자들은 뉴스와 달리 이미 반등해 있는 가격에 실망하고 돌아가는 일이 부지기수였다. 2023년 1월 잠실의 부동산 현장은 불과 한 달 전인 2022년 12월의 상황과 달리 살 만한 물건이 없을 정도로 반등하고 있었고, 토지거래허가구역이 아니었던 신천동 파크리오는 계약을 하느라 바빠 부동산 소장님들이 점심 먹을 시간도 없다고 할 정도였다. 부동산은 생물과도 같다고 하는 이유가 여기에 있다. 데이터가 실제 현장을 따라가지 못하는 경우가 많다.

부동산 투자는 이론과 현장 경험을 고루 겸비해야 하는 영역이다. 책상 앞에 앉아 있는 엉덩이 힘도 중요하지만 부동산 흐름이 좋아지고 있는지 아니면 여전히 침체기인지, 또 각 지역별로 혹은 아파트별로는 어떠한지는 실제로 현장에 가봐야 가장 정확히 느낄 수 있다. 일률적인 데이터에만 의존해서는 안 된다. 나 역시 책상 앞 데이터에만 의존했다가 실패를 겪은 뼈아픈 기억이 있다.

현장에서 숨 쉬지 않았기에
떠나보내야 했던 흙 속의 진주

2016년 1월 30일, 정자역부터 광교까지 신분당선 연장선이 개통되며 광교에서 강남역까지 30분 안에 도착하는 교통 혁명이 일어났다. 내가 가진 돈으로 당장 강남을 가질 수는 없으니, 강남을 갈 수 있는 신분당선 라인에라도 집 한 채를 갖고 싶었다. 한 채당 투자금 3000만 원을 넘지 않으리라는 기준을 세워 신분당선 라인에서 매매가와 전세가 차이가 3000만 원 미만인 아파트들을 샅샅이 뒤졌지만 광교는 그 투자금으로는 턱도 없었다. 용인으로 넘어와도 수지구 상현동 일대는 이미 너무 살기 좋아서인지 역시나 만만치 않은 시세였다.

고민하던 중 수지와 분당의 딱 중간쯤에 위치한 동천역이 눈에 보였다. 경부고속도로에 가로막혀 있긴 하나, 역 근처에 벽산타운(현 수지벽산블루밍)1단지부터 5단지까지가 주르륵 위치해 있었다. 신분당선을 걸어서 갈 수 있는 위치인데 59㎡형 시세도 3억 원대이고 전세가는 매매가와 붙어 있었다. 신분당선 라인인데 어떻게 이런 가격이 나올 수 있을까! 신분당선이 1월에 개통했음에도 4월까지 전혀 상승이 이뤄지지 않은 터라 내 심장은 방망이질하기 시작했다.

쾌재를 부르며 다음 날 얼른 달려가 내 발로 입지를 확인해 봤다. 벽산타운2단지와 4단지 사이에 동천역과 연결되는 토끼굴이 있었고, 초·중·고등학교를 전부 품고 있는 데다 상권도 나름대로 나쁘지 않았다. 곧바로 부동산으로 달려가 3억 4000만 원에 나와 있는 집을 100만 원 조율해 3억 3900만 원에 매수했다. 동천역까지 가장 빨리 걸어갈 수 있는 동이라 위치도 좋았고, 수리가 일부 되어 있어서 큰돈을 들이지 않고 바로 전세를 맞출 수 있었다. 3억 1000만 원에 전세를 놓았으니 투자금은 내 계획대로 3000만 원 미만이었다. 나도 신분당선 라인에 아파트를 가졌다는 뿌듯한 마음으로 집에 돌아왔다.

그런데 그로부터 1년 4개월 후, 세입자가 갑자기 이사를 가겠다고 했다. 당시는 2017년 12월, 데이터를 보니 용인 공급과잉 구간의 시작점이었다. 실거래가 데이터를 보니 역시나 가장 최근 전세가가 2억 7000만 원이었다. 이는 새로 전세를 놓으려면 최소 3000~4000만 원은 추가로 마련해야 한다는 뜻이었다. 항상 빠듯한 투자금으로 소액 투자를 고집해 왔던지라 3000~4000만 원의 역전세 리스크를 떠안는 것이 내겐 큰 부담이었다. 게다가 전세가도 문제지만 전세를 찾는 손님이 아예 없다는 게 더 큰 문제였다. 아직 계약 기간이 8개월 정도 남았으니 버텨볼까도 싶었지만, 세입자가 만기를 채운다 해도 그 시점은 2018년 8월이니 공급과잉의 절정이 될 터였다. 어떻게 보면 지금이 전세를 빼기 더 쉽겠다는 생각이 들었다. 얼른 전세를 내놓았지만 전세, 매매 모두 물량이 쏟아진다는 소장님의 말에 절로 마음이 초조해졌다.

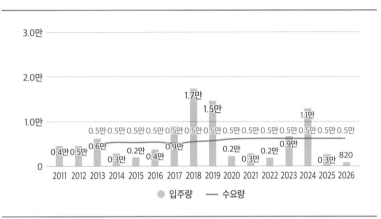

출처: 부동산지인

나는 소장님께 전세든 매매든 좋으니 뭐든 빠른 걸로 해달라고 졸랐다. 다행히 두 달여 만에 매수자가 나타나긴 했지만 너무 많은 흥정을 요구했다. 그럼에도 마음이 급했던 나는 속상함을 가득 안고 어쩔 수 없이 매수자가 원하는 가격에 맞춰줬다. 3억 3900만 원에 매수한 아파트를 고작 3억 6500만 원에 매도한 것이다. 많이 오를 거라고 예상하고 자신만만하게 매수한 물건이었는데 별반 오르지 않은 가격으로 매도하게 되어 아쉬움이 많이 남는 투자였다.

끈기 있는 엉덩이 힘도,
튼튼한 다릿심도 필요하다

그러던 어느 날, 투자자들이 모인 한 단체카톡방에서 '죽벽'이라는 이름이 연일 거론되는 걸 보았다. 죽벽이란 죽전벽산타운, 바로 내가 얼마 전 팔았던 그 아파트였다. 깜짝 놀라 대화 내용을 훑어봤더니 부산 투자자들이 죽전벽산을 전세 레버리지 투자로 엄청나게 담고 있다고 했다. 신분당선 라인에서 유일하게 갭이 작은 '흙 속의 진주'라면서 말이다. 얼른 내 매도 계약서를 확인해 보니 공교롭게도 이 매수자 역시 부산 사람이었다. 급히 찾아보니 2018년 1월부터 2월 동안 죽전벽산의 거래 건수가 폭증한 게 아닌가.

최초 전세 계약 만료일이었던 2018년 8월에는 매매가가 4억 8000만 원, 전세가가 3억 원이었다. 만약 그때까지 기다렸다가 새로 세입자를 들였다면 내 자금을 1000만 원만 투여해도 됐고, 매도했다면 내가 매도한 가격보다 1억 1500만 원을 더 받을 수 있었다. 한동안 속상함과 자괴감으로 잠이 오지 않았다.

나는 무엇을 잘못했을까? 한참을 책상에 앉아 여러 데이터를 보고 비교 분석을 해보았다. 역전세 혹은 공실의 위험을 맞이하게 될까 봐 두려워 너무 미리 움직인 탓에 대세 상승의 흐름을 타지 못하고 매도해 버리는 큰 실수를 했다. 다시는 이런 뼈아픈 경험을 하고 싶지 않았다. 물론 위기에 대처할 여유 자금을 갖고 있었다면 이번처럼 어쩔 수 없이 물건을 던져버리는 사태를 맞이하진 않았겠지만, 단순히 자금만의 문제는 아니었다. 정말 팔 생각이 없었다면 자금은 어떻게든 마련하지 않았을까. 내 문제점은 '책상 앞 데이터'에만 너무 급급했다는 것이었다. 단순히 수요와 공급만 보고 공급이 많으면 가격이 떨어지고, 공급이 부족하면 가격이 오른다는 절대적인 원칙에만 갇혀 있었던 것이다.

그럼 이런 반전이 왜 일어난 걸까? 글로벌 금융위기 이후 서울 수도권 부동산 시장이 하락·보합장이었기에 2016년 신분당선 개통 호재도 대단한 상승을 일궈내지 못했었다. 그러나 경기도 대세 상승장이 2017년 하반기부터 시작되고 이 흐름이 2018년 용인까지 전달되자 그제야 신분당선을 품은 용인 수지구가 주목받기 시작했다. 많은 공급물량에도 불구하고 말이다.

부동산 가격이란 단순하게 수요와 공급만으로 오르고 내리는 게 아니고 이 밖에도 고려해야 할 요소들이 많다는 걸 경험으로 몸소 깨닫게 되었다. 제아무리 대형 호재일지라도 하락장을 만나면 힘을 못 쓰고, 반대로 상승장에는 아주 작은 개발 호재도 큰 상승을 일궈낼 수 있다는 사실을 배웠다. 또한 집값을 상승시키는 가장 강력한 호재는 교통망이며 얼마나 빨리, 그리고 편하게 강남에 진입할 수 있느냐에 따라 부동산 가격이 결정된다는 것도 알 수 있었다.

2018년 봄, 강남역부터 신분당선 라인을 따라 내려가며 지역별 아파트 가격을 분석하면 내가 보유했던 죽전벽산만이 저평가돼 있다는 걸 알 수 있다. 죽전벽산은 신분당선 역세권이라는 엄청난 가치를 품고 있었지만 부동산 하락·보합장과 지역의 공급과잉을 함께 맞이하며 힘든 구간에 와 있을 뿐이었다. 그야말로 위기 속에서 기회를 잡을 수 있는 아파트였다. 그걸 알아본 부산의 투자자들이 몰려왔고, 위기가 두려웠던 나는 누구보다 먼저 흙 속의 진주를 발견했음에도 이를 상승의 초입에서 헐값에 팔아버리는 속 쓰린 경험을 한 것이다.

이제는 조금 더 체계적인 공부를 해야 했다. 한 지역에 국한해서만 볼 게 아니라 전체적인 흐름, 그 흐름이 어디로 이어져 가는지에 대한 거시적인 공부가 필요했다.

미래를 내다보는 정확한 입지 분석을 하기 위해 손품과 발품을 쌓고, 그걸 바탕으로 한 단계 더 나아가 부동산 시세의 흐름을 파악해야 투자에서 진정한 성공을 거둘 수 있을 터였다. 그러기 위해 서울 강남부터 제대로 시작해야겠다는 새로운 목표를 세웠다. 그렇게 나는 2018년 봄부터 초심으로 돌아가 서울 25개 구부터 다시 공부하기 시작했다. 최저가 매수 타이밍에 발견한 흙 속의 진주를 진주인지조차 모르고 떠나보낸 이 사건은 오히려 내 투자의 스펙트럼을 한 단계 넓히는 터닝 포인트가 되어줬다.

현장은 고작 한 번 본 사람에게
답을 들려주지 않는다

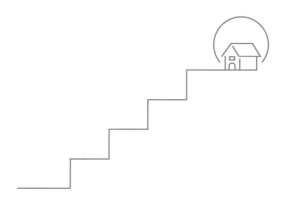

나는 부동산 투자에서 가장 중요한 습관이 임장이라고 생각한다. 나도 처음에는 부동산 문을 열고 들어가는 것이 두려워 문 앞에서 서성이기도 했고, 용기를 내서 들어간 부동산에서는 버벅거리다가 "더 공부하고 와요!"라는 모진 소리를 듣고 쫓겨나기도 했다. 쭈뼛쭈뼛 가서 아파트를 돌아봐도 대체 어디가 좋은 것인지, 가서 무엇을 봐야 하는지 전혀 감이 오지 않으니 '이거 시간 낭비 아닌가' 하며 반신반의하기도 했다.

하지만 어찌 첫 술에 배부를 수 있으랴! 가고 또 가야 한다. 가는 지역마다 걷고 또 걷고 부동산에 들어가서 수없이 똑같은 질문을 되풀이하면서 귀동냥을 했다. 임장 습관이 쌓여 나의 창고에 부동산 지식이 저장돼 가는 시간만큼 부동산 소장님들과 주고받는 대화의 수준도 높아져 갔다. 한 지역을 여러 번 가다 보면 그 지역 주민들보다도 내가 더 그 지역을 훤히 꿰뚫어보는 혜안을 갖게 된다.

'아, 이 동네 암울하구나, 여기 더 떨어지겠구나', '지렁이도 밟으면 꿈틀하는 가격인 걸. 바닥이다', '어라? 여기 돈 되겠다. 당장 사야겠다.' 차차 그런 생각들이 머릿속에 떠오르기 시작했다. 그리고 현장에 간다 해도 어느 날 한 번 가봤다고 해서 흐름이 절로 파악되고, 매수·매도 타이밍이 보이는 게 아니었다. 한 지역을 주기적으로 들락거려야 타이밍을 잡을 수 있다는 걸 알게 되었다. 한 번 가고 끝나는 게 아닌 꾸준한 임장 습관이 필요했다. 사실 가장 익숙한 우리 동네조차 언제가 투자 적기인지 알기 어려운데, 생전 처음 가보는 지역을 한 번 가봤다고 해서 어떻게 투자 타이밍을 알 수 있겠는가.

그래서 나는 임장을 단지 '당장의 투자 물건을 정하기 위해 가는 일'이 아닌, '습관처럼 매주, 같은 지역도 한 번, 두 번, 세 번 이상 가보는 일'로 정의했다. '현장에 답이 있다'는 말이 있지만, 부동산 현장은 고작 한 번 가본 사람에게 답을 다 알려줄 만큼 친절하지 않다.

나는 '여러 번 가기로는' 전국 1등이다

"나 임장 좀 다녀봤어!" 하시던 분들도 나의 임장 이야기를 듣고 나면, "그동안 저는 임장이 아니라 소풍을 다녔나봐요" 하며 혀를 내두르시곤 한다. 내 임장은 현관문을 나서기 전부터 시작된다. 물론 임장을 가기 전에 사전 준비야 많이들 하지만, 나만큼 꼼꼼하고 철저하게 준비하는 사람을 지금까지 거의 보지 못했다.

지도를 만들어서 아파트 연도별로 매매-전세 시세를 조사하고, 대장아파트를 찾고, 해당 지역에 어떤 변화가 일어나고 있으며 이 지역의 나이는 몇 살인지를 지도에 찾아 표시하다 보면 평면이었던 지도가 어느새 3D 입체 형태로 보이기 시작한다. 사전 조사 단계부터 이미 해당 지역이 어느 정도 눈에 그려지는 것이다. 그렇게 머릿속으로 파악한 후에 실제 내 눈으로 지도 속 세상을 확인하면 더욱 눈에 잘 들어온다. '지도로만 봤을 때는 좋아 보였는데 실제로 와보니 너무 언덕길이네', '도로 폭이 너무 좁아서 상권 이용하기가 사실상 힘들겠는걸. 유모차는 못 지나가겠어', '여기는 지도로 봤을 때는 별로 같았는데 조경을 어쩌면 이렇게 잘해놨을까. 직접 와보면 꼭 여기 살고 싶겠어.' 이렇게 현장에서 다양한 사례를 보면서 임장 경험을 쌓아간다.

한 지역을 선택해서 주기적으로 시세를 조사하고 임장을 다니다 보면 도시의 변화가 절로 보이고, 아파트 시세가 형성되는 입지의 기준을 알게 된다. 이미 많이 오른 아파트는 그만큼 기대 수익이 적으니 투자 대상에서 제외할 수 있다. 그 대신 앞으로 오를 아파트나 좋아질 지역을 예의 주시함으로써 투자 대상을 선별한다. 임장을 갈 때마다 지도에 매매-전세 시세를 적어놓다 보면 공급물량에 따른 변화도 알 수 있다. 두 번, 세 번 가면서 지역의 흐름을 파악하는 것이다. '자주 가면 맨날 똑같은 것만 보고 오는 거 아니야?' 싶겠지만 틀림없이 미묘한 변화가 생기는 타이밍이 포착된다. 만약 시세 변화가 크게 눈에 띄고, 공급이 줄면서 전세 물량이 부족해지고 있다면 이제는 정말 투자하러 움직일 때다. 소액으로 투자가 가능한 물건을 찾아보고 매수 타이밍을 노리면 된다.

도시의 변화는 거의 비슷하다. 한 도시라도 딱 한 번만 제대로 파악하고 나면 그다음 다른 도시에 이론을 적용하기는 매우 쉽다. 나는 한 지역에서 투자 종목을 바꿔가면서 열 번 이상 사고팔기를 반복한 적도 있고, 같은 아파트를 두 번 사고팔기도 했다. 그 지역을 내 손바닥 들여다보듯 훤히 알 만큼 반복적으로 임장하고 나면 부동산의 흐름에 따라 옮겨가면서 한 지역 안에서도 계속 수익을 낼 수 있다는 뜻이다.

나는 2018년부터 2021년 3년 동안 창원, 마산, 진해에서 전세 레버리지 투자부터 재건축 재개발, 분양권 등 시기에 따라 종목을 달리 해가며 열 건 이상의 매수 매도를 했다. 불장일 때도 최대 3000

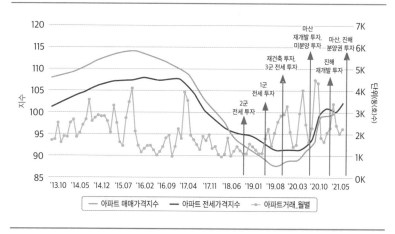

■ 2013년~2021년 창원시 아파트 매매/전세가격지수와 내가 투자한 물건들 ■

출처: 한국부동산원

만 원이라는 소액으로 큰 수익을 냈던 내 생애 황금기였다. 이는 내가 그만큼 창원을 지역 주민들보다도 술술 꿸 만큼 꾸준하고 꼼꼼하게 임장한 덕분이었다. 새벽 5시 57분에 출발하는 창원중앙역행 열차에 탑승해, 다시 광명역에 돌아오는 시간은 밤 10시 28분이었다. 하루 종일 꼬박 창원 구석구석을 내 발로 직접 걸어보기를 그렇게 수십 차례 해왔기에 이런 투자가 가능했던 것이다.

여러 곳을 가볼 엄두가 나지 않는다면 딱 한 지역에 올인하는 시간이라도 가져보길 바란다. 무조건 여러 곳에 발품을 판다고 해서 되는 일이 아니고, 마냥 책상 앞에서 데이터만 본다고 해서 되는 일도 아니다. 핵심은 '습관'이다. 한 지역을 습관처럼 찾아보고, 습관처럼 걸어보고, 습관처럼 부동산에 들어가 보자. 체계적으로 습관화된 임장을 하는 근면 성실한 사람에게 현장은 반드시 답을 알려주게 되어 있다.

부동산 습관을 자동화시키는
환경 세팅

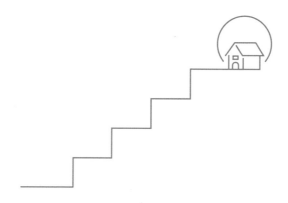

"앨리스허 님, 습관이 중요하다는 건 저도 알아요. 하지만……."

습관이 중요하다고 말하면 이렇게 현실적인 어려움을 토로하는 분들도 많다. 직장인은 직장인대로, 주부는 주부대로 투자 습관을 확립하기에 각자 가진 고충이 있을 것이다. 실제로 나와 시작점이 같았던 동료 수강생들 중에도 자신의 공부 습관을 확립하지 못한 채 여전히 누가 찍어주는 지역만 찾아 다니는 사람도 있다. 그런 분들은 지역을 콕콕 찍어준다는 유명 강의를 쫓아다니기 바쁘다.

좋은 습관을 들이기가 왜 그렇게도 어려울까? 변화가 곧바로 눈에 나타나지 않기 때문이다. 목표를 세우고 목표를 이룰 계획까지 세웠다면 첫 한두 달 정도는 열심히 달릴 수 있다. 그런데 열심히 한다고 생각한 한두 달이 지나도 눈에 띄는 변화가 보이지 않으면 이내 결심이 무너진다.

'이렇게 하는 게 맞나?', '고작 이런다고 뭐가 달라지겠어?' 하며 의심하기 시작하는 것이다. 처음에 가졌던 열정적인 결심은 이내 부정적인 의심으로 변해 사람을 포기하게 만들고, 이내 예전의 나로 돌아가고 만다.

오래 전 매우 인상적인 만화를 하나 봤다. 유전을 개발하려고 땅을 파고 파도 끝이 없자 결국 포기하고 그 땅을 다른 사람한테 팔았는데, 그 땅을 산 사람이 조금 더 팠더니 석유가 펑펑 나오게 되었다는 내용이었다. 성공은 어쩌면 우리의 코앞에 있을지도 모른다. 그 코앞까지 누가 가느냐에 따라 성패가 갈리는 것이다.

물론 나 역시 지금의 습관을 만드는 과정이 쉽지는 않았다. 월화수목금의 습관 중에 한두 가지씩 빼먹기도 하고, 공급물량 입력하는 게 밀리는 바람에 한 달에 한 번 몰아서 입력하느라 진땀을 빼기도 했다. 일단 책상 앞에 앉아서 시작을 하면 한 시간이고 두 시간이고 공부에 몰두하는데 그 시작이란 게 참 어려웠다. 아이들이 아프거나 동네 아줌마들이 맛있는 걸 먹으러 가자, 꽃구경을 가자고 하면 슬그머니 한 주 임장을 건너뛰기도 했다. 그러면서 바쁜 일상 탓에 해야 할 일이 일주일 이상 밀리다 보면 마음속으로는 '아, 공급물량 입력해야 하는데……'라고 생각 하면서도 두 배, 세 배의 양을 공부해야 한다는 부담감에 '그냥 하지 말까?' 싶기도 했다. 별다른 일이 없어도 집안일을 하다 보면 금세 아이들이 학교에서 돌아왔고, 간식을 먹고 놀이터에서 그네를 밀어주고 공부를 좀 봐주다 보면 어느새 늦은 밤이 되어 아이들 옆에서 곯아떨어지는 날도 많았다. 오죽하면 아이들을 재우다가 잠들어버릴까 봐 알람을 밤 10시에 맞 춰놓고 쪽잠을 자고 일어나 새벽까지 글을 썼을까. 이 습관은 아직 까지도 남아 있다.

지금이야 매일 정해진 루틴에 맞춰 로봇처럼 척척 움직이니 "어 떻게 그렇게 투자 습관을 잘 지키세요" 하는 감탄을 듣지만 내게도 습관을 들이는 과정은 어려웠다. 누구에게나 시작은 어렵다는 걸, 그렇지만 그 어려운 과정을 지나야 비로소 진짜 투자가 시작된다는 걸 꼭 말해주고 싶었다.

자기 관리는 '하기 싫고 귀찮은 일을 습관화시키는 것'에서부터 시작한다. 부동산 투자를 잘하고 싶다면 일단 나와의 싸움에서 이 겨야 한다. 오늘 할 일을 자꾸 내일로 미루다 보면 결국 죽을 때까 지도 시작조차 할 수 없다. 무엇을 하겠다고 결심했다면 날짜나 시 간을 정해서 알람을 맞춰서라도 기계처럼 일어나 책상에 앉는 습관 을 들여야 한다. 이런 시간들이 쌓여야 진정한 성공을 할 수 있다. 근면성실과 꾸준함은 나를 결코 배신하지 않는다. 나의 노력으로 쌓아올린 공부 습관은 투자를 지속시키는 원동력이 되어준다.

부동산 투자 공부를 습관으로 만들고, 무의식적으로 실행하는 시스템으로 정착하기까지 내가 했던 노력들을 소개해 보고자 한다. 각자에게 맞는 방법이 있겠지만, 부동산 공부를 계속하고 싶어도 매번 작심삼일에 그쳐 고민인 분들에게 나의 방법이 조금이나마 도움이 되길 바란다.

나의 임장을
주변 사람 모두가 알게 하라

사실 투자를 잘하는 기술이 따로 있는 게 아니다. 한 지역을 얼마나 뼛속까지 깊이 알고 있는가, 그러기 위해 얼마나 많이 현장에 다녀왔는가로 판가름된다. 내가 여전히 매주 목요일마다 집중 임장을 나가는 이유 또한 대한민국의 지역을 속속들이 파악함으로써 투자의 성공률을 높이기 위해서다.

임장은 제일 습관화하기 힘든 일이기도 하다. 내가 잘 모르는 지역에 멀리 나가봐야 한다는 것도 부담스럽고, 어디부터 어떻게 시작해야 할지 엄두가 나지 않는다. 임장이야말로 '부동산 반무당'을 만드는 최고의 방법이란 건 자명한 사실이지만, 나의 목요일 임장을 막는 최대의 난관은 수요일 밤에 아이들이 아프기 시작하는 것이었다. 아픈 아이들을 두고는 도저히 나갈 수가 없으니 주저앉을 수밖에 없었다. 두 번째 난관은 날씨다. 날씨가 너무 춥거나 더우면 나가기 싫어지고, 비가 오면 운전하기가 어렵고 시야도 좁아지다 보니 깔끔하게 포기해 버렸다. 그러나 이런저런 이유를 대기 시작하면 끝이 없었다. 이러다가 가는 날보다 안 가는 게 습관이 되어버릴 지경이었다. 어떻게 하면 임장을 내 몸에 습관화할 수 있을까? 고민하다가 결심한 것이 '나의 계획 만천하에 알리기'였다.

누구와 약속을 잡을 때마다 물어보지도 않았는데 "아, 목요일은 안 돼요. 목요일은 매주 임장을 가는 날이에요"라고 대답하면서 스스로를 세뇌시켰다. 목요일은 어떤 스케줄도 없도록 습관적으로 일정을 비워두었고, 목요일이 되면 아무리 늦어도 10시 전에 무조건 운동화 끈을 매고 집을 나갔다. 비몽사몽, 제대로 정신이 들기도 전에 일단 집 밖으로 나서면 싫어도 임장을 가는 수밖에 없다.

자주 만나는 지인이나 내가 잘 보이고 싶은 대상에게 지금 내가 하는 일을 소문내 보자. 주변 사람들의 칭찬과 인정이 나를 움직이게 만들기도 한다. 그게 가장 가까운 가족, 특히나 자식이라면 효과는 '일타쌍피'가 된다. 마음먹으면 바로 실행하고, 한번 시작하면 꾸준하게 이어나가는 부모의 모습이야말로 아이에게 최고의 모범이 되지 않을까? '공부해라, 성실해라, 허튼짓 하지 마라' 하며 잔소리를 할 필요가 없어진다. 이렇게 나는 임장을 내 몸에 완전히 자동화했다. 이제는 목요일이 되면 기계같이 정해진 시간에 일어나 어제 준비해 둔 임장지도를 들고 문밖으로 나선다. 깊이 생각할 필요도 없도록 교통수단이나 식사 메뉴도 항상 동일하다. 지방에 내려갈 때는 KTX와 쏘카를 이용하고 식사는 김밥 한 줄이나 해장국 한 그릇으로 때운다. 일단 기차에 몸을 맡기면 왕복 기차 비용과 쏘카 비용, 식대만 해도 최소 20만 원은 드니 그 20만 원이 아까워서라도 더욱 열심히 돌아다니게 된다.

시스템은
함께할 때 더 잘 굴러간다

처음 임장을 간다면 '임장 친구'를 만드는 것도 추천한다. 꾸준히 실행할 의지가 약하다면 '하지 않으면 안 되는 상황'에 나를 놓아두는 게 도움이 된다. 누군가와 함께 가기로 약속했다면 그걸 쉽게 취소할 순 없지 않겠는가. 남편이나 아내, 혹은 여자 친구나 남자 친구와 함께 시작할 수 있다면 더없이 좋겠지만 한쪽이 원하지 않는다면 이 역시 오래 지속하기는 어렵다. 그래서 투자 모임이 필요하다. 나는 부동산 기초반 정규 수업에서 첫날 반드시 조를 편성해 드리고, 첫 주 수업이 끝나면 조원들끼리 함께 식사를 하라고 강조한다. 바라보는 방향이 같은 사람들끼리 만나서 동일한 주제로 이야기하다 보면 시간 가는 줄 모를 만큼 재미있다. 출발점이 같으니 경쟁할 필요도 없다. 그 안에서 열정을 나눠주는 사람이 한 명이라도 있다면 모임은 성공이다. 물론 서로 받으려고만 하면 결코 오래 갈 수 없으니 나부터 퍼주는 사람이 되어보자. 무엇이라도 퍼주려면 공부를 해야 하니, 남들에게 퍼줌으로써 오히려 더 큰 실력을 얻게 된다.

나도 부동산 스터디 모임에서 만난 조원들과 임장을 다녔다. 책을 가까이 하고픈 마음에 부동산 카페에서 모집하는 독서 모임에 나가게 되었는데, 모임은 매번 책으로 시작해서 부동산 이야기로 끝나곤 했다. 우리는 한 주는 책을 함께 읽고 한 주는 임장을 가기로 계획했다. 임장이라면 자신 있었던 나는 그 모임에서도 임장을 이끄는 리더 역할을 했고 지금까지도 8년째 인연을 이어오고 있다. 이런 모임이 더욱 좋은 것은, 고독한 고행길을 내가 과연 제대로 가고 있는 것인지 문득 두려워질 때 의지하고 독려해 줄 동지들이 생긴다는 점이다. 단톡방에서 부동산 정보를 교환하는 것도 유용했지만 이들로부터 얻는 위안이 참 좋았다. 육아와 부동산 투자를 병행하며 이토록 열심히 사는데도 아무도 알아주지 않는다는 외로움, 고독함이 종종 느껴질 때 동지들은 큰 힘이 되어주었다. 같은 길을 걷는 동지들이 있다면 습관을 만들어 정착하기가 훨씬 쉬워진다. 도무지 습관이 몸에 배이지 않는다면 반 강제적 수단이라도 동원해야 할 필요성이 있다.

그리고 부동산 투자를 하다 보면 잘못 판단하거나 시기를 잘못 만나 손해를 볼 때도 있다. 사실 투자를 하면 누구나 으레 겪는 일이다. 이때 나를 잡아주고 일으켜주는 사람이 필요하다. 돈을 버는 방법을 터득한다면 돈은 언제든 다시 벌 수 있지만 멘탈을 잃어버리면 투자 세계를 떠나 영영 돌아오지 못할 수도 있다. 내가 지금 잘 가고 있는지 으쌰으쌰 응원해 주고 함께 발걸음을 맞춰줄 친구가 있다면 투자는 더욱 지속하기 쉬워질 것이다.

모든 일은
0도가 되어야 일어난다

미국 최고의 자기계발 전문가이자 습관 전문가인 제임스 클리어는 좋은 습관을 세우느라, 혹은 나쁜 습관을 버리느라 고군분투하고 있다면 이는 진전이 없는 게 아니라 아직 잠재력 잠복기를 넘어서지 못한 것일 뿐이라고 위로를 전한다. 열심히 하는데도 성과가 없다고 불평하는 건 온도가 영하 4도에서 영하 1도까지 올라가는 동안 왜 얼음이 녹지 않느냐고 불평하는 것과 같다는 것이다. '모든 일은 0도가 되어야 일어난다'는 제임스 클리어의 말에 나는 크게 고개를 끄덕였다. 실제로 고수가 되기까지 공부하는 습관을 만들어가는 구간은 시계가 정말 느리게 간다. 그러나 그 힘겨운 정체 구간을 뛰어넘으면 그다음 시계는 다른 사람들보다 몇 배는 빠르게 가기 시작한다. 제임스 클리어의 비유를 빌리자면 나의 투자 내공이 '0도'에 이른 순간부터는 남들이 단 1도를 올리려 애쓸 때 나는 2도, 3도씩 쑥쑥 올라가는 식이다.

일단 시작은 작게, 할 수 있는 만큼만 하면 된다. 처음부터 너무 거창한 계획을 세워 제풀에 꺾이는 일이 없길 바란다. 습관을 만들 때 가장 중요한 건 한두 번 건너뛰더라도 반드시 다시 제자리를 찾아야 한다는 점이다. 정 어렵다면 월화수목금 일주일의 루틴 중 '이것 하나만큼은 꼭 해야지!' 하는 가장 중요한 일을 정해보자. 무슨 일이 있어도 정해둔 그 일만큼은 반드시 하는 것이다. 만약 작심삼일을 하고 실패했다면 그다음 주에 다시 작심삼일을 하면서라도 습관을 이어나가야 한다.

돈 되는 정보를 쫓아다니느라 시간과 돈을 쏟아붓는 것도 금물이다. 공부 습관을 들이고 나만의 투자 원칙을 세우지 않으면 이리저리 흔들린다. 이 사람이 좋다고 하면 얼른 거기를 사야 할 것 같고, 또 저 사람이 좋다고 하면 저기도 당장 쫓아가 매수해야 할 것 같다. 그러면서 남의 말만 듣고 투자한 것이니 매수를 해놓고도 잘 산 게 맞는지, 오르기는커녕 떨어지면 어떡하지 하면서 안절부절하고 전전긍긍한다.

내가 확신하며 한 투자는 다르다. 근거가 있기에 오르기만을 느긋하게 기다리면 되고, 만약 내 근거가 틀렸더라도 그 투자로부터 무언가를 배울 수 있다. 속상하기야 하겠지만, 남들의 말을 맹신하고 한 투자와 내가 찾아서 한 투자에서 얻을 수 있는 것은 완전히 다르다. 그것이 내가 바로 부동산 투자에서도 습관이 중요하다고 힘

주어 말하는 이유다. 처음에는 내 속도가 느린 것처럼 느껴질지라도 나만의 부동산 인사이트를 키우는 데 집중하다 보면 갑자기 눈에 보이는 게 확연히 달라지는 티핑 포인트Tipping point가 찾아온다. 그 시점부터 당신의 투자도 반드시 달라지리라고, 나는 확신할 수 있다. 당신의 온도는 1도에서 4도로, 10도로…… 그때부터 빠르게 올라갈 것이다.

나를 바꾸고 성장시키는
기록 습관의 힘

매일, 아니 일주일에 한 번이라도 글을 정기적으로 써본 적이 있는가? 나는 매일 글을 쓴다. 블로그에 글을 쓰기도 하고 유튜브 방송을 하기 위한 대본을 쓰기도 한다. '글을 써야지!' 하고 마음먹고 앉아서 글을 쓰기보다는 일상 속에서 번뜩이는 주제가 생각 날 때마다 그 주제를 기록해 두었다가 하나씩 꺼내어 쓴다.

글의 힘은 정말 엄청나다. 사람을 웃게 만들기도 하고, 울리기도 한다. 공감을 통한 위로와 치유도 준다. 나 역시 힘든 일이 있을 때 글을 쓰면서 마음의 안정을 되찾곤 했다. 아무도 알아주지 않는 고독한 일과를 글로 남기며 '랜선 친구'들이 남겨주는 위로와 응원으로 힘을 얻었다. 보잘 것 없는 존재였던 내가 전국 팔도를 누비는 대장부가 되고, 사업가가 될 수 있었던 데는 이 글쓰기의 힘이 엄청나게 컸다.

2016년 6월 17일 내 인생 첫 글쓰기가 시작되었다. 처음에는 무슨 주제로 글을 써야 할지 참 막막했다. 반 강제로 독서를 한 후 도서 리뷰를 쓰기도 했고, 강의를 듣고 수강 후기를 남기거나 짧게 임장기를 쓰기도 했다. 일단 블로그에 매일 글을 쓰기로 마음은 먹었는데, 어떤 주제로 써야 할지 고민이 깊었다. 방황 끝에 다다른 종착지가 바로 임장기였다. 이미 매주 임장을 다니던 시절인지라, 내가 꾸준하게 글을 쓸 수 있는 소재가 바로 임장이었다. 안 그래도 임장을 다녀오면 정리를 해야겠다는 필요성을 점점 느끼던 차였다. 사실 나의 첫 임장기를 보면 정말 창피해서 공개할 수 없을 만큼 형편없지만, 그럼에도 꾸준히 임장기를 블로그에 올리겠다는 결심은 내게 큰 재산이 되어주었다.

일주일에 한 번씩 임장을 가겠다는 약속과 일주일에 한 번 블로그 글쓰기를 하겠다는 목표는 서로 시너지를 내기에 딱이었다. 블로그에 임장기를 쓰면서 사진과 함께 임장을 다녀온 아파트의 상세한 정보를 올렸다. 시세를 조사해서 적고, 현장 느낌을 생생하게 전달하면서 마지막엔 나의 느낌까지 적어봤다. 글을 발행하고 몇 명이나 내 글을 읽었는지, 댓글이 달리는

지 확인하는 것이 일과가 되었다. 누군가가 나의 글을 읽어주고, 유용하다고 하트를 찍어주는 일은 혼자 고군분투하던 내게 큰 힘이 되었다.

누구나 볼 수 있는 곳에 임장기를 쓰다 보니 조금 더 정확한 정보를 써야 한다는 부담감이 생겼다. 책임감에 공부를 더 철저히 하게 됐고, 남들과는 차별화된 정보를 주기 위해 나의 생각을 집어넣어 봤다. 간결한 문장으로 정보를 전달하며 '나라면 여기를 사고 싶다'라고 과감한 결말까지 덧붙이니 점점 내 임장기를 기다려주는 사람들이 생기기 시작했다. '투자하는데 큰 도움이 되었어요. 여기도 분석해 주실 수 없나요?', '저는 ○○에 관심이 있는데, 거기도 임장을 한번 다녀와 주세요' 하는 댓글들도 차차 늘었다.

그렇게 나는 세상에 조금씩 알려지기 시작했다. 매일 눈을 뜨면 가장 먼저 확인하는 블로그 조회 수와 댓글들이 지루한 일상에 활력이 되었고, 매주 임장을 나갈 수 있는 원동력이 되었다. 사전 조사를 하고 실전 임장에서 보고 들은 것들을 글로 쓰면서 생각을 정리하는 과정을 주기적으로 반복하다 보니 당연히 공부도 되었다. 임장을 다니면서 돈 되는 물건들이 보이니 임장은 바로 투자로 연결되었고, 그 투자 이야기를 또 블로그에 썼다. 투자 이야기를 올리면 그날은 블로그 조회 수가 폭발하듯 치솟았다.

블로그 이웃 수가 5000명을 넘어가자 이름 있는 출판사들에서 연락이 오기 시작했다. 내가 무슨 책을 쓰냐고, 아직 나는 그럴 만한 수준이 아니라고 손사래를 쳤지만 꽤 기분 좋은 발전이었다. '나도 책을 낼 수 있고, 작가가 될 수 있구나.' 그렇게 나의 글쓰기는 수익으로 확장되었고, 지금은 공저를 포함해 세 권의 책을 출간한 어엿한 작가가 되었다. 2016년, 어설픈 결심으로 시작된 '매일 글을 쓰는 습관'이 작가라는 새로운 길을 열어준 것이다.

일단 기록을 해보라고 말하면 "뭘 써야 할지 모르겠어요"라며 곤란해하는 사람들이 있다. 나도 처음에는 그랬다. 뭐든지 방향성을 잡기까지 시간이 필요하다. 문제는 대부분의 사람들이 방향성을 잡지 못해 시작조차 하지 않는다는 것이다. 고민만 하다가 아까운 세월만 보내버린다.

'블로그는 이미 레드오션이라던데……'

'이렇게 유튜버가 많은데 내가 뭘 할 수 있겠어?'

일단은 시작해 보자. 뭐가 되었든 시작해서 그것을 내 습관으로 만들면 어렴풋이 방향이 보인다. 블로그에 글을 쓰기 시작한 지 7년의 세월이 지나니 지금은 내 삶의 모든 순간순간이 글의 소재가 된다. 매 순간을 사진으로 남겨두고, 기록하는 습관이 쌓였다. 매일 글을 쓰다 보면 기록이 쌓이고, 그 기록은 뭐가 되어도 되어준다. 직접 해보길 바란다. 기록하는 삶은 다르다는 걸 경험해 보길 바란다. 투자의 스펙트럼이 넓어질수록 글쓰기 주제도 다양해진다. 그러면 더욱 다양한 분야의 사람들이 나를 찾게 되고, 그 안에서 새로운 사업으로 확장할 기회도 찾을 수 있을 것이다.

일기를 쓴다는 마음으로 가볍게 시작해 보는 건 어떨까. 하루 일과를 마감하는 시간에 책상에 앉아 오롯이 자기 자신에게 집중하는 시간을 가져보는 것이다. 소재거리를 찾기 위해 일상 곳곳에서 사진을 남겨두길 추천한다.

오늘 나는 뭘 했지? 외출을 해서 친구를 만났나? 여행을 다녀왔나? 책을 읽었나? 하늘이 너무 아름다웠나? 부동산 공부를 했나? 세입자와 씨름을 했나? 기억에 남는 뉴스가 있었나? 오늘 하루가 그저 감사했나?

대단한 사건사고가 아닌 평범한 일상부터 일기로 남기는 것이다. 남에게 보여주는 게 부담스럽다면 비공개 블로그로 시작해도 좋다. 그래도 모든 글을 비공개로 하기보다는 수위에 따라 공개, 비공개로 나누어 써보자. '이제 블로그는 너무 늦었다'는 핑계는 대진 말자. 기록은 나 자신을 위해 하는 것이다. 매일 나를 정돈하고 성장시켜 가는 자기관리의 과정이다. 오늘부터 일기를 쓰듯 블로그를 시작해 보길 바란다. 기록하는 습관이 새로운 가능성을 가져다줄 것이다.

2장

오를 집이 저절로 보이는
아주 작은 일주일의 루틴

2장에서는 내가 10년간 투자를 해오며 깨달은, 부동산 투자에 꼭 필요한 다섯 가지의 습관을 엄선해 소개한다.

42p의 '부동산 투자를 위한 나만의 습관 캘린더 만들기'에서 설명했듯이, 나의 상황에 맞춰 하루에 습관 하나만 해내면 된다. 나 같은 경우 아이들이 집에 가장 늦게 들어오는 목요일을 '임장의 날'로 삼아 그 기준으로 앞뒤 요일에 할 습관을 정했다.

이처럼 자신이 가장 많은 시간을 뺄 수 있는 요일을 DAY 4, 임장 습관의 날로 정해놓자. 처음에는 '이렇게 많은 걸 하루에 다 한다고?'라며 당황할 수도 있지만, 꾸준히 하면 할수록 하나의 습관을 실천하는 데 필요한 시간이 짧아진다. 일단 한 달만 계속해도 하루에 드는 시간을 30분~1시간 내외로 줄일 수 있을 것이다. 이제 DAY 1의 습관부터 시작해 보자.

DAY 1

이번 주엔 어떤 곳에 임장 가볼까?

전국의 공급물량을 한 땀 한 땀 확인하며

기회가 있는 지역 찾아내기

DAY 2

지역마다 얼마를 기준으로 삼으면 되지?

이번 주 분양단지를 분석하며

신축아파트를 기준 삼아 전국 시세 머리에 입력하기

DAY 3

내일이 임장이다!

손품 팔아 지도를 만들며

그 지역의 저력을 파악하기

DAY 4

대망의 임장!

1군 대장아파트부터 2, 3군까지

차례차례 돌아보며 투자에 확신 더하기

DAY 5

눈으로 보고 발로 걸은 곳들을 머리에도 담아보자!

임장으로 배운 것들을 하나하나 기록하며

지식으로 만들기

공급과잉 지역을 포착해
최저 가격을 손에 넣는 날

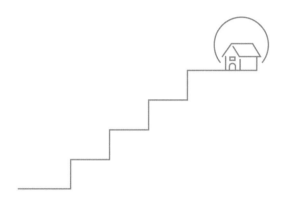

매주 금요일 밤 10시가 되면 내 휴대폰에서는 알람이 울린다. 전국의 공급물량 데이터를 한 땀 한 땀 분석할 시간이다. 스스로 투자처를 찾고 싶고 오를 곳을 누구보다 빨리 선점하고 싶다면 반드시 내 머릿속에 꿰고 있어야 하는 빅데이터가 바로 이 '공급물량'이다.

　사실 이 작업을 시작한 건 전국의 어떤 지역에 공급이 많고 적은지를 파악해 공급이 부족한 지역 위주로 임장을 가보기 위함이었다. 처음에는 단순히 공급이 가장 적은 지역, 그리고 공급이 가장 많은 지역을 가보는 식으로 정말 무작정 임장할 지역을 선정하곤 했다. 그렇게 공급물량을 엑셀에 기계처럼 입력한 지 반년쯤 됐을 때, 당연하지만 눈에 보이지 않던 사실이 드디어 내 눈에도 보이기 시작했다. 공급과잉으로 허덕이던 지역이 몇 년 후엔 공급이 부족하다며 일제히 집값이 오르고, 또 공급부족 때문에 집값이 천정부지로 치솟던 지역도 몇 년이 지나면 어느새 공급과잉으로 하락을 면치 못한다는 것이었다.

'어라? 여기는 2년 전까지만 해도 공급과잉이라고 많이 떨어졌었는데, 지금은 어느새 공급이 없네. 다시 오르고 있잖아?'

'수요와 공급이 집값을 좌우한다'는 당연한 사실이 내 손끝에서 실감되는 순간이었다. 향후 2~3년 후에 입주할 아파트의 세대수는 이미 정해져 있고 건설사에서 모두 투명하게 공개하고 있으니 전국의 공급물량을 추적하다 보면 어떤 지역이 오르고 떨어질지, 그 향방을 가늠해 볼 수 있지 않을까? 나는 '유레카'를 외치며 공급물량 데이터를 전보다도 꼼꼼히 체크하기 시작했다.

내가 투자를 시작할 때만 해도 부동산지인, 호갱노노, 아실처럼 빅데이터를 제공하는 사이트들이 없었기에 매주 분양하는 단지들을 하나하나 엑셀에 입력하며 나만의 공급물량 데이터를 만들어야 했다. 시간이 정말 많이 걸리는 지루한 작업이었지만 이 과정에서 주기적으로 전국의 상황을 한 번씩 돌아볼 수 있었다. 그러다가 반짝이는 단지들을 발견해 입력하다 말고 부동산에 전화를 걸어서 미분양이 난 분양권을 매수한 적도 있다.

전국의 아파트를 내 손 안에!
빅데이터 툴로 공급물량 파악하기

다행히 지금은 손가락만 몇 번 움직이면 전국의 공급물량 데이터를 무료로 알려주는 부동산 빅데이터 툴이 여럿 생겼다. 조사하는 시간이 줄어든 만큼, 우리는 그만큼 열심히 전국을 꼼꼼히 분석하면 된다. 입력보다 중요한 건 분석이니 말이다.

나는 지금도 강의를 위해 엑셀 툴에 공급물량을 하나하나 입력하는 작업을 하고 있지만, 모두가 이렇게 할 필요는 없다. 단순히 투자를 위해서라면 빅데이터 툴을 활용하는 편이 훨씬 효율적이다. 나

■ 지역별 공급물량을 보여주는 부동산지인의 '수요/입주' 메뉴 ■

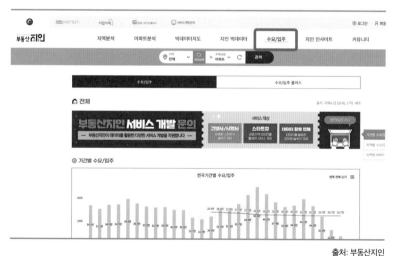

출처: 부동산지인

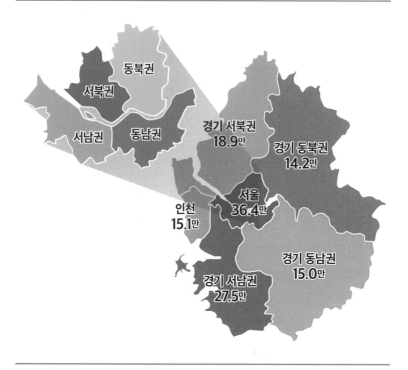

는 많은 툴 중에서도 '부동산지인'을 추천한다. 부동산지인은 각 지역별 수요량과 공급물량을 막대그래프로 한눈에 보여주기 때문에 공급과잉과 부족을 판별하기 매우 편리하다. 처음부터 전국을 다 익히려고 욕심을 내기보다는 지역을 나눠서 조금씩 익혀보길 바란다. 서울에만 25개 구가 있고 경기도의 시군구는 무려 40개가 넘는다.

한 번에 보려는 건 초보자의 욕심이다. 괜히 의욕만 앞섰다가 지쳐 포기하지 말고 지역들을 권역별로 나눠 자주 보면서 숫자를 익히자. 예를 들어 이번 주는 서울 한강 남쪽으로, 서남권부터 동남권까지만 본다면 다음 주는 한강 북쪽으로 서북권과 동북권을 보고 그다음 주는 경기도 서남권, 또 그다음 주는 경기도 동남권을 보는 식이다. 그다음은 광역시, 그다음은 경상도, 그다음은 강원도, 그다음은 충청도, 전라도……. 그렇게 대한민국을 한 바퀴 다 돌려면 두세 달은 족히 걸린다. 처음 돌았던 순서를 기억하고 그대로 반복해야 빠짐없이 꾸준하게 보게 된다. 처음 한 바퀴를 돌 때는 시간이 꽤 많이 걸리겠지만, 어느 정도 지역별 공급물량이 머릿속에 저장되면 자세하게 봐야 되는 지역과 가볍게 지나쳐도 되는 지역이 저절로 구별이 되기에 훨씬 시간이 단축된다. 나도 이 작업을 시작했을 때는 돌아서면 잊어버리는 통에 지역별 공급물량 그래프를 프린트해서 벽에 덕지덕지 붙여놓고 오며 가며 외워보기도 했다.

모두가 공급부족 지역을 볼 때
공급과잉에 주목해야 하는 이유

나는 공급물량을 찾아본 후 첫째, 향후 2~3년 동안 공급이 많은 지역과 둘째, 올해까지 입주 물량이 많았으나 점점 줄어드는 지역, 이 두 가지 기준을 갖고 임장할 지역을 선별해 왔다. 이렇게 말하면 종종 질문을 받는다.

"공급이 많으면 집값이 떨어지지 않나요? 떨어질 지역에 왜 임장을 가는 건가요?"

공급물량을 보는 이유는 지금 곧바로 OTP 카드를 꺼내 매수할 곳을 찾기 위함이 아니다. 아파트 공급물량은 '지금'이 아니라 2~3년 후를 보기 위한 숫자다. 아파트를 분양하고 입주하기까지는 족히 몇 년이 걸리지 않는가. 분양은 지금이지만 그 분양의 효과가 나타나는 건 수년 후이기에 '미리 선점하기 위해' 이 데이터를 체크하는 것이다. 내 집 책상 앞에 앉아 컴퓨터로, 혹은 휴대폰으로 천천히 전국을 돌면서 공급이 많은 지역이나 부족한 지역을 '관심 지역 리스트'에 넣고, 임장 계획을 세워두는 게 이 작업의 가장 큰 목적이다.

경기도 용인시는 100만 인구가 사는 도시다. 보통 각 지역 인구수의 0.5%를 연간 적정 수요량이라고 보는데, 그에 따르면 용인의 연간 적정 수요량은 5000세대인 셈이다. 85p 그래프의 파란색 그래프가 공급량이고, 빨간색 점선이 연간 적정 수요량이다.

이 그래프에서 보이듯이 용인은 2017년부터 2019년까지 3년간은 공급과잉, 그리고 바로 이어지는 2020년부터 2022년까지 3년간은 공급부족을 겪었다. 마치 롤러코스터를 타는 것 같은 이런 그래프를 보면 내 심장은 두근거리기 시작한다. 위기와 기회가 확실하게 보이는 시장이기 때문이다.

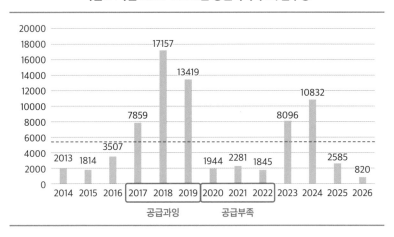

■ 직접 조사한 2014~2026년 용인시의 수요/입주량 ■

시장경제를 움직이는 수요와 공급의 원리는 너무나 간단하다. 사려는 사람은 많은데 공급이 부족하면 가격이 오르고, 반대로 공급은 많은데 사려는 사람이 없으면 가격은 떨어지기 마련이다. 2017년부터 많아도 너무 많은 공급과잉으로 대부분의 투자자가 용인에는 당분간 상승 여력이 없을 거라고 예측했다. 내가 아직 투자를 시작하지 않았던 시절, 용인은 수년 동안 한 번도 제대로 된 상승 곡선을 그려보지 못한 채 오랜 시간 가격이 정체돼 있었다고 한다. 그렇기에 아무도 관심을 갖지 않았던 용인을, 나는 시간을 두고 공부해볼 지역으로 점찍었다. 가격이 떨어진다면 얼마나 떨어질지, 이에 상응하는 전세가는 어떤지……. 지금 가격이 저평가되어 있는 것이라면 그 안에 기회가 있다는 뜻 아닌가! 그 기회를 이용해서 싸게 매수해 기다리고 있다가 2020년부터 공급부족으로 가격이 오르기 시작하면 적절한 시기에 매도를 하고 나오는 것이 가장 이상적이었다.

2017년 서울에서부터 시작된 대세 상승장이 수도권으로 옮겨 붙었지만 공급과잉으로 힘든 시기를 보내던 용인은 그저 조용하기만 했다. 그러나 오랫동안 침체돼 있던 지역이 일단 반등하기 시작하면 그동안 오래 눌려 있었던 만큼 힘차게 튀어 오르는 법이다.

용인시에는 기흥구, 수지구, 처인구가 있는데 나의 관심 지역은 용인시 수지구, 그중에서도 죽전동 일대였다. 2018년의 공급 폭탄은 처인구에 약 8600세대, 기흥구에 약 6000세대가 집중돼 있었다. 수지구의 공급물량은 2500세대가량으로 1437세대의 대단지 동천자이를 제외하면 많은 편은 아니었고, 동천자이와 구도심인 죽전동의 입지를 비교했을 때 죽전동은 동천자이의 입주 여파를 크게 받지 않을 것이라는 게 나의 예측이었다.

그리고 이미 나는 2016년에 죽전벽산을 사고 팔아본 경험 덕에 1년에 두어 번씩 용인에 임장을 다니며 용인을 속속들이 파악해 둔 참이었다. 분당과 경계를 두고 있는 죽전은 지하철 역세권은 아니지만 오래전부터 아늑한 주거지를 형성해 온 곳으로, 분당선과 신분당선을 이용할 수 있는 버스 교통이 있고 죽전역에는 신세계백화점과 이마트 등 상권도 발달돼 있어 주거 만족도가 높은 지역이었다.

2018년 3월, 용인 수지구 죽전을 집중 임장지역으로 선별해서 지도를 다시 만들고 임장을 나갔다. 사전 손품을 파는 과정에서 매매가와 전세가가 거의 붙어 있는 내대지마을을 발견했다. 내대지마을은 죽전에서 10년 동안 하나도 오르지 않은 곳으로 유명했다. 없는 게 없을 정도로 발달된 상권에 학원가까지 갖추고 있는데도 왜 수년간 오르지 않는지 투자자인 나도 이유를 모를 정도였다.

그중에서도 내대지마을건영캐스빌은 2004년에 입주한 1254세대 대단지로 대청초등학교·대덕중학교가 인근에 있고 대덕중학교는 학군도 우수하다고 했다. 단지 앞 상권이 활발하게 발달돼 있어 생활 편의성도 우수하기에 내대지마을에서 가장 인기가 많은 단지였다. 그래서인지 전세가가 매매가를 거의 따라잡은 수준이었다. 용인시 전체의 공급은 많지만 죽전에는 공급이 없다 보니, 매매가는 오랜 세월 그대로여도 전세 수요는 많았던 것이다. 내대지마을을 손품으로 훑어보고, 발로 밟아본 후 드는 생각은 하나였다. '이렇게 살기 좋은데, 과연 안 오를까?'

글로벌 금융위기 이후 대세 하락장을 회복하기도 전에 닥친 공급과잉으로 용인은 상승할 새도 없이 집값이 정체된 상태였지만, 2018년 당시 서울 수도권에는 이미 대세 상승장이 시작돼 있었고 향후 3년 동안 공급도 없을 터였다. 게다가 위로는 분당, 남쪽으로는 광교를 이웃으로 두고 있다. 안 오를 수가 없어 보였다. 매매가와 전세가가 좁혀질 대로 좁혀져 있는 상황에, 이곳은 상승 에너지가 가득 차 있다고 판단했다.

부동산 여러 곳을 다니며 조사해 보니 이구동성으로 전세 수요는 꾸준히 있다고 했다. 스스로의 판단을 믿고 나는 2018년 4월, 내대지마을건영캐스빌의 84㎡형을 4억 4500만 원에 매수했고 잔금일에 어렵지 않게 4억 원에 전세를 놓았다. 아니나 다를까, 공급부족 국면으로 돌아서자마자 가격은 천천히 상승하기 시작하더니 전세 만기일에 다다른 2020년 여름, 딱 1억 원이 상승한 5억 5000만 원에 매도할 수 있었다. 세금을 제외하면 4500만 원으로 1억 원을 번 것이니, 약 200% 수익률의 짭짤한 투자였다.

■ 2020년부터 본격적으로 상승한 내대지마을건영캐스빌 ■

출처: 호갱노노

지금은 공급이 많지만 앞으로 공급이 부족해질 지역을 찾은 후, 모두가 공급과잉이라고 외면할 때 선점해 적은 투자금으로 높은 수익을 보겠다는 나의 전략이 그대로 맞아 떨어진 것이다. 2024년 내 대지마을건영캐스빌의 매매 시세는 7억 원대에 형성돼 있다.

또 다른 예시를 보자. 경상남도 김해시는 인구수 55만 명의 도시로, 연간 적정 수요량은 2750세대다. 이곳은 2014년부터 2016년까지는 공급이 부족했으나 2017년부터 2020년까지는 공급과잉을 겪었다. 그리고 연이어 2021년과 2022년은 공급부족이 예정돼 있었다. 금요일마다 전국의 공급물량을 분석하다 보면 이렇게 '2~3년간 공급이 많다가 그다음 2~3년간은 공급이 부족한 사이클'을 반복하고 있는 지역이 눈에 보인다. 이런 지역들은 관심 지역에 넣어두고, 공급물량에 따른 시세 변화를 주기적으로 체크하면서 긴 주기(1년에 한두 번 정도)로 임장을 가볼 필요성이 있다.

김해는 부산과 창원이라는 대도시를 이웃으로 두고 있다 보니 부산 강서구와 창원 공급물량의 영향을 직·간접적으로 받는다. 90p의 그래프를 보면 알 수 있듯이 2017년부터 2020년까지 약 4년간 김해를 비롯해 이웃한 부산 강서구, 창원에까지 엄청난 입주 폭탄이 예정된 탓에 김해는 더 힘든 시간을 보낼 수밖에 없었다.

하지만 위기와 기회는 항상 공존하기 마련이다. 가격 하락이 클수록 다시 상승하는 에너지도 큰 법. 김해 공급과잉의 주범 중 하나

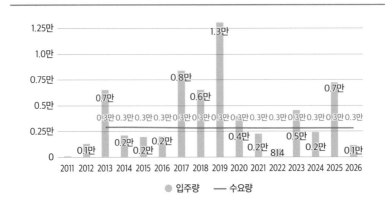

김해시 수요/입주 그래프

출처: 부동산지인

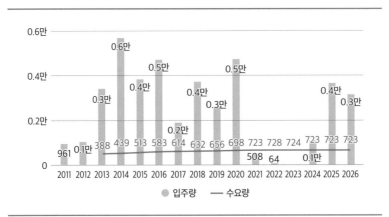

부산광역시 강서구 수요/입주 그래프

출처: 부동산지인

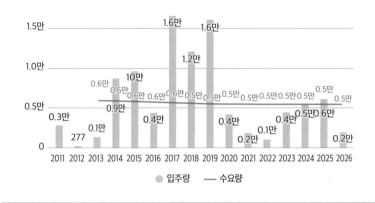

■ 창원시 수요/입주 그래프 ■

출처: 부동산지인

였던 율하2지구는 앞서 조성된 율하1지구가 성황리에 분양을 마치며 꽤 큰 기대를 받던 지역이었다. 2013년에 입주한 율하1지구 율하e편한세상9단지는 2015년 공급부족 기간에 실거래가가 약 4억 원까지 치솟으며 최고가를 찍었지만, 2018년 공급 폭탄이 떨어지고 율하2지구가 입주하던 시점에는 2억 6000만 원까지 떨어졌다. 율하2지구의 상황도 처참했다. 2018년 12월 원메이저힐스테이트(1052세대), 원메이저푸르지오(631세대), 원메이저자이(708세대)가 동시에 입주하며 입지가 조금 떨어지는 자이는 마이너스 프리미엄(이하 '마이너스피') 5000만 원까지 하락했고 나머지 두 단지들도 마이너스피 3000~4000만 원은 기본이었다. 율하1지구에 살다가 율하2지구의 신축으로 이사를 갈 계획을 세웠던 사람들에게는 곤혹스러운 상황이었다. 살던 집은 1억 원 이상 가격이 떨어진 데다가, 이사 갈 집은 마이너스피가 되어버려 손해를 보지 않고서는 매도조차 할 수 없었으니 말이다.

그러나 2019년 5월 율하자이힐스테이트, 10월 김해율하시티프라디움을 마지막으로 입주가 마무리되고 나자 시장은 거짓말처럼 달라졌다. 대장주인 율하자이힐스테이트부터 서서히 오르기 시작하더니 2021년 가을 최고가 5억 9500만 원을 기록했고, 율하1지구 역시 나란히 상승하며 율현마을9단지e편한세상 역시 최고가 4억 5700만

■ 김해율하지구 지도 ■

■ 율하e편한세상9단지, 율하자이힐스테이트 실거래가 그래프 ■

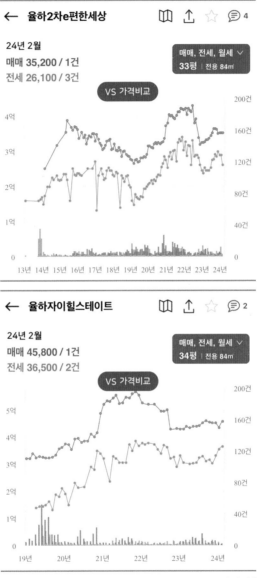

원을 기록했다. 만약 공급 폭탄으로 신음하던 시절, 입주가 마무리되면 다시 오를 것이라 예측하고 이 일대에 투자한 사람이 있다면 아주 만족스러운 웃음을 지었을 것이다.

　관심 지역의 공급물량을 상세하게 분석하고 정확하게 몇 월에 어떤 아파트가 몇 세대나 들어오는지, 그 영향으로 가격이 어떻게 변화하는지 체크하는 습관을 갖게 되면 바닥을 다지고 있는 시장 상황이 공급과잉이 가져온 일시적 현상이란 걸 금방 알 수 있다. 그야말로 '공급물량 앞에 장사 없다'는 말이 정답인 것이다. 공급과잉이라는 원인이 해결되고 나면 가격은 금세 회복된다.
　우리가 부동산 투자를 할 때 매수를 망설이는 이유는 이 물건이 상승하리라는 확신이 없기 때문이다. 그러나 하락과 상승의 요인을 정확하게 알고 있다면 두려울 이유가 없다. 바닥을 다지고 있는 물건에 과감히 투자해 안전마진을 확보하고, 그 물건이 전고점을 회복하는 모습을 보는 것만큼 짜릿한 순간은 없을 것이다.
　수년 동안 여러 지역에서 공급물량이 가져오는 드라마틱한 하락과 상승을 경험하면서 공급물량을 체크하는 습관이 얼마나 큰 기회를 가져다줄 수 있는지 내 눈으로 확인했다. 그렇기에 전국의 공급물량을 확인하는 지루한 작업을 약 10년 동안이나 계속하고 있는 것이다. 아무리 지루한 작업이라도 그것이 반드시 오를 투자처를 콕콕 집어 알려준다면 습관화할 수밖에 없지 않은가. 내가 생각하는 가장 기초적인 부동산 부자의 습관이다. 데이터에 근거해 투자 지역을 내 손으로 찾고, 실전 임장을 나가서 그 지역을 내 손에 넣고, 시세 변화를 체크하며 내 투자금에 알맞은 물건을 찾는 과정을 하루, 일주일, 한 달, 일 년…… 반복하다 보면 당신에게도 돈이 지나갈 길목이 한눈에 보일 것이다. 그 길목에 먼저 가서 기다리기만 하면 된다.

수요와 공급만으로 움직이지 않는 시장이 있다

"그렇다면 어디든 간에 공급과잉일 때 미리 사놓고 기다리면 되는 것 아닌가요? 공급이 부족해질 때 무조건 수익을 얻을 수 있으니까요."

모든 시장이 그렇게 공식처럼 움직인다면 얼마나 좋을까? 단순히 공급물량으로만 오르내리지 않는 시장도 있다. 지금 우리가 겪고 있는 바와 같이 집값은 세계 경제, 금리, 정책, 호재, 코로나 팬데믹 등 다양한 원인으로 다 같이 상승하기도, 다 같이 하락하기도 한다. 수도권의 경우 공급물량과 별개로 개발 호재가 터지면 단기간에 수요가 폭증하면서 상승이 나타나기도 한다. 반대로 수요가 줄어드는 지역은 공급이 아무리 부족해도 상승 흐름을 타는 데 시간이 많이 필요하다. 따라서 공급물량을 분석할 때는 수요까지 함께 체크해야 투자 지역을 선별할 때 실패하지 않을 수 있다. 다음의 사항을 살펴보며 투자 지역 선별에 기준점을 더해보자.

첫째, 수요가 있는 지역인가?

포항, 거제, 군산, 목포, 구미, 울산, 창원 등 공업도시는 해당 지역을 먹여 살리는 기업의 경제 상황에 따라 공급과 별개로 부동산 가격이 좌지우지되기도 한다. 산업 경기가 좋아야 직원도 뽑고 주택도 필요하게 되는 게 아닌가. '공급이 부족하면 집값이 상승한다'는 공식을 적용하기 부담스러운 곳이 바로 이런 지방의 공업도시다. 이런 곳들은 산업이 도시의 90%를 좌우하기에 산업이 무너져버리면 인구 이탈이 발생하며 급격하게 수요가 감소한다. 그야말로 '불 꺼진' 도시가 되어버린다.

2017년 7월, 전라북도 군산 시민들에게 날벼락이 떨어졌다. 현대중공업이 군산조선소를 폐쇄한 것이다. 이곳에 근무하는 인력만 6000명이었다고 한다. 그런데 이로부터 채 1년도 되지 않아 한국 GM 군산공장까지 철수했다. 협력업체까지 합치면 이때 무려 약 1만 3000명의 근로자들이 일자리를 잃었다. 새로운 직업을 찾아 인구 이탈이 일어날 수밖에 없었고, 지역 경제는 이루 말할 수 없을 만큼 심각한 침체기를 겪었다. 2018년 봄 처음 찾은 군산은 말 그대로 '불이 꺼진' 암울한 도시였다. 산업도 좋지 않은 상황에 공급물량

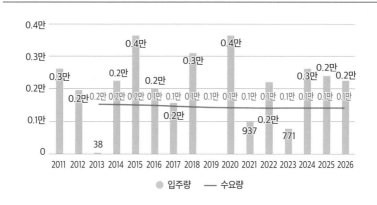

출처: 부동산지인

까지 넘치게 많다 보니 2019년 한 해 공급이 부족한 것으로는 상승 흐름을 일으키기에 턱없이 부족했다. 2021년 대세 상승장에 아주 짧게 상승 흐름이 있었으나, 2022년, 2024~2026년 줄기차게 과잉공급이 이루어지고 있는 군산이 매우 걱정된다.

경상남도 거제시의 경우 대우조선해양과 삼성중공업이 위치해 있다. 거제 시민들의 조선업 의존도는 거의 90% 이상이다 보니, 조선업 경기 불황의 여파가 고스란히 거제에 전달될 수밖에 없다. 98p의 그래프를 보면 2017년부터 2년의 공급과잉 뒤에는 무려 4년간의 공급부족이 기다리고 있다. 일반적인 수요-공급 법칙에 의하면 거제의 부동산은 2019년부터 상승하기 시작해 2022년까지 상승 그래프를 그렸어야 맞지만 2020년까지도 이렇다 할 상승은 보이지 않았다.

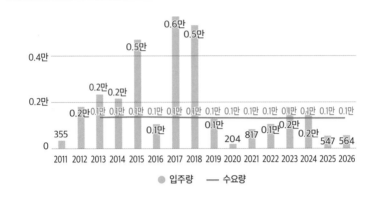

0.6만
0.5만
0.5만
0.4만
0.2만 0.2만
0.2만
0.2만
0.1만
0.1만
0.1만
0.1만
0.1만
0.1만
0.1만
0.1만
0.1만
0.1만
0.1만
0.1만
0.1만
0.1만
0.2만
0.2만
0.1만
0.1만

355
204 817
547 564

2011 2012 2013 2014 2015 2016 2017 2018 2019 2020 2021 2022 2023 2024 2025 2026

● 입주량 — 수요량

출처: 부동산지인

조선업이 계속 불황을 겪고 있고, 대우조선해양이 정상화되지 못한 채 선박 제조 기술자들이 계속 거제를 벗어나고 있다 보니 생긴 상황이다. 나를 포함한 많은 투자자들이 2021년 대세 상승장 시기 평당 700만 원도 안 되는 거제 부동산을 보며 저평가라고 열광했고, 우리나라의 선박 수주량이 세계 1위가 되었다는 뉴스에 귀를 기울이며 거제 아파트 매수에 나섰지만 거제를 떠난 수요는 끝끝내 돌아오지 않았다. 공급부족에만 집중하고 수요 예측에는 실패해 일어난 실패 사례. 아무리 공급이 부족하다 해도 수요가 뒷받침하지 않으면 집값이 오를 수 없다는 걸 보여주는 전형적인 예시였다.

둘째, 공급이 많아도 꾸준히 오르는 지역이 있다

부산의 공급물량 그래프를 보다 보면 신기한 점이 하나 있다. 수년간 단 한 번도 공급이 부족한 적이 없었다는 것이다. 우리나라 제2의 도시인 350만 인구의 부산광역시에는 한창 정비사업이 진행되고 있다. 낡고 열악한 구도심을 천지개벽해 새로운 신축 주거지로 바꾸는 작업이 이뤄지고 있어 곳곳에 대단지가 입주할 예정이다.

이렇게 해마다 공급이 미어터지게 많으니 일반적인 이치에 따르면 가격이 떨어지는 게 당연해 보인다. 그러나 부산은 2012년부터 10년이 넘도록 지속된 공급과잉에도 불구하고 대세 상승장과 만나며 시세가 오르는 기현상을 보였다.

이는 서울 아파트 가격이 너무 많이 오르니 투자자들이 부산으

■ 부산광역시 수요/입주 그래프 ■

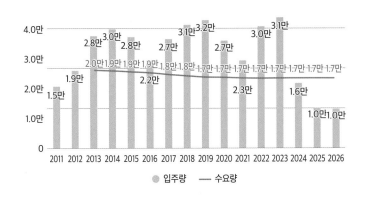

출처: 부동산지인

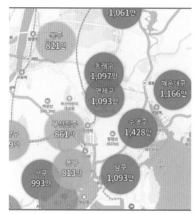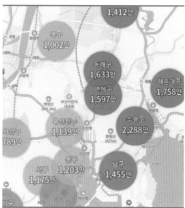

출처: 부동산지인

로 고개를 돌리며 만들어낸 상승이었다. 우리나라 제2의 도시인 부산 아파트 국민 평형이 채 5억 원도 되지 않는다는 사실에 투자자들이 부산에 주목하기 시작한 것이다. 2019년 11월 6일의 기억이 아직도 생생하다. 바로 부산 전 지역이 조정지역에서 해제되던 날이었다. 부산행 기차표가 매진될 만큼 많은 투자자가 부산으로 몰렸고, 그날 부산은 하루 만에 1억 원이 오르는 기염을 토하기도 했다. 공급과잉으로 오랫동안 눌려 있었던 가격이 부동산 대세 상승장과 만나며 가파르게 상승한 케이스다. 2019년 이후에도 계속 많은 공급이 예정돼 있었음에도 말이다. 공급이 많다고 해서 무조건 등한시해서는 안 되며, 눌려 있던 시간만큼 에너지가 쌓이면 도시의 크기에 따라 폭등을 이뤄낼 수도 있다는 걸 제대로 보여준 사례였다.

이처럼 공급물량에 따른 부동산의 상승과 하락이 어떤 공식에 따라 척척 움직이는 것은 아니다. 지역의 특성과 수요, 크기에 따라 다른 모양새를 보이기도 한다. 그럼에도 공급물량은 언제나 부동산 가격의 향방을 예측해 볼 수 있는 가장 기본적이고도 알기 쉬운 데이터다. 스스로 투자처를 찾아 그 누구보다 빠르게 투자처를 선점하고 싶다면, 반드시 머릿속에 공급물량 데이터를 꿰고 있길 바란다. 그 무엇보다 강력한 당신의 무기가 되어줄 것이다.

2024년 현재
앨리스허가 주목한 지역 리스트

2024년 내가 주목하고 있는 지역들이다. 모두 공급과잉에서 공급부족으로 넘어오고 있다. 이 지역들에 놀라운 기회가 숨어 있을 수 있으니 눈을 크게 뜨고 관찰해 보자.

지방 광역시

부산

부산광역시는 세계 최대 규모의 신세계백화점 센텀시티가 있을 정도로 자금력이 풍부한 사람들이 사는 도시다. 위 그래

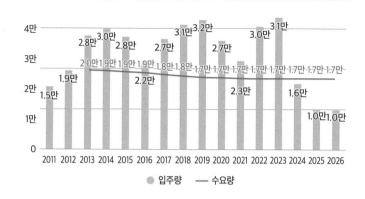

출처: 부동산지인

프를 보면 2012년부터 2023년까지 무려 11년 동안 공급이 많
아도 너무 많았다. 이에 최근 몇 년간 전국에 불어닥친 부동산
침체 여파가 더해져 2021년 3월 84㎡형 기준 14억 8000만 원
을 찍었던 해운대자이2차는 2024년 4월 현재 9억 4500만 원
으로 무려 5억 원이 넘게 하락했다. 광안대교가 그림같이 보이
는 재건축 대어 삼익비치도 73㎡형(30평)도 최근 8억 5000만
원에 거래되면서 최고가 대비 6억 원 가까이 하락했다. 그러나
부산의 공급물량은 2024년부터 서서히 감소하기 시작한다.
공급이 많았던 만큼 부산에는 각 구마다 그동안 입주한 신축
아파트 혹은 분양권 상태인 단지들이 많을 테니, 입지를 분석
해 바쁘게 움직여 보자.

대구

2023년 1월 31일 대구 신규 주택사업 인허가를 전면 중단한다는 뉴스까지 발표했지만 이미 예정돼 있던 입주 물량을 소화하느라 2024년 현재도 여전히 쉽지 않은 상황이다. 그러나 2024년부터 빠르게 미분양 수치가 줄어들고 있고 2025년부터는 공급물량이 급격하게 감소돼, 2026년부터는 신규 주택사업 인허가 금지의 여파로 공급부족이 심화될 것이다. 실거주자라면 지금이 똘똘한 신축들을 가장 싸게 매수할 기회다. 투자자라면 시간을 벌 수 있는 분양권에 집중해 보자.

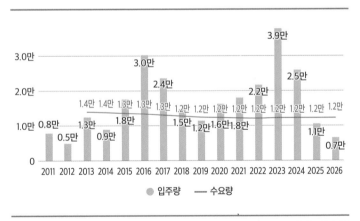

■ 대구광역시 수요/입주 그래프 ■

출처: 부동산지인

울산

2023년 짧고 굵게 울산 중구와 동구에 공급 폭탄이 떨어졌다. 해당 분양권들은 마이너스피가 되며 힘든 시간을 보냈지만 입주장이 마무리되면서 정상 궤도에 진입하고 있다. 특히 울산의 대장 지역인 남구는 2023년부터 공급부족이 시작되며 1등 입지의 아파트들은 이미 반등을 보였다. 2024년부터 울산 전체에 본격적인 공급부족이 닥치니, 전세가의 추이를 지켜보며 남구, 중구, 북구, 동구 순으로 신축아파트에 주목해 보면 좋겠다.

■ 울산광역시 수요/입주 그래프 ■

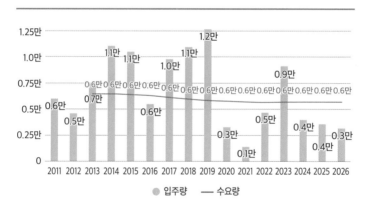

출처: 부동산지인

수도권

구리시

구리는 서울과 인접해 있지만 그간 지하철을 통한 강남 접근성이 낮았다. 2024년 8월 드디어 별내선(서울 8호선 연장)이 개통될 예정이다. 8호선이 개통되면 잠실역까지 20분대로 진입이 가능해진다. 교통혁명이다. 수년째 공급이 부족한 구리에서는 8호선 역세권이 될 아파트들에 관심을 집중해 보자.

■ 구리시 수요/입주 그래프 ■

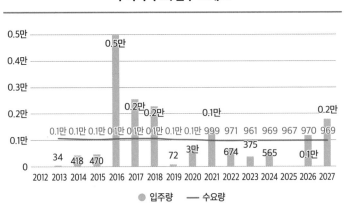

출처: 부동산지인

수원시

서울과의 물리적인 거리가 먼 수원에 GTX-C가 개통될 예정이다. GTX-C가 들어오면 수원역에서 강남까지 20분대로 접근이 가능해진다. 수원역 일대는 2023년 정비사업을 통해 브랜드 대단지 신축아파트들이 들어서며 천지가 개벽했다. 공급물량이 많았던 이유다. GTX와 천지개벽이라는 테마를 갖고, '없던 것이 생기는' 호재를 맞은 입지 위주로 공부해 보자.

■ 수원시 수요/입주 그래프 ■

출처: 부동산지인

용인시

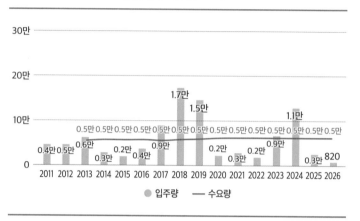

■ 용인시 수요/입주 그래프 ■

출처: 부동산지인

2020년부터 공급이 부족한 용인시에는 GTX용인역 개발호재 및 남사읍 삼성 반도체 투자라는 엄청난 대형 호재가 터졌다. 2024년 적정 수요량을 뛰어넘는 공급폭탄이 있지만 2025년부터 공급부족 구간에 진입하므로 호재 지역 인근으로 신축이 될 물건들에 집중해 보자.

고양시

서해선과 GTX-A 수서-동탄 구간 개통이라는 호재가 있고 2024년 12월부터는 운정-서울역 구간(삼성역 무정차 통과)도

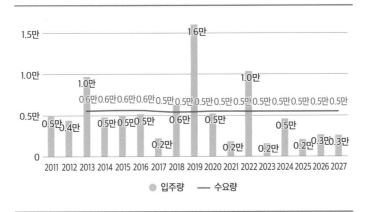

출처: 부동산지인

개통될 예정이다. 그리고 2023년부터 일산은 공급부족 지역에 들어갔다. 사통팔달 교통이 개선될 일산동구, 일산서구, 대곡 일대의 역세권 아파트들에서 기회를 찾아보자.

김포시

신도시를 짓기 위한 공급폭탄으로 수년간 몸살을 앓았던 김포시는 2024년부터 본격적인 공급부족 구간에 진입한다. 김 포골드라인에 이어 GTX, 5호선 연장도 예정돼 있다. 미래의 역 세권이 될 지역에 관심을 가져보자.

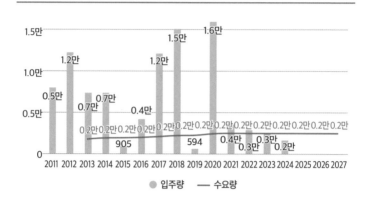

■ 김포시 수요/입주 그래프 ■

출처: 부동산지인

성남시

■ 성남시 수요/입주 그래프 ■

출처: 부동산지인

4년 동안의 공급과잉 뒤에 오는 공급부족은 충분히 가격을 상승시킬 에너지를 갖고 있다. 공급이 많았다는 건 그동안 신축아파트들이 많이 입주했다는 뜻이다. 천지개벽한 신축 혹은 천지개벽할 '신축이 될' 물건들에 집중해 보자.

부천시

노후화가 심각한 부천시는 2023년 부천일루미스테이트 (3724세대) 입주가 마무리되며 다시 장기적인 공급부족을 앞두고 있다. 전세가의 추이를 지켜보면서 철저한 입지 분석을 통해 소액으로 신축을 사는 일에 집중해 보자.

■ 부천시 수요/입주 그래프 ■

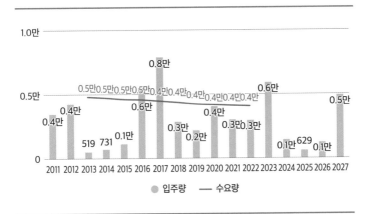

출처: 부동산지인

신축아파트를 기준 삼아
전국 시세를 머리에 입력하는 날

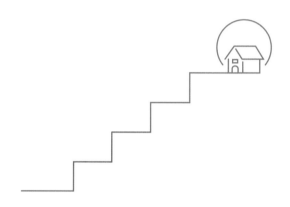

앞으로 오를 지역에 가서 누구보다 먼저 가장 싸게 매수할 수 있다면 실패할 투자란 없다. 당연한 말이다. 그러나 무수히 많은 지역 중 어디에 투자해야 내 투자금으로 최고의 수익을 낼 수 있을지 스스로 판단하기는 정말 쉽지 않다. 그런 곳을 찾기 위해서는 명확한 기준과 비교 대상이 필요하다. 그래서 나는 매주 전국의 분양단지들을 하나씩 체크한다. 전국의 적정 시세를 머리에 입력하는 과정이다. 그리고 나서 '해당 지역의 대장아파트 가격'을 기준으로 삼는다. 대장아파트란 해당 지역에서 가장 비싸되 시세를 이끄는 아파트로,

최근에는 보통 브랜드 대단지 신축아파트들이 이 역할을 맡고 있다.

해당 지역의 대장아파트를 찾아 가격, 입지를 비교해 보면 새 분양단지의 분양가가 싼지, 비싼지 판단할 수 있다. 동시에 공급물량도 함께 확인하며 아파트의 분양 결과가 지역에 미칠 여파를 미리 예측해 본다. 분양가가 비싼데도 불구하고 완판되면 해당 단지는 그 지역의 '트리거' 역할('트리거 아파트'의 개념은 202p에서 설명할 것이다)을 하며 사람들의 이목을 집중시킬 것이다. 공급물량이 많은데도 완판된다면 더욱 주목할 만하다. 반대로 분양가가 싸다면 '로또 아파트'라며 분위기가 떠들썩해질 것이다.

분양 결과가 나오면 왜 이런 결과가 나왔는지, 분양권의 미래 가치는 얼마일지 분석해 본다. 자연히 주변의 신축아파트나 신축이 될 정비사업 구역도 함께 찾아보게 되는데 그러면서 지역 공부도 절로 하게 된다. 그래서 나는 '내 가점으론 청약은 어림도 없어'라고 생각하는 사람도, '재건축 재개발은 너무 어려워'라고 생각하는 사람도 분양단지 분석 습관을 들여보라고 강력히 추천한다. 분양권은 자고로 모든 아파트의 시작점이다. 정비사업 구역도 결국은 신축아파트가 되고, 전국의 모든 신축아파트는 분양을 통해 이뤄지니 말이다.

적정 분양가를 아는 사람은
절대 휘둘리지 않는다

2022년 하반기 부동산 최고의 이슈는 뭐니 뭐니 해도 '10만 명 청약설'까지 돌았던 올림픽파크포레온(둔촌주공 재건축) 청약이었을 것이다. 조합-시공사의 갈등으로 분양이 늦어진 탓에 올림픽파크포레온은 부동산 시장에 한기만 도는 불운한 시절에 분양을 하게 됐고, 예상보다 훨씬 저조한 청약 경쟁률을 기록하며 핫 이슈가 되었다. 분양가가 발표되기 무섭게 수많은 블로거가 분양가가 비싼지, 싼지 갑론을박을 벌였고 청약 경쟁률이 발표되자 앞으로 부동산 시장의 향방에 대해 열띤 토론이 벌어졌다. 결론부터 말하자면, 나는 올림픽파크포레온의 분양가가 참 착하다고 생각했다.

- 해당 지역(혹은 단지)의 상급지 대장아파트 시세는 얼마인가?
- 해당 지역(혹은 단지)의 하급지 대장아파트 시세는 얼마인가?
- 현 부동산 시장의 온도는 어떠한가?

나는 분양가를 분석할 때 이 세 가지를 묻는다. 이 기준으로 올림픽파크포레온을 분석해 보자. 일단 강동구에 위치해 있으니 상급지로 송파구 잠실을 들 수 있고, 하급지로는 같은 강동구 내인 고덕을 들 수 있을 것이다. 그리고 청약 접수 당시인 2022년 11월의 부

114

동산 시장 온도는 아주 차디찼다. 금리 인상의 여파로 거래가 끊기자 급매 물건들이 쌓였고, 아파트들은 종종 말도 안 되는 최저가에 거래가 되곤 했다. 당시의 실거래가를 비교해 보면 $84m^2$형 기준 상급지인 잠실 트리지움이 17억 9000만 원, 그리고 하급지인 고덕그라시움이 13억 9000만 원이었다.

그렇다면 올림픽파크포레온 $84m^2$형의 분양가는 얼마였을까? 약

■ **트리지움, 헬리오시티, 고덕그라시움 가격 비교 그래프** ■

■ 트리지움(34평) ✕
■ 헬리오시티(33평AEG) ✕
■ 고덕그라시움(34평A,D) ✕

전체삭제

◉ 매매　○ 전세　○ 월세　　　　　□ 거래량

출처: 아실

13억 원이었다. 상급지인 송파와 잠실도 힘을 못 쓰고 있는 상황이다 보니 당시는 13억 원이라는 분양가가 너무 비싸다는 평이 지배적이었다. 게다가 2021년 10월 최고가 23억 8000만 원을 찍었던 송파 헬리오시티가 16억 6000만 원에 거래되었다는 뉴스가 나오며 올림픽파크포레온의 발목을 잡았다.

하지만 이곳의 입지를 보자. 5호선, 9호선 초역세권에 학군도 좋고 올림픽공원이 내 집 앞마당이다. 이처럼 남 부러울 것 없는 1만 2000세대의 대단지가, 상대적으로 하급지인 고덕그라시움 시세보다 낮은 가격에 분양하는데 어떻게 그 분양가를 비싸다고 할 수 있겠는가? 24억 원을 호가하던 헬리오시티가 16억 원까지 하락했다면 이는 지금이 정말 바닥이란 뜻이지 않을까? 그로부터 불과 1년 전까지만 해도 트리지움과 헬리오시티가 24억 원, 고덕그라시움도 20억 원이었다. 만약 그때 올림픽파크포레온의 분양이 이뤄졌다면 '10억 원을 바로 벌 수 있는 로또 청약'이라고 난리가 났을 것이다.

실제로 어느 정도 시장이 회복된 2023년 6월, 올림픽파크포레온 84m^2형은 19억 5100만 원에 거래되기 시작했다. 분양가인 13억 원이 이제는 정말 싸게 느껴지는 순간이다. 결국 분양가를 분석할 때 핵심은 상급지·하급지 시세와의 비교다. 분양권을 분석하는 습관을 들이다 보면 어느새 '분양권 마스터'가 되어 이 분양이 과연 잡아야 할 기회인지, 흘려보내도 될 곳인지 현명하게 판단하는 눈과 해당 지역의 흐름 두 마리 토끼를 다 잡을 수 있을 것이다.

분양가가 싼지, 비싼지
어떻게 알아볼 수 있을까?

나는 분양 정보를 찾아볼 때 부동산114와 청약홈 두 개의 사이트를 주로 이용한다. 부동산114는 분양단지의 상세 정보를 보기 쉽게 한 페이지로 보여준다는 장점이 있고. 청약홈은 청약 캘린더에서

■ **부동산114의 분양단지 화면** ■

←	분양	◁ ☰

분양중

대구범어아이파크

공급면적	세대규모	동 규모	입주예정일
110/84A~157/121㎡	총 418세대	총 4개동	2024.10

분양 정보

종류	아파트 | 민간분양
주소	대구광역시 수성구 범어동 620
규모	총 418세대 총 4개동 지하 3층 /지상 26층
면적	110/84A㎡, 109/84B㎡, 110/84C㎡, 157/121㎡
시기	분양: 2024.04 | 입주: 2024.10
난방구조	개별난방 | 도시가스
건설사	HDC현대산업개발(주) 홈페이지
문의	분양문의 ☎ 053)763-0418 모델하우스 ☎ 053)763-0418 오픈일 5)

←	분양	◁ ☰

면적 정보

110.56㎡ (전용 84.97A㎡) ∨

분양가	97,644만원
공급/전용	110.56㎡/84.97A㎡ ↻ 평
세대수	114세대
방/욕실수	3개 | 2개
현관구조	계단식
청약통장	주택청약종합저축, 청약부금, 청약예금

분양 대금 납부

계약금	9,764만원
잔금	87,879만원 (2024.10)

어린이집/유치원

월드숲어린이집
평가인증: 98.55점   교사1인당 유아 수: 4.2명

상세정보

공급 유형별로 색깔을 다르게 표시해 줘서 날짜별 청약 일정을 체크하기에 용이하고 청약 경쟁률도 바로 조회할 수 있다. 각자의 기호에 맞는 툴을 선택하자. 117p 하단은 부동산114에서 분양 탭에서 대구범어아이파크의 분양정보를 클릭한 화면이고, 118p 하단은 청약홈에서 청약 일정-청약 캘린더 탭을 클릭한 화면이다. 이처럼 클릭 몇 번이면 이번 주 전국에 분양하는 단지를 손쉽게 살펴볼 수 있다. 이번 주의 분양단지를 확인했다면 분양가를 먼저 비교 분석해 보자. 실제로 청약에 도전하지 않아도, 수험생이 모의고사를 보듯 모의 청약을 해보는 것이다.

■ 청약홈 화면 ■

출처: 청약홈

분양하는 해당 아파트의 홈페이지에 들어가면 입지 환경을 한 장의 그림으로 설명해 준다. 주로 건설사에서 부각시키고 싶은 입지 프리미엄을 축약한 단어로 나열해 놓는데, 그것만 봐도 절로 공부가 된다. 모집공고문을 다운받아 분양가를 찾아보고 청약 신청 자격, 전매제한 여부까지 확인한다. 그러고 나서 네이버 부동산에 들어가 해당 지역에서 가장 비싼 대장아파트, 랜드마크 아파트를 찾아 입지와 가격을 비교해 보는 것이다.

　　그렇게 자신만의 분석을 해봤다면 결과 또한 확인해 봐야 한다. 청약 기간이 끝난 단지들은 경쟁률을 조회할 수 있다. 얼마나 인기도가 높았는지 확인하고 혹여 미분양이 났다면 그 이유가 무엇일지도 분석한다. 해당 지역에 공급물량이 너무 많아서일 수도 있고, 분양가가 너무 비싸서일 수도 있고, 입지가 영 별로여서일 수도 있다. 만약 공급과잉 때문이라면, 공급물량 확인 습관을 들여놓은 사람들은 곧바로 미분양의 원인을 판단할 수 있을 것이다.

　　예를 들어 2023년 12월에 분양한 청주가경아이파크6단지를 분석해 보자. 청주가경아이파크6단지의 분양가는 $84m^2$형 중층 기준 약 4억 3300만 원이다. 네이버 부동산에서 청주시 흥덕구 가경동의 가장 시세가 높은 대장아파트를 찾아보니 청주가경아이파크3단지가 $84m^2$형 기준 약 6억 2000만 원이다. 초등학교, 중학교, 도서관이 지척이고 학원을 품은 상권이 발달돼 있어 이 지역 최고의 입지라고 할 수 있다. $84m^2$형 기준으로 청주가경아이파크3단지는 2021

년 10월 최고가 7억 7500만 원을 찍었고, 청주가경아이파크6단지의 이웃이 될 2단지의 시세도 5억 9000만 원이다. 그런데 2027년 입주 예정인 가경아이파크6단지는 분양가가 4억 3000만 원대이니, 이 단지에 당첨되면 최소 1억 5000만 원의 안전마진이 생기는 셈이다. 청약홈에 가서 경쟁률을 확인해 볼까? 예상대로 709가구 모집에 통장이 무려 7만 개 가까이 접수되었다. 청주는 지속적으로 공급이 많은 도시인데도 경쟁률이 100 대 1에 달하는 현상을 보니, 여전히 도심에 공급되는 브랜드 대단지 아파트의 힘은 위대하다는 걸

■ 청주가경아이파크6단지 일대 지도 ■

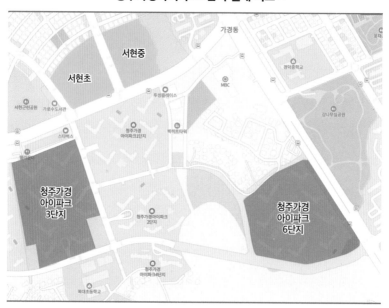

출처 : 네이버 지도

알 수 있다. 또한 분양단지를 분석해 보며 잘 몰랐던 청주시 흥덕구 가경동이 어떤 지역인지, 청주의 대장아파트 시세가 얼마인지도 확인했다.

그럼 서울의 청약 단지도 한번 분석해 보자. 똑같이 2023년 12월에 분양한 마포푸르지오어반피스는 $84m^2$형 중층의 분양가가 거의 16억 원이다. 전매제한 1년이 걸려 있고 122세대밖에 안 되는 소단지인데도 말이다. 이 가격만 보면 '헉, 비싸다'라고 생각하기 쉽다. 하지만 입지를 보면 생각이 달라진다. 5호선 애오개역 초역세권에 2호선 아현역도 충분히 도보로 이용할 수 있는 위치다. 무엇보다 마포에서 귀한 평지다. 공덕역도 멀지 않다. 말 그대로 '대박' 입지다.

■ 입지 환경을 강조하는 분양 홈페이지 ■

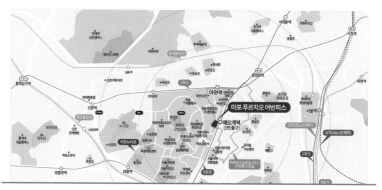

출처: 마포푸르지오어반피스 공식 홈페이지

■ **마포푸르지오어반피스 일대 시세** ■

출처: 네이버 부동산

네이버 부동산을 열고 마포구 아현동과 공덕동의 시세를 찾아보니 2014년 준공돼 오랫동안 마포의 대장이었던 마포래미안푸르지오의 시세가 18억 원이고 최근 입주한 마포프레스티지자이의 시세는 19억 5000만 원이다. 이걸 보고 나면 애오개역 역세권이면서 평지인 마포푸르지오어반피스의 16억 원이라는 분양가가 저렴하게 느껴진다. 청약홈을 가서 결과를 확인해 보자. 64가구 모집에 통장이 무려 3588개나 들어왔다. 최고 경쟁률은 $59m^2$형의 197 대 1. 이 분석을 통해 '이제 마포는 16억 원도 싸다'는 결론을 얻을 수 있다.

이런 식으로 분양하는 단지 중 관심 지역의 분양단지를 한두 개씩이라도 보고 해당 지역의 시세를 머릿속에 기억해 두는 공부를 해보자. '싸다, 비싸다'를 미리 판단해 경쟁률을 점쳐보고 청약 결과를 확인하며 자신의 분석이 맞았는지를 확인하는 것도 좋다. 신축 아파트를 기준 삼아 전국의 시세를 주기적으로 파악할 수 있는 좋은 공부법이다. 이 습관이 쌓이면 전국 어디에 입주 물량이 많아지고 있고, 지역마다 시세는 어느 정도이며 인기도는 어떤지도 머릿속에 빠삭하게 입력된다. 그 과정에서 투자할 만한 물건이 있는지도 알 수 있으므로 남들보다 빨리 선점할 기회도 내 것이 된다.

하락장에 찾을 수 있는
흙 속의 진주, 분양권

나는 특히 지금처럼 하락장일 때 이 작업을 하길 추천하고 싶다. 똘똘한 입지인데도 시장의 어려움 때문에 미분양이 나는 단지도 많기 때문이다. '미분양'이라고 하면 무조건 고개를 절레절레 젓는 사람도 많지만, 나는 미분양 아파트도 별 편견 없이 상세히 살펴보는 편이다. 특히 다음의 조건을 충족하면 나는 분양 홈페이지에 나온 연락처로 슬쩍 전화를 해본다.

첫째, 분양가가 착하다

둘째, 앞으로 좋아질 입지에 위치해 있다

셋째, 입주 시기가 아직 많이 남아 시간을 벌 수 있다

미래에 돈이 될 가능성이 충분한데 미분양이 났다면 빠르게 선점해 둘 수 있음은 물론이고 여러 가지 조건까지 내게 유리하게 계약할 수도 있기 때문이다.

시행사 입장에서는 어떻게든 완판을 시켜야 하는 책임이 있기 때문에 MGMMembers get mebers(미분양 난 아파트의 분양권을 하나 팔 때마다 주는 포상금)을 걸어서라도, 계약금을 5%로 낮춰서라도, 그래도 안 되면 할인 분양을 해서라도 '100% 계약 완료'라는 현수막을

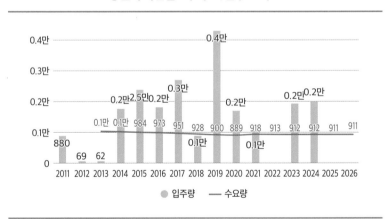

■ 창원시 마산합포구 수요/입주 그래프 ■

출처: 부동산지인

2020년 6월 26일에 마지막으로 편집

마산 캐슬. 무학자이. 이편한.푸르지오 교방;

교방동 재개발 분양시기 넘 안좋았다
미분양이 많아서 소진 불가
거의 임대로 전환
동네 분위기 영 안좋다

창원롯데캐슬프리미어
20년7월 999세대
108동 22층
조합원 3억5500

101동 102동 전망좋아 인기

50프로 미분양
임대 민간임대로 전환 (롯데에서 사서 임대)

3억7천 마피500 정도물건
전세 2억6천

무학자이
기존 대장주

이편한세상 창원파크센트럴
악성미분양
20년 10월 1253세대중
900세대 미분양
미분양 물량 공공임대로 전환

두산위브 정리안됨
비례율 문제
회원2구역
펜스쳐진상태 진행 어려움

밑에 교방1구역
철거완료
9월 분양예정
푸르지오+쌍용예가

걸고 싶어 한다.

　나 역시 2020년 200만 원의 MGM을 받고 경상남도 창원 마산 합포구에 미분양 난 분양권을 매수한 적이 있다. 돈 많은 기업 부영 건설이 야심차게 건설한 월영동의 4300세대 대단지 '창원월영마린 애시앙'이었다. 2016년에 첫 분양을 했지만 안타깝게도 통장이 스무 개도 들어오지 않았다는 아파트다.

　'마산월영사랑으로부영'이란 이름으로 분양했던 2016년에는 창 원시 마산합포구의 분위기가 영 좋지 않았다. 2014년부터 지속적인 공급 폭탄이 떨어진 탓이었다. 마산회원구와 마산합포구 곳곳에서 동시다발적으로 대대적인 정비사업이 이뤄지며 수요 이상의 공급 이 생긴 데다 창원은 '성산구-의창구-마산회원구-마산합포구-진해구' 순으로 지역의 입지 서열이 굳건해 마산합포구는 상대적으로 인기도가 낮았다. 그리고 조선업이 불황을 맞는 등 지역 경기가 위축되어 이런 과잉 공급을 소화하는 데는 적잖은 시간이 필요했던 것이다. 시간이 흘러도 상황은 악화되기만 해 곳곳의 정비사업 구역은 좌초 위기에 놓여 있었고, 이에 조합원들은 무無 프리미엄(이하 '무피'), 마이너스피로 물건을 던지는 사태까지 일어났다. 이런 상황에 마산합포구의 부영아파트가 인기 있을 리 없었다.

첫 분양 때 참패한 부영건설은 2019년 12월 준공 후 분양을 해봤지만 변화는 없었다. 2020년 역시 오랜 공급과잉으로 마산회원구마저 분위기가 좋지 않은 때였다. e편한세상창원파크센트럴, 창원롯데캐슬프리미어 같은 브랜드 대단지조차 미분양이 소진되지 않아 50% 이상의 세대를 임대아파트로 전환하던 시절이었다. 그러다 보니 무려 4000세대의 대단지인 마산월영사랑으로부영을 전부 임대로 돌리기는 창원시도 부담스러웠다.

그로부터 몇 개월이 지난 2020년 6월, 나는 신문에서 부영건설이 '마산월영사랑으로부영'이라는 기존 이름을 버리고 '창원월영마린애시앙'이란 새 이름으로 할인 분양을 한다는 소식을 접했다. 초등학교와 중학교를 품었고 학원가에 상권까지 갖추고 있는 대단지를 84m^2형 2억 7900만 원, 124m^2형(46평) 3억 7300만 원이라는 저렴한 분양가에 내놓은 것이다. 당시 월영동의 대장아파트인 월영SK오션뷰 114m^2형(45평) 시세가 5억 원인 걸 고려하면 엄청난 파격가였다. 나는 이 소식을 접하자마자 바로 다음 날 마산행 새벽 기차를 탔다. 마침 창원 성산구부터 부동산이 반등하기 시작하고 있었고, 뒤에서 상세히 설명하겠지만 나 역시 확신을 품고 창원에 투자해 왔기에 상승이라는 훈풍이 곧 마산합포구까지 불어오리라 예상했다. 다만 우려는 있었다. 4300세대란 물량이 과연 소화될지, 그 많은 물량이 한꺼번에 풀리면 전세 대란은 어떻게 해결될지 고민이었다.

다행히 부영건설은 영리한 분양 작전을 내놓았다. 상황을 보면서 야금야금 물량을 풀 예정이며, 가장 좋은 동부터 오픈해 초기 계약률을 높이고 계약 기한에 따라 할인율을 달리해 조기 계약을 유도할 것이라고 했다. 한 동의 계약이 완료되면 그다음 좋은 동을 분양하는 식으로 수급을 조절한다니 가능한 빨리 선점하는 게 맞았다. 최적의 동·호수를 확보해 할인도 많이 받고 전세도 빠르게 뺀다면 전세 걱정은 필요 없을 듯했다. 나는 서둘러 내려간 덕분에 갓 풀린 물량 중에서 가장 좋은 동·호수를 골라서 계약할 수 있었다. 계약금을 납부하고 바로 부동산 여러 곳에 들러 전세 매물을 내놓았고, 석 달 후 전세금 3억 3000만 원에 세입자와 전세 계약을 할 수 있었다. 그로부터 약 2년이 지난 2022년 2월, 마린애시앙부영은 8억 4500만 원이라는 최고가를 찍으며 엄청난 수익을 안겨주었다. 여기에 들인 내 투자금은 5000만 원도 안 되는 소액이었다.

분양권은 고작 계약금 10%만으로도 집을 살 수 있는, 시간을 버는 투자이자 미래에 대한 투자다. 청약 당시에 분위기가 좋았다고 해서 끝까지 좋다는 보장이 없고 참패했다고 해서 입주 시까지 무조건 마이너스이지도 않다. 분양하고 나서 입주하기까지 긴 시간 동안 부동산 시장이 어떻게 달라지느냐에 따라 매우 가변적인 것이 분양권이다. 그래서 지금 같은 하락장에는 분양권이 큰 기회가 될 수도 있다. 아파트가 지어진 3~4년 후엔 부동산 시장에 훈풍이 불지도 모른다. 아무도 거들떠보지 않을 때 용기를 내는 사람만이 수익을 얻을 수 있는 법이다. 물론 그렇다고 해서 '묻지 마' 식 투자는 금물이다. 매주 분양단지를 체크하는 습관을 만들어 '나만의 투자 물건 판단 시스템'이 형성된 후에 투자에 뛰어들길 권한다.

♥ 앨리스허의 TIP

적게는 100만 원에서부터 많게는 수천만 원까지 주는 미분양 현장이 있다. 강원도 원주의 대장아파트인 명륜동 더샵센트럴파크는 2019년 미분양 당시 한 채당 450만 원의 MGM을 줬다고 한다. 심지어 전라남도 목포에서는 무려 2000만 원의 MGM을 준 적도 있었다. 2023년 대구 미분양 현장에서는 1000만 원의 MGM은 기본이라고 할 정도로 미분양을 소진하기 위한 건설사들의 노력이 눈물겨웠다. 모델하우스에서 직접 계약한다면 시행사로부터 MGM을 바로 받고 계약할 수도 있다. 부동산을 통해서 분양권을 계약한다면 부동산과 MGM을 나눌 수도, 아니면 부동산에서 전부 가져갈 수도 있으니 미분양 난 분양권은 계약을 하기 전에 먼저 MGM 여부를 확인하자.

임장지도를 만들며
지역의 저력을 파악하는 날

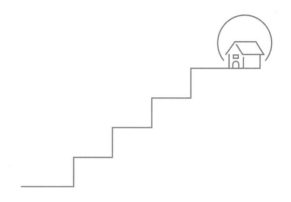

명색이 지역분석 전문가로서 조금 쑥스럽지만 나는 방향치다. 건물에 들어갔다 나오면 방향을 잃어 어디로 나가야 할지 출구를 못 찾아 헤매기도 하고, 지도에서 가려는 위치가 우회전인지 좌회전인지 헷갈려 몇 번이고 다시 유턴을 하기도 한다. 일상이 이렇다 보니 임장을 나가서도 기준을 잡을 수 있는 좌표가 필요했다. 그래서 처음에는 방향치로서 '울며 겨자 먹기'로 시작한 게 지도를 만드는 일이었다.

처음에는 거기에 뭘 적어야 한다는 생각도 없이 달랑 지도만 프린트해서 임장을 나갔다. 특별한 정보 하나 없이 아파트 이름과 학교, 관공서, 상가들의 이름 정도만 쓰여 있는 지도인데도 그걸 들고 임장을 해보니 제법 쓸모가 있었다. 내가 지금 서 있는 곳이 어디쯤인지, 내가 가려 하는 아파트가 이 도시에서 어디쯤 위치하고 있는지를 손에 든 지도로 확인하면서 이동하니, 지금 내 시야만이 아닌 전체적인 숲을 조망할 수 있어서 편리했다. 비록 나는 바닥에 붙어서 걷고 있지만 드론을 띄워서 공중에서 보는 느낌이었다.

'여기는 상권이 엄청 발달돼 있구나. 우와, 학원들도 몰려 있네. 학령기 아이 부모라면 끌릴 수밖에 없겠어. 여기 참 살기 좋다.'

'어라, 여기는 아파트만 뚝 떨어져 있고 상권이 전혀 없네. 자가용이 없으면 살기가 참 불편하겠는걸.'

지도는 사전 조사에도 필요하지만, 임장에서 느끼는 현장 정보를 기록하는 데도 매우 유용했다. 아까와는 반대로 입체 정보를 평면에 옮기는 것이다. 나중에 임장이 다 끝나고 나면 하루 종일 들고 다니느라 구겨질 대로 구겨진 종이 위에 급하게 적어놓은 메모들을 다시 읽곤 했는데, 오늘 다닌 지역들을 복습하기가 참 좋았다. 그저 방향을 찾고 큰 그림을 보기 위해 우연히 시작한 지도 만들기는 현장을 다녀보며 비로소 진정한 가치를 알 수 있었고, 내 습관으로 자리 잡게 되었다.

처음 지도를 만드는 일은 생각보다 귀찮고, 오래 걸리고, 뭘 적어야 하는지 방향을 잡을 수가 없었다. 그래서 내가 처음 만든 서울 강서구 지도를 보면 대체 지도를 왜 만들었나 싶을 만큼 아무것도 없이 깨끗하다. 그런가 하면 두 번째로 만든 대전 지도는 접고 또 접어도 꺼내서 펼치기 힘들 만큼 커서 돌아다니는 내내 창피하기도 했다.

지도 없이 무작정 떠난 임장의 처절한 실패기

요즘도 지도를 만들 때면 2014년 겨울, 왕초보 시절 임장지도 없이 나갔던 '망한 임장'이 종종 떠오르곤 한다. 당시 내 손에 들린 건 언제부터 있었는지도 모를 두꺼운 지도책뿐이었다. 사전 조사도 없이 노원구 집값이 싸다는 이야기만 듣고 털레털레 그곳으로 향했다. 그리고선 무작정 노원구의 경계인 6호선 화랑대역 인근, 공릉동부터 임장을 시작했다.

화랑대역 인근은 서울 역세권이라기엔 소박한 동네였다. 1990년대 후반과 2000년대 초반에 지어진 아파트들, 그리고 한창 재건축 중이던 태릉현대(현 태릉해링턴플레이스), 무려 1985년에 준공된 태릉우성아파트를 가봤지만 딱히 어디가 좋은 건지 와닿지 않았다.

'그놈이 그놈 같은데 아파트별로 왜 값이 다른 거지? 주변에 대학교도 있고 원자력병원도 있네. 그럼 입지가 좋은 건가?'

도무지 공릉동이 무슨 동네인지 모르겠다고 생각하며 걷다가 근방 대단지인 태강아파트에서 부동산에 들어갔다. 누가 봐도 어리숙해 보이는 초보 투자자가 전세 레버리지 투자를 하겠다고 하니, 부동산 소장님이 그냥 보낼 리가 없었다. 소장님은 태강아파트가 최고라고 열심히 브리핑을 하며 어떻게든 매수를 권하셨다. 투자금이 1500만 원밖에 들어가지 않는다고 했다. 왠지 지금 사지 않으면 안 될 것 같았다. 그렇게 나는 머리 털 나고 처음 가본 동네인 노원구 공릉동에서 49㎡형(21평) 아파트를 2억 1500만 원에 덜컥 매수하고 돌아왔다. 노원구의 다른 동네는 가볼 생각도 못 하고 말이다.

지금 생각하면 2014년의 나는 참 무식하고 용감했다. 부끄럽다. 최소한 임장을 나가기 전에 노원구에 있는 아파트들의 시세 정도는 파악하고, 노원구의 대장 지역이 어디인지 알고 갔어야 했다. 그 정도만 조사하고 갔어도 7호선 노원역에서 임장을 시작했을 것이다. 주먹구구식 임장은 종일 고생만 할 뿐 머릿속에 남는 게 없다. 그나마 뭘 사든 다 올랐을 2014년에 한 투자이니 망정이지, 그 후로도 저런 투자를 계속했다면 나는 아마 지금쯤 오르지도 않고 팔리지도 않는 물건으로 수심에 잠겨 있었을 것이다.

사실 손해를 보진 않았어도 저 투자는 내게 못내 아쉬움으로 남아 있다. 133p의 가격 비교 그래프를 보면, 내가 매수한 공릉동 태강과 노원구 상계주공3단지는 2014년 출발선은 같지만 점점 가격이 벌어져 급기야 지금은 2억 원 이상 차이가 난다. '그때 그 돈으로 상

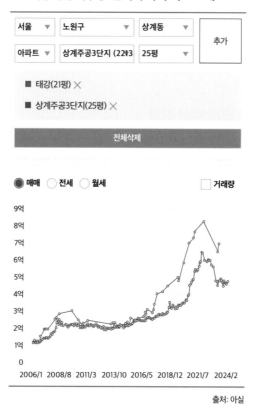

■ 태강과 상계주공3단지의 가격 비교 그래프 ■

| 서울 ▼ | 노원구 ▼ | 상계동 ▼ | 추가 |
| 아파트 ▼ | 상계주공3단지 (22차3 | 25평 ▼ | |

■ 태강(21평) ✕
■ 상계주공3단지(25평) ✕

전체삭제

● 매매 ○ 전세 ○ 월세   □ 거래량

9억
8억
7억
6억
5억
4억
3억
2억
1억
0
2006/1 2008/8 2011/3 2013/10 2016/5 2018/12 2021/7 2024/2

출처: 아실

계주공3단지를 샀더라면……' 하는 후회가 계속 남는다.

이처럼 고생스럽기만 할 뿐 머릿속에 아무것도 남지 않는 임장을 몇 번 경험하고 나니 임장에도 체계적인 시스템이 필요하다는 생각이 들었다. 게릴라성으로 아무 생각 없이 가는 임장이 아니라, 철저한 사전 조사를 하고 루트를 짜서 하는 임장 말이다. 한 번을 가더라도 알차게 가는 게 나을 것 같았다.

내 손 안의
부동산 족집게 일타 강사

처음 임장지도를 만들기 시작했을 때는 아파트 연식과 세대수를 적고 매매/전세 시세를 적는 것부터 시작했다. 어떤 아파트를 조사하고 안 해야 하는지도 몰라서 어쩔 수 없이 임장 갈 지역의 모든 아파트를 전수 조사했다. 처음에는 이걸 언제 다 찾아 적나 싶어 한숨부터 나왔지만, 하나씩 지도에 임장 갈 지역의 시세를 적으면서 그 지역이 한눈에 들어오기 시작했다. 힘들지만 충분히 그만한 가치가 있다는 생각이 점점 커졌다.

시세를 조사하다 보니 자연스레 그 지역의 평균 시세를 파악할 수 있고 대장아파트도 알게 되었다. 매매가와 전세가의 차이도 알 수 있었다. 그러면서 시세보다 비싸게 느껴지는 아파트, 반대로 시세보다 싸게 느껴지는 아파트가 보였다. 그런 것들을 표시해 두었다가 현장에 나가서 왜 그런지 이유를 찾아보는 것이다. 연식이 더 오래된 아파트임에도 불구하고 가격이 높게 형성되어 있다면 '어? 이 아파트는 입주한 지 5년이 넘었는데도 신축보다 비싸네? 여기는 입지가 좋은가 보다. 어떤 점에서 좋은 입지로 평가받는지 한번 둘러보

134

자' 하는 식으로 임장 가기 전 무엇을 중점으로 봐야 할지 미리 파악할 수 있다.

그 지도를 들고 임장을 다니다 보니 자꾸 욕심이 나기 시작했다. 처음에는 기축아파트의 시세만 찾아 적었지만 점점 분양권도 찾아보고, 나아가 재건축 재개발 지역도 지도에 찾아 적었다. 임장을 나가기 하루 전인 수요일은 아예 '임장 사전조사의 날'로 자리 잡았다. 또 하나의 새로운 습관이 생기는 순간이었다. 지도를 만들어 인쇄를 하고, 풀로 붙이고, 빨갛고 노랗고 파랗게 깨알 같은 글씨로 가득 채운 지도를 보면 스스로가 뿌듯하기 그지없었다. 수험생 시절 빼곡하게 필기가 된 참고서나 노트를 보면 괜히 금방이라도 성적이 오를 것 같은 그런 기분이었다.

2017년 3월, 전날 열심히 만든 임장지도를 들고 다시 노원구를 찾았다. 노원구 전체 지도를 만들어서 아파트의 준공 연도와 세대수를 적고 매매가와 전세가를 샅샅이 써 넣었다. 약 세 시간을 꼬박 들여 임장 갈 지역을 꼼꼼하게 공부했다. 이번에는 대장 지역인 노원역 인근을 시작으로 마들역까지 걸어갔다가 중계동 학원가도 가보고, 하계동을 지나 공릉동으로 향하는 루트였다. 사전 조사를 철저히 한 만큼 효율적인 루트로 이동하다 보니 버리는 시간 없이 꽉 찬 임장을 할 수 있었다. 지도를 들고 다니면서 지역 전체를 조망하고, 아파트의 개별 입지를 눈으로 익히고, 현장에선 가격을 새겼다. 장님 문고리 잡는 식이 아니라 족집게 강사에게 일대일 과외를 받는 기분이었다.

'아! 이 아파트는 더블 역세권에 백화점 상권까지 갖추고 있으니 1등 입지일 수밖에 없구나. 저기는 상권 없이 조용한 주거지들뿐이니 이 가격이군. 역세권은 아니지만 시세가 높네. 역시 학원가의 힘은 세구나. 상계, 중계, 하계동을 보다가 공릉동을 보니 상대적으로 아파트가 너무 적고 조용하네.'

사전 조사 단계에서 지역의 1, 2, 3군을 이미 파악했으니 내 눈으로 그걸 확인하기만 하면 되었다. 시세도 더 쉽게 머릿속에 들어왔다. 노원구 전체가 내 집 앞마당처럼 훤히 보이는 기분이었다. 이런 임장을 하면 저절로 투자 인사이트가 생길 수밖에 없다.

오를 곳이
한눈에 보이는 임장지도 만드는 법

임장만큼 중요한 것이 바로 손품이다. 사전 조사 없이 임장을 간다 한들 수박 겉핥기에 지나지 않으니, 꼭 철저한 손품을 거친 후 임장을 나가자. 내가 나고 자란 지역도 잘 모르는데, 처음 가본 지역을 한두 번 임장으로 내 손 안에 넣겠다는 건 과한 욕심이다. 손품과 발품이 조화롭게 이뤄져야 소중한 시간을 값지게 쓸 수 있다.

사실 처음에 지도를 만들려면 막막하고 어떻게 해야 할지도 모를 것이다. 나도 다르지 않았다. 하지만 그 어려움을 이겨냈을 때 느끼는 결실은 엄청나다. 나는 지도를 만들 때 카카오맵을 이용한다. 업데이트도 빠르고 지역 구분선을 빨간색으로 표시해 주니 좋다. 처음에는 지도 비율을 조절하기가 쉽지 않을 것이다. 아파트 동·호수까지 보이게 확대하면 지도가 너무 커지므로 아파트 이름까지만 보이도록 비율을 조절하고, 도시 외곽에 있는 산이나 하천은 임장과 관련이 없으므로 과감하게 제외해 최대한 내가 임장을 갈 도시의 중심이 지도 가운데에 위치하도록 하자.

임장지도를 만들 때의 팁은 비슷한 입주 연도별로 색깔을 칠하

■ 색색깔로 칠해진 나의 임장지도 ■

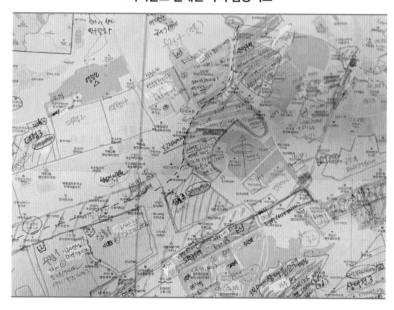

라는 것이다. 예를 들어 분양권은 핫핑크, 입주 5년 이내의 최신축은 주황색, 약 10년 차쯤 된 아파트는 초록색, 20년 이상 된 구축은 색깔을 칠하지 않는 식으로 지도에 아파트마다 다르게 표시한다. 단, 재건축 연한 30년이 넘은 아파트들에는 파란색을 칠한다. 임장 지도를 수십 장씩 만들며 생겨난 나의 노하우다. 이 작업이 끝난 후 지도를 보면 그 도시의 나이를 한눈에 알 수 있다. 핫핑크나 주황색이 많이 보이면 이제 갓 태어나고 있는 도시이고 파란색이 많이 보이면 재건축으로 곧 젊어질 도시, 색깔이 많이 보이지 않으면 특별한 테마 없이 조용히 나이 들어가는 도시다. 이 경우에는 시세가 오를 만한 트리거가 있는 게 아닌 이상 임장 지역에서 제외한다.

이 작업만 해도 어느 지역을 유심히 봐야 하는지가 한눈에 보인다. 어느 곳이 내 자산을 불려줄 똘똘이가 될지 후보군이 확 추려지는 것이다. 시험 범위를 좁히고 시작할 수 있으니 얼마나 든든한가! 전국 어디를 가든 휴대폰과 지갑만큼이나 소중하게 임장지도를 품에 안는 이유다.

처음에는 지도를 만들려고 해도 어떤 작업부터 해야 하는지 감이 안 잡힐 것이다. 내가 지도를 만드는 법은 앨리스허의 유튜브 채널에 더욱 자세히 올려두었으니, 지도 만들기가 너무 막막하다면 참고해 보시길 바란다. 10년간 임장지도를 만들며 깨달은 팁, 사용하기 좋은 툴 등 생생한 정보를 담아놓았다.

임장지도의 꽃!
손품 기록 남기기 노하우

손품을 팔아 예습을 하고 가면 다 똑같아 보이는 아파트들도 저마다의 장단점이 보이고, 부동산 소장님의 설명도 귀에 쏙쏙 들어온다. 적극적인 질문으로 더 많은 정보를 얻어올 수도 있다. 자, 이제 5색 형광펜과 3색 볼펜을 들고 평범한 지도를 나만의 보물지도로 만들어보자.

① 돈 되는 교통망 찾기
아파트 가격을 상승시키는 가장 큰 요인 중 하나는 바로 교통이다. 그 교통 중에서도 최고는 일자리 핵심지로 가는 노선으로, 강남GBD, 여의도YBD, 도심권CBD으로의 접근성이 매우 중요하다. 요즘 가장 핫한 교통 이슈가 GTX인 이유도 GTX가 교통 소외 지역들을 강남 내지 도심권까지 30분 안에 연결시켜 주는 광역교통망이기 때문이다. '교통혁명'이라고 불릴 만하다. 교통이 발달된 곳은 그만큼 수요가 많고, 그 수요에 의해 집값이 결정되므로 도시권으로의 교통혁명이 가져오는 파급 효과는 엄청나다. 임장지도를 만들 때 이런 '돈 되는 교통망' 표시는 필수다.

■ 네이버 부동산에서 '개발'을 누른 모습 ■

출처: 네이버 부동산

■ 아실 앱에서 '교통망'을 누른 모습 ■

출처: 아실

네이버 부동산에서 '개발'이라는 검색 아이콘을 누르면 교통 및 개발호재를 알려준다. 아파트실거래가 '아실' 앱에서도 교통망이라는 검색 아이콘을 누르면 노선도가 나오니, 편한 것을 골라서 노선을 따라 지도에 표시해 본다.

GTX 외에도 신림선, 서울 8호선 연장, 7호선 연장, 9호선 연장, 동북선, 위례신사선, 면목선, 서부선 등이 서울 도심으로 들어가는 대형 호재 라인이다. 수도권 및 지방 광역시의 일자리로 가는 노선(월곶판교선, 신안산선, 서해선, 대구권 광역철도 등)도 개통하면 수요를 집중시키기에 충분하니 미리 공부해 둘 필요가 있다. 만약 더 전문적으로 철도 노선을 공부하고 싶다면 '미래철도DB'라는 사이트에 들어가 보길 바란다. 국내에서 구상, 계획, 설계, 시공 중인 철도, 지하철, 광역전철, 경전철 노선 정보를 한눈에 볼 수 있도록 빠르게 업데이트해 주고 있다.

② 사람이 모이는 입지 찾기

처음 가보는 도시를 빠르게 이해하기 위해서는 그 지역의 중심지가 어디인지부터 찾아야 한다. 중심지란 사람들이 많이 모이는 입지이자 돈이 모이는 곳이다. 백화점, 영화관, 마트, 병원, 스타벅스 등 먹고 놀 거리가 많은 상권을 도보로 이용할 수 있다면 당연히 최고의 선호 주거지가 될 수밖에 없다. 상업지역은 땅값도 비싸고, 수요도 집중되니 여기에 가까울수록 집값도 비싸진다. 이를 쉽게 파악하기 위해 임장 갈 지역을 네이버 지적편집도로 먼저 공부해 보자.

네이버 지도나 부동산에서 지적편집도를 클릭하면 토지 이용에 따라 색깔이 다르게 표시된다. 어디가 중심 상업지역이고 어디가 공업지역인지, 주거지역인지, 자연녹지인지를 한눈에 볼 수 있다. 핑크색인 중심 상업지역을 찾았다면 나의 지도

■ 각각 평촌신도시와 분당신도시의 지적 편집도 ■

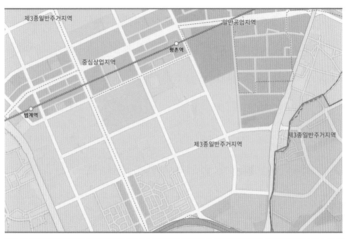

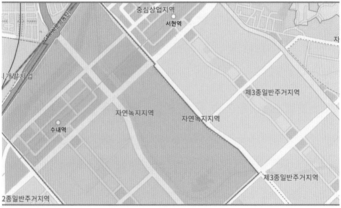

출처: 네이버 부동산

에 테두리를 표시한다. 핑크색으로 표시되는 상업지역과 가까우면서 반듯반듯한 일반주거지역이 밀집된 곳이 사람들이 선호하는 입지다.

지적편집도를 보다 보면 역세권도 아닌데 11자로 핑크색 상권이 형성된 지역이 보인다. 이처럼 주거밀집지역에 형성된 11자 상권은 학원가일 확률이 높다.

144p 상단의 지적편집도를 보자. 지적편집도 하나만 제대로 볼 줄 알면 처음 가보는 도시라 해도 쉽게 파악할 수 있다. 지도 한가운데의 지하철역을 중심으로 중심 상업지역이 자리하고 있고, 아래쪽에는 11자 학원가가 있으며 주거지역의 외곽에는 공업지역이 있어 자족이 가능하다는 사실까지 파악할 수 있다. 이곳은 도시 계획이 매우 잘된 1기 신도기 중 하나인 평촌신도시다.

그런가 하면 144p 하단의 성남시 분당구 지적편집도를 보자. 서현역, 수내역, 정자역을 따라 중심 상업지역이 이어지고 주거지역 사이사이에 중앙공원과 하천이 있다. 노란색 주거지역 사이사이에 핑크색 상업지역을 배치해 주거 편의성을 극대화했다. 만약 그 핑크색 인근에 브랜드 신축아파트가 건설되고 있다면, 굳이 가격을 찾아보지 않아도 그 지역의 대장이 되리란 걸 쉽게 알 수 있을 것이다. 임장을 갈 지역에 핑크색 상업지역을 찾아서 표시하고, 그 주변부터 살피는 식으로 공부해보자.

③ 지역의 가격 기준이 되는 랜드마크(대장) 아파트 찾기

건설사들이 아파트를 분양하려면 분양가의 '기준'이 필요한데, 그 기준이 되는 아파트가 바로 랜드마크 아파트다. 그 지역을 대표하는 가장 비싼 아파트로, 그 지역 부동산 가격의 상한선이 된다. 새로 분양할 예정인 아파트 입지가 기존 랜드마크 아파트보다 훨씬 더 좋다면 분양가 책정 시 현재 랜드마크 아파트의 시세와 비슷하거나 높게 책정되고, 반대로 입지가 빠진다면 그보다 낮게 책정될 테다.

건설사가 아닌 매수자에게도 매물로 나온 아파트의 가격이 싼지, 비싼지를 판단할 기준이 필요하다. 해당 아파트의 입지와 랜드마크 아파트의 입지를 비교해 보면 저평가인지 아닌지, 추가 상승할 안전마진이 어느 정도인지 판단이 서게 된다. 랜드마크 아파트는 가장 비싼 아파트일 수도 있고, 그 지역의 특성을 대표하는 아파트가 될 수도 있다. 예를 들면 학원가로 유명한 평촌신도시의 경우 귀인중학교와 학원가를 품은 귀인마을현대홈타운이 랜드마크 아파트가 될 수 있다. 2002년도에 준공된 구축임에도 말이다. 지역에 따라 바다 전망이나 강 전망, 공원 전망 같은 특수한 입지를 가진 아파트가 랜드마크가 되기도 한다.

가장 쉬운 검색 방법은 네이버 부동산에서 '아파트, 아파트 분양권, 매매, 면적 30평대, 입주 예정~사용승인일 4년 이내'라는 조건으로 검색해 찾아볼 수 있다. 단, 구축만 있는 지역은 이렇게 검색했을 때 한 개도 안 나올 수 있으니 지도의 범위를 넓혀서 신축아파트가 있는지 찾아보자. 반대로 신축들이 많은 지역은 이 조건으로 설정해도 너무 많은 아파트가 나올 수 있다. 그렇다면 그중 가장 비싼 아파트가 랜드마크가 된다. 입지도 비슷하고 연식도 비슷한 아파트가 여러 개 있다면 순위가 엎치락뒤치락 할 수 있으므로 그럴 때는 여러 곳을 다 염두에 두면 좋다.

아래의 지도는 성남시 수정구에서 해당 조건으로 검색해 본 결과다. 성남시 수정구의 랜드마크 아파트는 2020년 입주

■ 성남시 수정구에서 랜드마크 아파트를 검색한 화면 ■

출처: 네이버 부동산

한 4089세대의 산성역포레스티아라고 할 수 있다. 포레스티아보다 3년이나 신축인 2023년 10월 입주를 한 4774세대 산성역자이푸르지오도 있지만 두 아파트의 입지를 비교했을 때 산성역에 훨씬 더 가까운 산성역포레스티아가 성남시 수정구의 랜드마크가 된다. 그렇다면 이 산성역포레스티아를 지도에 표시하고 여기부터 시작하는 임장 루트를 짜는 것이다. 임장을 갔다면 해당 지역 부동산 가격의 기준이 되는 아파트는 꼭 가봐야 하지 않겠는가. 지도에서 랜드마크 아파트를 찾았다면 왜 그곳이 랜드마크가 되었는지, 그 아파트가 어떤 입지를 갖고 있는지 직접 가서 보고 주변 지역과 비교해 보자.

■ 서초구 반포동에서 랜드마크 아파트를 검색한 화면 ■

출처: 네이버 부동산

그런가 하면 대한민국 상위 0.1%들이 사는 서초구 반포동은 대장아파트가 계속 바뀌고 있다. 한강과 고속터미널을 품은 래미안원베일리가 탄생하면서 오랜 시간 반포의 랜드마크 역할을 하던 래미안퍼스티지가 순위권 밖으로 밀려나게 되었다. 압구정이 재건축되어 새 아파트가 된다면 한강변 라인의 랜드마크 아파트도 바뀔 수 있다.

④ 입주 연도와 세대수를 표시해 도시의 나이 파악하기

한 지역에는 정말 수많은 아파트가 있다. 각각의 입주 연도와 세대수를 모두 표시하려면 다소 시간이 걸리겠지만, 그 지역을 속속들이 파악할 수 있는 가장 좋은 방법이니 꼭 해보길 추천한다. 네이버 부동산을 보면서 인내심을 갖고 입주 연도와 세대수를 지도에 표시하자. 이 작업을 하면 해당 지역이 앞으로 더 떠오를 젊은 도시인지, 노후화되어 오를 여력이 별로 없는 도시인지 아니면 낡아도 너무 낡아 이제는 새로 태어나기만을 기다리는 도시인지 파악할 수 있다.

아파트 세대수는 아파트 크기를 말해준다. 세대수가 1000세대 이상은 되어야 제대로 된 조경과 커뮤니티 시설을 갖출 수 있다. 세대수가 너무 작으면 조경을 할 땅이 없으니 그만큼 가격 경쟁력에서 밀린다.

⑤ 주요 아파트의 매매-전세 시세 적기

본격적으로 아파트 시세를 조사할 시간이다. 네이버 부동산에서 주요 아파트의 매매가와 전세가를 찾아 시세를 적는다. 기본적으로는 '국민 평형'이라 불리는 84㎡형(33평) 중층 기준으로 적는다. 다만 지역 차이도 있으므로 어떤 곳에서는 30평대와 40평대를, 또 다른 곳에서는 20평대와 30평대 가격을 적기도 한다. 네이버 부동산에는 수많은 물건들이 등록돼 있는 만큼 물건마다 가격 차이도 천차만별이다. 첫 임장을 나갈 때는 그 지역의 시세가 어느 정도인지 파악하는 게 목적이니 중위 가격을 적는다. 진짜로 물건을 매수하러 나가는 집중 임장 때는 부동산에 나와 있는 매물 하나하나를 자세히 보면서 급매가를 적어서 가야 한다.

네이버 부동산을 샅샅이 살피다 보면 부동산 중개소장님들이 올려주신 꿀 같은 정보 덕분에 그 지역에 대해 어느 정도 공부가 된다. 각 물건마다 소장님들의 코멘트가 빼곡이 붙어 있다. '귀인중 학군, 경신고 학군, 학군 우수, 지하주차장 연결, 로얄동, 학원가 인접, 교통 교육 공원 주거 최고……' 이런 코멘트들을 보다 보면 까맣게 몰랐던 지역임에도 주민들이 어떤 학교를 선호하는지, 어느 전망이 인기가 있고 실거주자들이 무엇을 선호하는지도 알 수 있다. 집에 가만히 앉아서도 우리 동네 보듯 훤히 알 수 있으니 얼마나 편리한가! 보이지 않는 곳에

서 '열일' 해주고 계신 부동산 소장님들께 감사할 따름이다. 그
분들은 현지의 분위기와 입지를 가장 잘 전달해 줄 수 있는 지
역 특파원들이다.

⑥ 최고의 호재는 신축! 분양 아파트 체크하기

Day 2에서도 말했지만 너도 나도 신축아파트에 관심이 많
은 만큼 나는 그 지역에 새로 분양했거나 분양할 예정인 아파
트는 항상 주의 깊게 살핀다. 특히 그 지역의 랜드마크가 될 법
한 아파트는 필히 지도에 표시한 후 직접 현장에 나가 미리 입
지 분석을 해둔다. 네이버 부동산에서 '아파트 분양권'과 '분양
중·예정'을 선택하면 해당 지역의 분양권을 검색할 수 있다. 나
는 이런 분양 아파트를 지도에 표시할 때는 신축아파트와 같
은 핑크색으로 테두리를 칠하고 입주 연도와 세대수를 적는
다. 분양가가 얼마였는지도 적고, 전매가 가능한 물건이라면
현재 프리미엄은 얼마인지 시세도 함께 확인해 지도에 적어둔
다. 해당 지역 주민이 아니어서 청약을 넣지 못하더라도, 전매
에 도전할 투자금이 안 되더라도 이 작업은 꼭 하길 추천한다.
분양권은 그 지역의 부동산 흐름을 파악하는 데 큰 도움이 되
는 중요 지표이니 말이다.

⑦ 신축이 될 재건축 재개발 물건 표시하기

임장을 가려는 지역에 재건축 재개발 정보도 표시해 보자. 해당 지역에 진행되고 있는 정비사업은 어디가 있는지, 단계가 어느 정도까지 진행되었는지 표시하고 실전 임장에서 둘러보자. '아실' 앱을 이용하면 쉽게 정비구역과 사업 진행 단계를 알 수 있다. 정비사업이 원만히 진행돼 일반분양을 하면 분양가는 인근의 랜드마크 아파트 시세를 기준으로 책정된다. 입지가 좋은 지역이라면 향후 그 지역의 최고 신축아파트가 되면서 새로운 랜드마크가 될 수 있을 것이다. 정비사업지의 사업성이 좋고 향후 미래가치도 높아 보인다면 최소한의 투자금으로 신축이 될 곳을 미리 선점하는 전략도 짜볼 수 있다.

임장할 때는 일단
가장 비싼 곳부터 향하라

위 내용들을 지도에 꼼꼼히 표시했다면 이미 임장 갈 지역에 대해 70% 이상은 알게 된 것이나 마찬가지다. 만반의 준비를 갖췄다면 이제 지도를 펼치고 어디부터 갈지 임장 동선을 짜보자. 동선을 짜려면 우선 시세를 기준으로 아파트들을 1군 지역, 2군 지역, 3군 지역으로 나누는 작업이 필요하다. 이 기준은 가격대다.

> 1군: 입지 좋고 신축아파트로 이뤄진 동네
> 2군: 연식은 오래되었지만 입지는 최고인 동네 또는 신축아파트 단지로 이뤄져 있지만 1군보다 입지가 떨어지는 동네
> 3군: 2군 주변 오래된 구축아파트 밀집 단지

1군은 당연히 그 지역에서 가격대가 가장 높게 형성돼 있다. 누구나 살고 싶어 하는 그런 지역이다. 그런가 하면 2군은 두 가지로 나뉘는데, 그중에서도 전자인 지역은 과거에 1군이었으나 연식이 오래돼 신축아파트에 밀려난 동네다. 하지만 아파트가 낡았을 뿐 입지만큼은 1군보다 훨씬 원숙미가 있고, 학군과 학원가는 주로 이곳에 몰려 있다. 3군처럼 오래된 구축은 에너지를 잃어가기에 굳이 임장을 할 필요가 없지만, 만약 지금은 3군이지만 향후 1군이나 2군이 될 수 있는 예비 신축(분양권, 정비사업) 지역이 있다면 그곳은 반드시 동선에 넣어야 둘러봐야 한다.

임장을 할 때는 랜드마크 아파트가 있는 1군부터 시작하는 것이 그 지역의 흐름을 이해하기에 좋다. 지역이 넓다면 시간을 절약하기 위해 크게 블록으로 나눠 차로 돌면서 큰 숲을 먼저 본다. 도로망, 상권 형성 여부, 주거 환경 등을 살핀 후 랜

드마크 아파트에 주차를 하고 도보로 인근의 주요 아파트까지 상세하게 돌아보자. 마지막에는 반드시 부동산에 들어가서 지역 주민인 부동산 소장님의 브리핑을 꼭 받아야 한다. 1군지를 다 돌아보았다면 2군지로, 3군지로 이동해서 1군 지역과의 차이점을 비교해 본다. 내가 수강생들에게 귀에 못이 박히듯 하는 말이 '내 발로 밟은 땅은 돈이 된다'는 것이다. 직접 걸어본 지역은 기억에 아주 오래 남고, 내 손바닥 안에 들어오는 지역이 많아질수록 시야는 넓어진다. 투자할 곳도 절로 많아진다. 투자할 곳은 항상 있다. 돈이 없을 뿐!

본격 임장으로
투자의 확신을 더하는 날

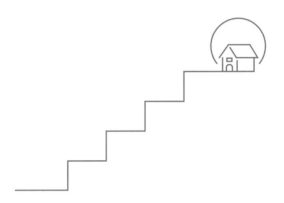

지도를 만들고 시세를 조사해서 아침부터 저녁까지 가격 순으로, 혹은 입지 순으로 직접 걸어보고 부동산 소장님들께 설명까지 꼼꼼히 듣는 알찬 임장을 혹시 해봤는가? 이런 임장을 딱 한 번이라도 해봤다면 내가 왜 그렇게 임장에 목숨을 거는지 바로 알게 된다. 실전 임장은 마법이다. 책상 앞에서는 결코 경험할 수 없는 입체적 경험이 머릿속에 저장돼 아주 오랫동안 생생하게 기억에 남는다.

부동산은 생물과도 같다. 딱 2년만 가보지 않아도 너무 많이 바뀌어서 처음부터 다시 공부해야 하는 사태가 발생하곤 한다. 아파트를 지을 땅만 있으면 어느새 분양을 해서 새 아파트가 지어지고, 구도심은 재건축 재개발을 통해 새로운 주거지로 탈바꿈하는 것이다. '여기가? 우와' 하고 절로 입이 벌어지는 지역들이 자꾸만 생겨나다 보니, 아무리 잘 안다고 자부하는 지역이라도 주기적으로 가봐야 지역의 변화를 알 수 있었다. 투자를 10년간이나 해왔는데도 여전히 가야 할 임장처가 많은 이유다.

게다가 소액 투자라고 해도 매매가는 몇 억 원을 호가한다. 직접 가보지도 않고 어떻게 그 비싼 아파트를 척척 살 수 있으며, 한 번만 가보고 어떻게 쉽게 판단한단 말인가! 한 번, 두 번, 세 번 가면 갈수록 다른 게 보인다는 걸 경험으로 실감하면서 내 마음속에 임장이란 '매주 습관처럼 가는 일, 같은 지역이라도 여러 번 가야 하는 일'로 자리 잡았다. 지식과 지혜는 다르다. 지식은 한 번 듣는 것만으로도 익힐 수 있지만 지혜는 경험에서 우러나는 것이다. 판단력을 키우고 내 판단에 대한 자신감을 가지려면 습관화된 임장은 필수다. 임장을 통해 '부동산 반 무당'이 되어 어디가 오르고, 또 어디에 기회가 있을지 작두를 타는 일이 얼마나 신나는지 직접 경험해보길 바란다.

임장 1단계,
어디로 떠날지 계획 세우기

공급물량을 매주 꼼꼼하게 분석했다면 이제 어느 정도 관심 지역이나 눈에 띄는 지역이 추려졌을 것이다. 그 지역들을 이번 주에 가볼 지역, 이번 달에 가볼 지역, 이번 분기 안에 가볼 지역, 올 한 해 안에 가볼 지역으로 나눠 체계적인 임장을 떠나보자.

향후 2~3년간 공급물량이 많을 지역

장기적으로 지켜보며 1년에 한두 번 정도 임장을 가봐야 하는 지역이다. 임장을 갈 때마다 시세를 지도에 적어두고, 공급과잉이 시세에 어떤 영향을 미치고 있는지 기록해 둔다. 임장을 가기 전 지도를 만들며 시세를 함께 적어두고 현장에서 아파트와 지도를 함께 보면 시세가 입체적으로 기억된다.

한꺼번에 입주 폭탄이 떨어질 때는 입지가 좋은 곳도, 그렇지 못한 곳도 다 함께 떨어지기에 공사 현장에 가서 신축아파트가 들어서면 어떻게 변화할지 미리 예측해 보고, 주변 지역들의 변화 과정을 살펴볼 필요가 있다. 입지는 좋은데 단순히 공급 때문에 하락하고 있는 것인지, 아니면 정말로 아파트의 입지가 별로인지 파악하는 작업이다.

대단지 신축아파트가 들어서면 주변도 함께 발전하기 마련이다.

그러다 보니 처음에는 눈에 들어오지도 않던 아파트가 공사와 함께 주변 환경이 개선되면 그제야 좋아 보이기도 한다. 이런 변화는 한 번 가는 걸론 알 수 없다. 과거를 알아야 현재도 알 수 있고, 미래도 예측할 수 있기에 같은 지역도 1년에 한두 번씩 다녀오는 것이다. 나는 그렇게 지역을 휘 둘러보러 갔다가 '기회가 온다면 이 단지를 사야지' 하고 미래의 내 물건을 점찍어두고 오기도 한다.

향후 2~3년간 공급이 많은 지역은 직접 가보면 분위기가 좋지 않기에 지금 매수하기는 망설여진다. 그러나 기회는 분명 다가온다. 그 기회를 잡기 위해 가는 임장인 만큼, 주기적으로 시세를 체크하며 매수 타이밍이 오지 않았는지 기민하게 살피길 바란다.

올해까지 공급과잉이지만 내년부터 공급이 없는 지역

공급이 많던 지역들도 시간이 지나면 언젠가 서서히 공급이 마무리되고 줄어들게 되어 있다. 시장이 좋을 때는 너도 나도 분양만 하면 완판 행렬이지만 어느 순간 '미분양'이란 시그널이 찾아온다. 그 물량이 점점 늘어나면 그제야 건설사도 해당 지역에 신규 분양을 멈춘다. 이런 지역들은 든든한 미래의 먹잇감이므로 특히 주목해야 한다. 한창 공사가 진행 중이고, 곧 입주가 도래하는 아파트가 곳곳에 있다 보니 사람들은 공급부족을 느끼지 못할 것이다. 신규 분양이 멈춘 효과는 2~3년 전에 분양했던 아파트들의 입주가 마무리될 때쯤 나타난다. 그러면 건설사들도 하나둘씩 조심스럽게 분양을 계획하지만, 분양해 입주하기까지는 최소 3년의 시간이 필요하다. 그때까지는 공급부족에 시달리며 가격도 함께 상승한다. Day 1에서도 밝혔지만 나는 이런 시기를 놓치지 않으려고 항상 촉각을 곤두세우고 있다.

부동산지인에서 매주 꼼꼼하게 공급물량을 들여다보면, 공급이 매우 많던 지역들도 서서히 공급이 마무리되면서 더 이상 공급이 없는 구간에 들어오는 모습을 포착할 수 있다. 이처럼 공급이 급격하게 줄어드는 지역은 집중 관심 지역에 담아야 한다. 버선발로 임장하러 달려가야 하는 지역이다. 이런 지역에 갈 때는 바로 투자할 매물까지 꼼꼼하게 찾아보는 집중 임장을 한다. 관심 지역 중 올해까지는 공급과잉이지만 내년부터 공급이 부족한 지역이 있다면 최대한 빠른 시일 내에 달려가 보자. 아무리 옥석 같은 지역이라도 단 한 번의 임장으로 매수할 수는 없는 법이다. 두 번, 세 번은 가보며 더욱 촘촘하고 꼼꼼하게 임장해야 하므로 그런 지역을 발견했다면 당장 그 주 안에 가보길 추천한다.

하나의 팁을 더 주자면, 공급부족을 더 상세하게 뒷받침해 줄 수 있는 데이터는 미분양 수치다. 이 역시도 부동산지인의 '지인빅데이터' 메뉴에서 손쉽게 확인할 수 있으니, 공급물량을 분석하며 미분양 수치의 증감도 함께 본다면 매수 타이밍을 잡기가 훨씬 쉬울 것이다.

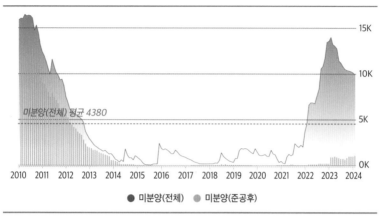

■ 하나의 지표가 되어줄 수 있는 미분양 수치 ■

미분양(전체) 평균 4380

● 미분양(전체)   ● 미분양(준공후)

출처: 부동산지인

호재가 발표된 곳

뉴스에 개발 호재나 교통 호재가 발표된 곳들은 '장기적으로' 지켜봐야 할 곳이다. 발표할 때야 당장 실현될 것 같아도 그 호재가 실현되는 건 보통 수년이 지난 후다. 이른바 '희망고문'이다. 그럼에도 나는 호재가 발표되면 그 지역에 꼭 임장을 가본다. 첫째로는 호재가 실현되면 어떻게 변할지 미래 그림을 그리기 위해서, 둘째로는 시세 변화를 체크하기 위해서다. 뉴스나 발표만 갖고 섣불리 투자하기엔 리스크가 크므로 진행 속도나 단계를 보면서 타이밍을 기다려야 한다. 그런데 만약 타이밍이 왔는데 내가 그 지역을 전혀 모른다면 어떻게 되겠는가? 그때가 되어서야 부랴부랴 임장을 가면 이미 좋은 기회는 날아가 버렸을 확률이 높다. 그래서 나는 당장 매수할 게 아니어도 그 지역을 지켜봐 두는 것이다.

임장 2단계, 나무가 아닌 숲을 보기

임장은 투자를 위한 시작점이다. 어떤 지역에 가서 어떤 아파트를 매수해야 할지 결정하기 위해 다양한 선택지를 직접 가서 보고 비교, 분석하는 행위다. 그런데 가끔 임장을 처음 나가서 덜컥 계약을 하고 오는 분들이 있다. 좋게 말하면 실행력이 뛰어난 것이지만, 나쁘게 말하면 사실 무식하고 용감한 것이다. 바로 내가 그랬기에 이렇게 말할 수 있다. 부동산에 가서 브리핑을 들으면 괜스레 가슴이 뛴다. 이 물건을 놓치고 나면 나중에 땅을 치고 후회할 것 같다. 하지만 그런 마음으로 가계약금을 보내고 나면 대부분 금방 마음이 불안해진다. 과연 내가 잘 산 걸까? 좋은 물건인가? 걱정이 되기 시작하고 계약금을 그냥 날려야 하나 안절부절못하게 된다. 나를 포함해 어떤 투자자든 초보 시절엔 이런 경험을 했을 것이다.

그래서 나는 첫 임장을 나갈 때는 물건 하나하나에 연연하기보다는 조바심을 내려놓고 둘러보고만 오길 추천한다. 이른바 '나무가 아닌 숲을 보는' 임장이다. 지역도 잘 모르는데 달랑 아파트만 보면 선택에 대해 확신이 안 서는 게 당연하다. 처음 임장을 갈 때는 겁도 없이 '이번에는 정말 매수를 하고 올 거야!'라고 다짐하지만, 막상 갔다 오면 이 물건을 사야 할지 말아야 할지, 이 가격이 싼지 비싼지, 이 지역이 과연 얼마나 오를 것이며 오른다 해도 지금 사도 되는 건지…… 고민만 더 깊어진다. 당연한 이치다.

처음 임장을 한다면 최소한 그 지역의 대장아파트인 가장 시세 높은 신축아파트를 찾아서 그곳의 입지부터 살펴야 한다. 그렇게 첫 임장을 다녀온 후 정리를 하며 나는 어디를 사고 싶은지 관심 지역과 아파트를 정해 네이버 부동산에 담아두고 자주 시세 변화를 관찰한다. 그리고 나서 그 지역에 두 번째, 세 번째 임장을 나갈 때 훨씬 더 범위를 좁혀서 관심 지역 위주로 집중 임장을 하면 된다.

♥ 앨리스허의 TIP

나는 첫 임장을 갈 때는 해당 지역 내의 전체적인 지역별 세부 입지를 파악한다. 그러면서 아파트 가격과 준공 연도에 따라 1군, 2군, 3군 지역을 나눈다. 153p의 설명을 다시 되짚어보자. 랜드마크 아파트 내지 신축아파트가 많은 대장 지역이 1군, 신축이지만 입지가 다소 떨어지거나 학군·학원가를 갖춘 등 입지는 좋지만 연식이 오래돼 1군 다음의 가격대를 형성하는 동네가 2군, 그 외에 구축이 많은 동네가 3군이다.
1군의 신축아파트에서 전세로 살다가 전세가가 오르는 바람에 옮겨야 하는데, 다시 구축에 살기는 싫은 세대라면 입지는 다소 떨어져도 신축으로 구성된 2군 동네를 눈여겨볼 것이다. 만약 이러한 신축 2군지의 매매가가 1군지의 전세가보다 살짝 높은 수준 정도라면 충분히 실거주자들의 선택을 받을

■ 천안 서북구 일대의 1, 2, 3군 예시 ■

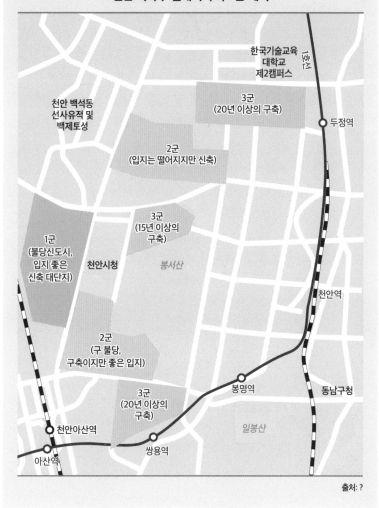

수 있으니 임장할 때 참고하자.

3군처럼 연식이 오래되어 가는 구축은 에너지를 잃어가기 때문에 가급적 투자 대상에서 제외하라고 말하고 싶으나, 턱없이 부족한 투자금으로 적은 수익이라도 내고 싶다면 아쉬워도 3군에서 선택할 수밖에 없다. 만약 3군에 투자를 해야 한다면 로얄동 로얄 라인을 고르되 하나도 오르지 않은 최저가에 매수해야 한다. 어떻게 보면 가장 꼼꼼한 임장이 필요한 투자다. 이런 기준도 없이, 제대로 임장도 하지 않은 채 투자금이 적다는 이유 하나만으로 못난이 아파트를 사 모으면 수익은커녕 초보 시절의 나처럼 마음고생만 할 수 있다. 처음에는 어렵지만 나만의 기준을 갖고 1군, 2군, 3군을 나누는 연습을 자꾸 하다 보면 지역별 특징이 보이고 투자금별로 내가 고를 수 있는 선택지가 보인다. 상승장이 오면 1군이 가장 먼저 오르고 가장 많이 오른다. 누가 봐도 좋은 1군을 선택하고 싶지만, 투자금이 부족하면 어쩔 수 없이 2군과 3군을 선택할 수밖에 없을 것이다. 그러나 우리가 공부를 하는 이유는 같은 돈으로 최고의 효과를 내기 위함이 아닐까. 3군을 살 투자금으로 2군을 사는 법, 2군을 살 투자금으로 1군을 공략하는 법을 연구하고 모색하기 위해 나는 지금도 매일 공부한다. 물론 고수의 영역이긴 하지만, 하루에 하나씩 부동산 습관을 쌓아가다 보면 어느새 당신도 고수가 되어 있을 것이다.

임장 3단계,
나비처럼 날아 벌처럼 쏘는 집중 임장

'부동산 투자는 타이밍이 90%'라는 소리가 있다. 내가 그토록 열심히 공급물량을 체크하고, 분양단지를 매주 분석하며 지역별 적정 시세를 머리에 새기고, 사전에 한 지역을 여러 번 가보는 이유는 타이밍을 잡기 위해서다. 관심 지역과 관심 물건을 정해놓고 시세 변화를 확인하면서 나비처럼 살랑살랑 두 번, 세 번 임장을 다니다 보면 매매가는 아직 보합 중인데 전세가가 올라오면서 투자금을 최소화할 수 있는 최적의 매수 타이밍을 잡을 수 있다.

그 타이밍이 왔다면 실제로 내 장바구니에 담을 물건을 고르는 집중 임장이 시작된다. 그동안 그 지역을 열심히 파고 팠다면 사고 싶은 아파트는 이미 마음속에 어느 정도 구체화돼 있을 것이다. 이제 그 아파트를 사러 가기만 하면 된다. 단, 좋은 물건을 싸게!

집중 임장을 가기 전에는 반드시 해야 할 일이 하나 있다. 임장 지도의 시세 업데이트다. 이번엔 정말 '사기' 위한 것이므로 네이버 부동산에 나온 매물 중 가장 가성비가 좋은 물건의 가격을 지도에 적어야 한다. 무조건 싼 물건이 아니라 동·호수나 내부 컨디션이 좋은 데 비해 가격이 저렴한 물건 말이다.

현장에서 부동산을 한 군데 정해 자리를 깔고 실제 내가 투자할 물건을 집중적으로 보고 골라보자. 부동산 소장님들은 눈치가 100단이다. 지금 이 손님이 집을 진짜 매수할 사람인지, 아닌지는 그분들도 너무나 잘 안다. 매수자라는 걸 알면 분주하게 물건을 검색하고, 어떻게든 팔기 위해 다른 부동산에도 전화를 돌려 괜찮은 물건들을 브리핑한다. 그중 내가 제시한 가격 범위 안에 들어오는 물건을 가능한 한 많이 보고 고르자. 그러면서 물건별로 꼼꼼하게 내·외부적 요소에 점수를 매기는 것이다.

실전 임장 시 확인해 보면 좋을 임장 체크리스트를 167p에 수록해 놓았다. 크게는 아파트의 위치부터 작게는 수리, 인테리어 여부 등까지 세심하게 확인하며 나와 있는 물건 중 가장 매력적이고 가성비 있는 물건을 찾아보자. 열 개의 물건을 봤다면 1등부터 10등까지 각각의 매물에 대해 점수를 주는 것이다. 그러면 점수는 높은데 가격이 저렴한, 즉 저평가된 물건이 보인다. 그걸 매수하면 된다.

♥ 앨리스허의 TIP

부동산 초보 시절에는 누구나 부동산 문을 열고 들어갈 용기조차 나지 않는다. 하지만 부동산 소장님들을 어렵게 생각할 필요는 전혀 없다. 그분들은 내게 돈 버는 정보를 가져다줄 파트너다. 실제 매물을 보러 가는 와중에도 소장님과 나눌 수 있는 대화가 많다. 물건이 부동산에 나오게 된 히스토리를 물어볼 수도 있고, 매도자의 사정이 급한지, 가격 협상이 잘 되는 물건인지, 요즘 거래는 활발한지 등등, 협상 테이블에서 내가 칼자루를 쥘 수 있는 정보를 얻을 수 있다. 부동산 소장님은 현지 소식을 전해주는 지역 특파원이자 내 편이 되어 대변인 역할을 해줄 수도 있는 사람이다. 처음부터 좋은 인연을 만들고 끈끈한 유대 관계를 맺어놓으면 투자가 훨씬 편해질 것이다.

현지 특파원을 통한 정보 수집을 끝냈다면 이제 내 눈으로 물건들을 확인하며 실전 임장 체크리스트를 가득 채워볼 차례다. 최대한 많은 지역, 물건을 발로 밟아보며 열정을 불태워보자. 내가 밟은 땅은 돈이 된다.

■ 아파트 실전 임장시 체크리스트 ■

날짜		지역명	
아파트명/세대수		연식	
동/호수		평균 대지지분(재건축)	

외부적 요소			
입지	초품아	공품아	역세권	몰세권
동 위치	정문	초등학교 거리	편의시설 거리
향	남향	동향	서향
호수/층수 특이사항	끝집	탑층	해당없음
형태	복도식	계단식	
지하주차장 연결			
주차 공간	세대당	대	
조경 수준 및 커뮤니티 시설			
경사도			
동 간 거리			
기타 특이사항			

내부적 요소		
거실 앞 베란다 뷰		
천장 누수		
수리 여부	(확장 및 새시 여부 확인)	
욕실 수리 여부	(UBR, 방수 공사 여부 확인)	
싱크대	ㄷ자	ㄱ자	─자
신발장		
장판 및 바닥 상태		
도배 상태 및 몰딩		
페인트		
등과 스위치		
수리가 필요한 부분		
기타 특이사항		
매물 가격		전세 시세	
나의 생각 및 결론		

철저한 임장이 가져다준
800%의 놀라운 수익

2018년 가을, 앞에서 설명했듯이 경상남도 창원은 공급 폭탄이 쏟아지며 시장 상황이 좋지 않았다. 당시 귀동냥으로 소식을 들으니 예전부터 전세 레버리지 투자자들이 즐겨 투자하던 상남동 성원토월그랜드타운이 많이 떨어져 소액으로도 매수할 수 있다고 했다. 운원토월그랜드타운은 1994년에 입주한 6252세대의 대단지로, 84㎡형의 시세가 당시 2억 원 초반대였다. 최고가가 3억 3000만 원을 찍었던 아파트이니 무려 1억 원 이상 하락한 것이었다.

게다가 매매가뿐 아니라 전세가도 그 정도로 하락한 상태였다. 역전세가 일어나는 바람에 집주인들이 전세금을 내어주지 못해 세입자들이 이사를 못 나간 매물들이 급매로 나와 있었고, 전세권 설정 혹은 임차권 등기를 해놓고 이사를 간 공실도 있었다(전세권 설정과 임차권 등기 둘 다 쉽게 말하면 세입자들의 전세금을 보호하기 위해 이용하는 행정 제도로, 지면의 한계상 모두 다루지는 못하므로 상세한 사항은 용어를 찾아보길 바란다). 경매 법정에도 이런 물건들이 수두룩했다. 창원의 실거주자들은 집은 절대 사지 않고 전세로만 살되, 그마저도 법인 소유 물건은 쳐다보지도 않는 상태였다. 그야말로 쑥대밭이었다. 아무리 2000~3000만 원의 투자금만 있어도 된다고 해도, 매매를 원하는 실거주자가 씨가 마른 이 아파트를 무턱대고 살

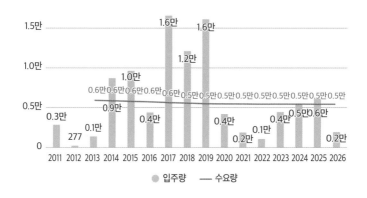

출처: 부동산지인

수 있을까? 달랑 이 아파트만 본다고 해서 창원의 부동산 흐름을 전망할 수 있을까? 그런 용기를 낼 사람이 많지는 않을 것이다.

다행히 나는 창원에 대해 이미 어느 정도 파악하고 있는 상태였다. 공급물량을 체크하던 중 창원이 2017~2019년 3년간 공급과잉을 겪은 후 2020~2022년 3년간은 공급이 부족해진다는 걸 확인했기 때문이었다. 보기만 해도 설레는 이 그래프를 보고, 아무도 창원을 주목하지 않던 2017년에 이미 첫 임장을 다녀온 것이다.

당시 창원 성산구의 대장인 창원용지아이파크와 용지더샵레이크파크를 시작으로 바로 옆 트리비앙, 노블파크를 지나 성산구 일대를 둘러보았다. 성원토월그랜드타운이 위치한 상남동도 이때 둘러봤었다. 그다음 2018년 봄에는 의창구로 건너가 대단지인 창원중동

유니시티 건설 현장을 둘러봤고, 마산회원구와 마산합포구까지 간단히 돌아본 후 서울로 돌아왔다. 두 계절쯤 지나 가을에는 마지막으로 유일하게 보지 못한 마산진해구를 둘러본 후 다시 성산구를 살폈다. 임장하며 많은 부동산에 들러 현지인들의 이야기를 열심히 들은 건 당연하다. 이 과정 동안 인구 100만 인구의 계획도시 창원을 샅샅이 파악하고, 입지 서열에 따른 지역별 가격 흐름 또한 파악해 놓았다.

　1군인 용지아이파크에 이어 용지더샵레이크파크의 입주가 마무

■ 창원시 지도 ■

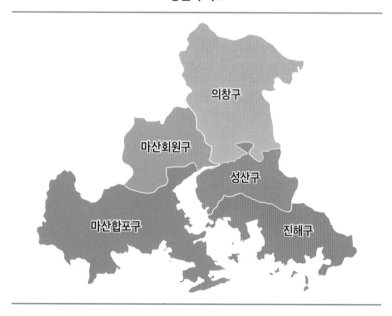

리되고 2018년 가을부터 대장아파트들의 매매가가 서서히 오르기 시작했지만 1군의 투자금은 만만치 않았다. 소액 투자처를 찾기 위해 2군과 3군 지역들의 흐름을 조사해 보니, 3군이 저평가인 건 맞으나 아직 상승 흐름이 오기에는 시간이 더 필요해 보였다. 물론 예전부터 투자자들에게 인기가 많았던 성원토월그랜드타운에 투자 가치가 있다는 건 나도 동의하는 바였다. 구축이기에 세월이 흐르며 1군에서 2군, 2군에서 3군으로 어느새 밀려났지만 학군이 우수하고 상권, 학원가를 품고 있는 등 입지가 워낙 좋은 아파트였다. 좋은 흐름이 온다면 큰 수익률을 낼 수 있을 만큼 하락폭이 매우 크기도 했다. 단, 타이밍을 신중히 따져봐야 했다. 1994년식의 오래된 구축이기에 상승 흐름 끝물에는 매도가 어려울 수도 있다는 걱정이 앞섰다.

나는 그 대신 2군인 트리비앙의 전세가를 주시하다가 2018년 11월, 큰 무리 없이 3500만 원이란 소액 투자금으로 전세 레버리지 투자를 할 수 있었다. 들어가는 투자금이 비슷하다면 3군이 아닌 2군을 선택하는 게 훨씬 유리하다. 상승폭도 더 크고, 향후 매도도 더 수월하다. 트리비앙을 매수하고서도 계속 가격 흐름을 보던 나는 2019년 가을, 드디어 때가 왔다는 직감에 현장으로 향했다. 성원토월그랜드타운의 전세 매물이 적다는 걸 발견한 것이다. 나는 여러 매물 중 아직 하나도 오르지 않은 $108m^2$형(40평)을 2억 7000만 원에 매수했다. 수리비를 포함해도 투자금은 2500만 원이었다.

그리고 2년 뒤 세입자 만기가 다가온 2022년 2월에 5억 2500만 원이라는 값에 매도를 하고 나왔다. 3000만 원으로 2억 원이 넘는 엄청난 수익을 낸 것이다. 모두 창원을 내 손 안에 넣어 완벽하게 이해한 덕분이었다. 1군, 2군, 3군 지역마다 각기 다르게 오는 타이밍을 잡을 수 있었다. 이처럼 임장은 일회성이 아니라 습관이 되었을 때 훨씬 큰 힘을 발휘할 수 있는 법이다. 조급한 마음에 나무 한 그루에 집중하기보다는 숲을 전체적으로 보며 흐름을 파악한 뒤 더 넓은 시야를 확보하는 임장을 해보자.

부동산 정보를 읽고
나만의 기록을 남기는 날

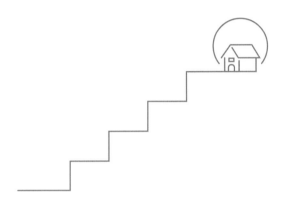

나는 직장인과 주부들을 위해 오랜 시간 매주 일요일마다 부동산 강의를 해왔다. 그렇게 출근한 다음 날인 월요일은 가급적 특별한 일정을 잡지 않는다. 어디에도 나가지 않는 한가로운 월요일, 아이들을 등교시킨 후 일상에 작은 쉼표를 찍는 기분으로 이 습관을 챙긴다. '읽고 기록하는' 습관이다.

매일 아침이면 유용한 부동산 정보와 기사들이 내가 속해 있는 몇 개의 부동산 단톡방과 카페에 올라온다. 나보다 훨씬 부지런하신 분들이 정말 많다. 읽어야 할 뉴스가 매일 넘쳐나다 보니 일일이다 확인할 수 없어서 당일에는 제목만 대충 보고, 정말 중요해 보이는 것들은 링크를 복사해 카카오톡의 '나에게 보내기' 기능으로 보내놓는다. 그리고 평일 동안 이슈가 되었던 이 뉴스들을 월요일 아침, 차분한 마음으로 하나씩 다시 읽는 것이다. 그러면서 중요한 이슈는 에버노트 앱에 따로 스크랩해 놓는다.

문재인 정부에서는 2017년부터 2020년까지 무려 스무 번이나 되는 부동산 정책을 발표했다. 사실 세금과 부동산 규제는 너무 복잡해 한두 번 보고는 이해하기가 참 어렵다. '세금 고시'라는 말이 나올 정도다. 하지만 '그런가 보다' 하고 허투루 넘겼다가는 막상 그 정보가 필요해졌을 때 뭘 몰라서 우왕좌왕하기 딱 좋다. 그래서 나 같은 경우, 세금·정책·교통호재·개발호재 등으로 카테고리를 나눠 그때그때 정보를 저장해 두고 월요일마다 주제 한 개를 정해서 방송을 하거나 블로그 글을 쓴다. 매주 대단한 이슈들이 있는 건 아니기에 이런 정리 시간은 채 한 시간도 되지 않는다. 그럼에도 이 작은 시간들이 하나하나 모여 큰 재산이 된다.

꾸준하게 정보를 읽고, 시대의 변화에 예민하게 촉각을 세워야 지금이 아닌 미래를 한 발 더 내다볼 수 있다. 사실 처음에는 읽는 것만으로도 벅차다. 그 마음을 나도 이해한다. 나 역시 처음에는 그냥 슥 읽는 데 그쳤지만, 투자를 하다 보니 그것만으로는 역부족이란 게 느껴졌다. 돌아서면 잊어버리는 나의 뇌로는 매일같이 쏟아지는 뉴스를 도저히 따라가지 못했던 것이다. 그래서 만든 습관이 기록이었다. 기록을 남겨야 비로소 내 것이 된다.

하나의 기사를 읽더라도 내용을 읽고 지나치기보다는 혼자서 이런저런 생각을 해보고, 나의 생각을 덧붙여보는 습관을 길러보자.

■ 월요일마다 주제별로 정리해 놓는 에버노트 ■

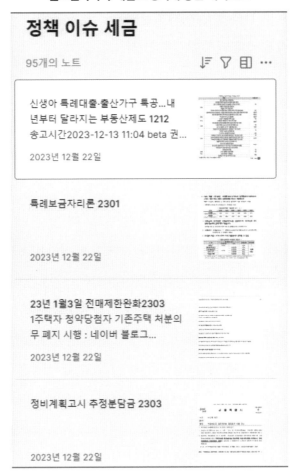

'그래서 어떻게 되는 걸까?', '이런 정책이 나오면 부동산은 과연 어떻게 움직일까?', '이런 이슈가 나오면 사람들은 어떻게 행동하고, 어떻게 결정할까?', '남들은 이런 기사를 보고 어떻게 해석했을까?'

하루를 바꾸고, 투자를 바꾸고, 마침내 인생을 바꾸는 기록의 힘

임장을 다녀온 후 임장기를 쓰기 시작한 것도 그 때문이었다. 임장을 다녀온 후엔 다 아는 것 같고, 그 지역에 대해서는 박사가 된 것처럼 느껴지지만 막상 기록을 하려고 책상 앞에 앉으면 생각이 잘 나지 않는다. 그래서 임장을 기록하는 습관이 필요한 것이다. 회사에 내는 것처럼 특별한 양식을 갖춰 보고서를 쓸 필요는 없지만, 일단 임장을 다녀왔다면 동선을 따라 한 차례 정리해 보길 추천한다. 이 역시 마지막에 나의 의견을 남기는 연습도 해보면 더욱 좋다.

나는 2016년부터 블로그에 임장 기록을 남기기 시작했다. 처음에는 현장 사진 몇 장을 올리고 아파트 이름 정도만 쓰는 게 다였다. 그러다가 입지를 찾아서 열거하다 보니 열 줄 이상은 쓸 수 있게 되었다. 추가로 시세도 찾아서 적어보고, 소장님들이 해주신 이야기들도 적었다. 그러다 보니 적을 내용들이 점점 늘어났고 나의 의견도 점차 적극적으로 쓰게 되었다.

@@앨리스허의 관점 : 대단지 아파트인만큼 주민 편의시설이 잘 갖추어져 있고 쾌적한 주위 환경, 상권
울 갖고 있어 여자들이 선호하는 아파트라 여겨진다.
그런데 위치가 약간 좀 애매해 보인다.
입주5년차 고덕 아이파크와 비교해 보면 새아파트인데 아직 너무 싸고.
고덕 그라시움과 비교한다면 그 벽을 넘을수는 없을꺼 같아 보인다.

부동산전문가 앨리스 · 2017. 4. 20. 22:10   URL 복사   +이웃추가

송도국제신도시에 이어 [지역탐험] **청라국제도시에** 다녀왔습니다.

송도신도시를 샅샅이 훑고 왔더니 청라를 둘러보는데 많은 도움이 되네요.
송도 vs 청라, 서로 비교하면서 앞으로의 미래에 펼쳐질 모습을 그려보기가 훨씬 수월합니다.
청라를 가보고 싶으신 분들은 송도를 먼저 둘러 보시길 강추합니다.

청라국제도시 (인천광역시 서구 경서동)

인구수 : 8만6천명 (2016년말 기준) / 계획인구 9만명의 약 96%를 넘어섰다
@@ 나의 생각 : 계획 인구수가 생각보다 너무 작네^^
송도(대략 26만명 계획)가 청라보다 3배가 더 큰 규모라고 보면 될듯

임장기를 쓰면 쓸수록 그 지역을 쏙쏙 잘 흡수하고 있다는 게 느껴졌다. 빈 컴퓨터 화면을 보고 있으면 아무것도 생각이 나지 않으니 내가 들고 다녔던 지도를 다시 펼쳐보고, 네이버 부동산을 다시 켜서 살펴보면서 자연스럽게 복습이 되는 것이다. 그러다 보니 지역을 보는 관찰력, 미래를 내다보는 분석력도 함께 쑥쑥 성장했다. 단순한 정보만을 전달하는 글이 아니라, 나만의 특색 있는 글을 쓰려면 어떻게 해야 할지 고민하다가, '나의 생각', '앨리스허의 관점'이란 타이틀을 붙여 내 의견도 덧붙이기 시작했다. 임장을 가서 내가 보고 느낀 것들, 타이밍이 온다면 어디를 매수하고 싶고 그 이유는 무엇인지까지 과감히 적었다. 인기는 폭발적이었다. 부동산 카페에 내 글을 올리면 '임장기가 살아 있다', '생생해서 직접 다녀온 것 같다', '이 글을 보고 실제로 투자했다' 같은 응원과 감사의 인사가 하나둘씩 늘었다. 그 역시 기록 습관을 지속케 하는 즐거움이었다.

함께하면
효과가 배가되는 기록 습관

덧붙이자면, 혼자 하는 습관에서 한 발 더 나아가 공개된 곳에 기록하는 습관을 들여보라고 추천하고 싶다. 누군가가 보는 글을 쓰게 될 때는 혹시나 내 글에 잘못된 정보가 있지는 않은지 한 번이라도 더 확인하고 찾아보게 된다. 세상에 내 의견을 내놓는 일이니 더욱 신중해질 수밖에 없다. 그러니 기록을 올리기 전 내 생각을 뒷받침할 근거를 더 샅샅이 찾았고, 그 과정에서 또다시 공부가 되었다. 얼마나 좋은 선순환인가. 나의 글에는 점점 자신감이 붙었다.

나의 생각이 틀릴까 두려워 소심해진다면 '틀리면 어때, 그저 이건 내 생각일 뿐, 아니면 말고!'라는 안전장치를 달아둬도 좋다. 나 역시 그런 생각이 들 때가 많았지만 용기를 내 의견을 쓰고서 '앨리스허의 생각'이란 멘트를 꼭 적고 글을 마무리하곤 했다. 내 블로그에 남아 있는 오래전 임장기를 읽어보면 당시 나의 생각은 들어맞은 것도, 틀린 것도 있다. 맞으면 기분 좋은 것이고 틀리면 그저 왜 틀렸나 찾아보면 된다. 그 누가 뭐라고 하겠는가?

어찌 생각하면, 그렇게 두 어깨에 부담이 있어야 더욱 완벽하게 공부를 할 수 있지 않을까? 그 부담을 기꺼이 견디고 나만의 기록을 쌓아간다면 부동산을 분석하는 능력이 단기간에 쭉쭉 성장할 것이다. 내가 그랬듯이 말이다.

임장기든, 뉴스 스크랩이든 단발성에 그치면 안 된다. 꾸준하게 쓰고 성장하기 위해서는 '습관'으로 장착되어야 한다. 기록을 습관화시키면 공부에 도움이 될 뿐 아니라 '자기만족'을 가져다준다는 효과도 있다. 오랜 기록은 내가 그간 얼마나 열심히 살아왔는가에 대한 증거다. 아무도 알아주지 않아도, 이 어려운 걸 계속 해내고 있다고 생각하면 스스로에게 무척이나 뿌듯해진다. '나는 뭐든 간에 한

번 시작하면 꾸준하게 하는 사람이야!'라는 자신감도 생기고, 그만큼 힘차게 꾸준함을 이어나갈 수 있다. 내가 나를 만들어가는 것이다. 기록을 습관으로 만들며 되뇌어보자.

나는 대단한 사람이다.

나는 성실한 사람이다.

나는 행동하고 기록하고 성장하는 사람이다.

스스로의 손으로 만드는 쫄깃쫄깃한 삶이 우리를 어느새 투자 고수, 인생 고수로 만들어줄 것이다.

습관을 오래 지속시키는
하루 30분의 힘

"월화수목금 매일 이렇게 많은 일을 하면 언제 쉬나요? 직장을 다니는 사람도 있고, 자영업자도 있고, 주부라면 살림과 육아를 할 테고 가끔은 여가도 즐겨야 하는데요?"

종종 이렇게 묻는 분들이 계신다. "월요일부터 금요일까지 열심히 살고 주말엔 쉬면 됩니다"라고 대답하긴 하지만, 사실 이렇게 말하기도 머쓱할 때가 많다. 루틴처럼 자리 잡은 부동산 투자 습관을 실행하는 데는 정말 작은 시간밖에 필요하지 않기 때문이다. 사실 이를 못하는 이유는, 시간이 없어서가 아니라 아직 습관이 만들어지지 않았기 때문이다. 나 역시 이 투자 공부 루틴을 습관으로 자동화하기까지 많은 시행착오를 겪었기에 자신 있게 말할 수 있다.

부담 갖지 말고 시작해 보자. 공급물량이란 하루아침에 늘어나고 줄어드는 게 아니다. 분양하고 입주하기까지 수년의 세월이 걸리기 마련이니, 하루에 전국의 공급물량을 다 보려 하지 말고 매일 30분씩만 느긋하게 구역을 나눠서 보자. 이번 주는 서울을 봤다면 다음 주는 경기 남부만, 그다음 주는 경기 북부만…… 하는 식으로 지역을 야금야금 늘려가자. 전국을 다 봤다면 시 단위로 들어가도 좋고, 관심 있는 지역이 몇 개 생겼다면 그 지역을 파고들어도 좋다. 구역을 나눠서 본다면 하루에 30분에서 한 시간이면 충분한 작업이다.

Day 2의 분양단지 체크도 오랜 시간이 걸리지 않는다. 청약홈을 보면 알 수 있듯이, 1순위 청약 접수를 받는 단지들은 일주일에 평균 10개 미만이고 4~5개에 불과한 주도 있다. 그중 내가 관심이 가거나 굵직한 분양단지들만 솎아서 보면 되니 그렇게 큰 시간이 필요하진 않다. '굵직한 분양단지'라 함은 인구수 30만 명 이상의 도시에 분양하는 1군 건설사의 500세대 이상 대단지를 말한다.

다만 임장을 준비하는 Day 3는 처음엔 다소 긴 시간이 필요하다. 나도 초보 때는 하루 종일 씨름을 하기도 했다. 하지만 차츰 지도 만드는 기술을 터득하면서 지금은 지도를 만들고 사전 조사를 하는 데 1~2시간이면 뚝딱이다. 게다가 처음 임장을 갈 때만 조금 시간이 더 걸릴 뿐, 지도를 만들어두면 해당 지역에 두 번째 세 번째 임장을 갈 때는 간단히 업데이트만 하면 되므로 소요 시간이 훨씬 줄어든다. 게다가 기록을 남기는 일은 스마트폰을 갖고 다니면서 언제 어디서든 할 수 있다.

이 모든 일이 습관이 된 나는 요즈음 책상 앞에서 하는 작업에는 매일 30분~한 시간가량밖에 쓰지 않는다. 확실한 것 하나는, 처음엔 '언제 다 하나' 싶던 투자 공부도 반복될수록 간단해진다는 사실이다. 하루하루가 쌓여 일주일이 되고, 한 달이 되면 공부할 것이 점점 줄어든다. 정보를 어떻게 얻고 정리해야 할지 노하우가 생기면서 시간도 짧아진다. 습관이 가져다주는 놀라운 변화다.

물론 임장만큼은 절대적인 시간이 필요하다. 한 지역을 빠삭하게 꿰뚫을 만큼 돌아다니려면 하루를 온전히 빼야 한다. 하지만 그 부담감 때문에 아예 임장을 나가지 못하니 간단하게라도 보는 게 낫다. 뭐든 각자 사정에 맞게 하면 되는 것이다. 일단 3~4시간 소풍 가듯 둘러보는 것부터 시작해 보자. 일단 내 주변부터 샅샅이 돌아보고, 어딘가 다녀오는 길에 잠시 들러보는 코스로 임장 동선을 짜는 것도 매우 효율적인 방법이다.

그리고 나머지 시간은 나와 가족을 위한 시간을 충분히 가지라고 조언하고 싶다. 어떤 행동을 습관화시키려면 쉬워야 한다. 제임스 클리어의 『아주 작은 습관의 힘』에 따르면 모든 행동에는 특정한 양의 에너지가 드는데, 에너지가 많이 들수록 그 행동을 덜 하게 된다고 한다. 일주일 내내 부동산에 빠져 있겠다면서 내내 대여섯 시간씩 공부하는 거창한 계획을 세우면 의지가 금세 꺾이게 된다.

나는 스스로의 의지를 지속시키기 위해 토요일은 가급적 아이들과 함께 시간을 보낸다. 밥을 같이 먹고, 산책을 하거나 쇼핑을 한다. 외식도 하고 친정에 가서 피자와 치킨을 시켜 먹기도 하는 게 토요일의 한가로운 일상이다. 그런 충전의 시간이 있어야 부동산 공부도, 투자도 지속할 수 있다.

결국 가장 중요한 건 꾸준함이다. 데이터 하나를 보더라도 주기적으로 봐야 한다. 데이터를 보는 시간과 요일을 정해 그 시간에는 무조건 책상에 앉자. 하루에 대여섯 시간을 투입해 '빡세게' 부동산 공부를 한다 해도 그게 고작 며칠에 그친다면 효과는 없을 것이다. 부동산 습관 캘린더를 아주 잘 보이는 곳에 붙여놓고 이번 주에 그 일들을 실행했는지 체크해 보자.

단 5분을 하더라도 일단 그 시간에 컴퓨터를 켜고 앉아서 데이터를 살펴봤다면 성공이다. 한 주를 건너뛰었다면 그다음 주는 반드시 다시 하자. 지금 내가 하고 있는 일이 얼마나 도움이 되고, 가치가 있는지 몇 번만 느낀다면 비로소 99도의 물이 100도가 되면서 끓기 시작할 것이다.

3장

습관을 돈으로 바꾸는 앨리스허의 족집게 투자 과외

수익률의 핵심은
투자금이 아니라 타이밍이다

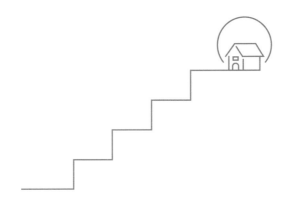

2022년부터 투자자들이 '거기는 공급물량이 너무 많아서 이제 힘들어'라고 고개를 절레절레 젓던 곳이 있다. 무려 200만 인구의 대구광역시다. 2020년부터 계속된 공급과잉 탓에 대구의 분위기는 좋지 않았다. 하지만 2022년 여름, 부동산 스터디 모임에서 내가 공부하자고 말한 지역은 대구였다. 몇몇 수강생들은 불만을 터뜨렸다.

"대구는 앞으로 공급물량도 많고 당장 가봐야 투자금이 많이 들어서 사지도 못하는데…… 지금 살 수 있는 지역을 공부해야 하는 것 아닌가요?"

그러나 Day 1에서도 강조했듯이 공급과잉인 지역에서 가격이 바닥인 곳, 즉 기회를 포착하기 가장 쉬운 법이다. 또한 꾸준한 습관은 다름 아닌 '위기'에서 진짜 빛을 발한다. Day 1부터 Day 5까지 든든한 일주일의 투자 루틴을 세워두었다면 이제 그 습관을 돈으로 바꿔줄 투자 전략을 몇 개 소개해 보고자 한다.

2023년부터 2024년까지 대구에는 마이너스피가 5000만 원~ 1억 원 가까이 되는 분양권들이 곳곳에서 쏟아져 나오고 있다. 심지어 적은 투자금으로는 감히 범접할 수도 없었던 상급지 수성구에도 마이너스피 분양권이 나왔다. 5% 계약금 정액, 할인 분양 등 혜택을 주며 분양을 하는 단지도 대구 내에 심심찮게 보였다. 입주가 몇 달 남지 않았는데도 미분양이 해소되지 않자 동구의 한 단지는 건설사에서 무려 5000만 원의 계약 축하금을 주겠다고 홍보하기도 했다. 이 상황만 보면 '대구, 정말 끝인가?' 하는 생각이 들 것이다. 그러나 어떤 사람들은 분명 여기에서 기회를 얻어간다.

어느 지역이든 계속해서 공급 폭탄이 쏟아지면 당연히 미분양이 많아지고, 미분양 관리 지역이 되면 인허가 금지가 떨어지기도 한다. 그러면 나중에는 공급이 부족해지므로 다시 가격이 오른다. 실제로 대구는 이전에도 공급과잉으로 인한 폭락, 그 이후 공급부족으로 인한 폭등을 겪은 적이 있다. '경상도 사나이' 아니랄까 봐, 수요와 공급 면에서 아주 화끈한 도시다.

이번에도 대구는 2020년부터 2024년까지의 기나긴 공급과잉을

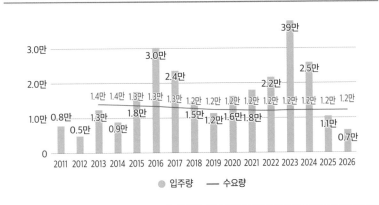

■ 대구광역시 수요/입주 그래프 ■

출처: 부동산지인

마무리하고 2025년부터 공급부족 국면으로 돌아선다. 이런 형태의 그래프를 보면 나는 마음이 급해진다. 버선발로 달려가 초집중 임장을 해야 한다. 집을 사려는 매수 심리는 여전히 바닥인 대신 전·월세 대기 수요가 많아지는 시장이다. 공급 폭탄으로 집값 하락을 경험하면 지역 주민들은 '난 절대 집을 매수하지 않고 전세로 살아야지'라고 생각하기 때문이다. 그러나 공급부족이 시작되면 그리 머지않아 전세가가 반등하며 매매가를 끌어올리는 현상이 발생한다.

따라서 공급이 많다가 곧 부족해지기 시작할 지역들은 사흘이 멀다 하고 집중 임장을 하면서 제대로 된 매수 타이밍을 잡아야 한다. Day 3에서 설명한 기준대로 지역을 1군, 2군, 3군의 세부 입지로 나눠 임장을 나가보자.

'무릎에 사서 어깨에 파는' 투자는
머리로 하는 게 아니다

습관처럼 지켜본 결과 몇 년간 지속적인 공급 폭탄이 떨어지는 지역들은 아파트 가격이 바닥을 다지다 못해 지하까지 파고 들어가는 시점이 반드시 왔다. 그리고 그럴 때엔 꼭 자산을 점프시킬 기회가 주어졌다. 그걸 포착하는 게 습관의 힘이다. 그래서 10번 임장 다녀본 사람과 50번 다녀본 사람의 안목은 다를 수밖에 없다.

나도 물론 초보 시절에는 안목을 키울 생각은 하지도 않은 채 "그래서, 뭐? 어디를 사야 되는데?"라는 질문만 반복했었다. 그랬기에 부동산을 보는 눈도 좀처럼 길러지지 않음은 물론이고 기회를 놓치기 일쑤였다. 누군가가 기회라고 말하는 지역에 헐레벌떡 달려가 보면 이미 호가는 치솟아 있어 내가 가진 돈으로는 아무것도 못 사는 경우가 허다한 것이다. 내가 직접 투자할 지역을 찾아야겠다고 결심한 건 그 때문이었다. 그리고 누구보다 빨리 선점하고 싶다면 위기인 지역에 먼저 가서 기회를 발견해야 했다. 적시에 적소로 옮겨 다니며 씨를 뿌려두고 싶다면, 공급이 미어터지고 있는 현장에 미리 가서 공부를 해야 했다.

그런 지역에 임장을 갈 때는 1군, 2군, 3군을 나누는 작업이 필수다. 가장 좋은 놈도, 그렇지 못한 놈도 모두 떨어지는 시장이니 입지 좋은 1군을 보다 저렴한 가격으로 선점해 둘 수 있는 최적의 타이밍 아닌가. 얼마나 떨어지고 있는지, 그 지역에 매수 타이밍이 왔을 때 어디를 사는 것이 좋을지 실전 임장을 통해 사전에 플랜을 짜고, 거래를 꾸준히 추적하면서 가격 반등의 타이밍을 잡아야 한다.

공급 폭탄이 떨어지면 입지가 꽤 좋은 곳들조차 마이너스피인 분양권이 종종 나온다. 입주 날짜가 다가올수록 전세를 맞추지 못하는 집주인들의 마음은 불안해진다. 잔금을 칠 여력도 안 되고 대출 이자도 부담스럽다 보니 설사 1억 원을 손해 보는 결과가 되더라도 기꺼이 그 손해를 감수하고 얼른 처분해 두 다리 뻗고 맘 편히 잠들고 싶어지는 것이다. 분양권 시장뿐만 아니라 기축아파트들의 상황 또한 만만치 않다. 공급이 많은 시기에는 전세가가 동반 하락하고 심지어 공실까지 나기에 그 지역의 똘똘한 대장아파트들까지도 하락을 면치 못한다.

이런 상황은 매수자 입장에서는 절호의 기회다. 단순 계산으로 마이너스피 1억 원이면 안전마진이 1억 원인 셈이다. 평소에 갖고 싶었던 대장아파트도 급매로 살 수 있다. 상급지로 갈아탈 수 있는 최고의 타이밍이다. 이는 곧 2021년 정점을 찍고 내려온 2024년, 현재의 부동산 상황이 투자자들에게 그리 절망적이지 않다는 뜻이기도 하다. 영원한 상승도, 하락도 없다. 사이클은 주기적으로 반복되니, 바닥을 찍은 지금은 '오르기 전에 사서 오를 때 팔고 나오는' 골든 타이밍을 잡기에 최적의 때다.

상급지로 가는
가장 빠른 특급열차를 타는 법

내 주변에도 공급과잉을 이용해 영리한 갈아타기에 성공한 지인이 있다. 오래전 어린 두 딸들을 위해 평촌으로 입성한 분이었다. 시간이 흘러 딸들 모두 대학에 진학하자 지인에게는 고민이 하나 생겼다고 했다.

"애들 어렸을 때야 걸어서 학교 가고, 학원 갈 수 있는 아파트가 최고였는데 애들이 크니까 달라지더라. 애들이 밤늦게 오니까 걱정이 되는 거야. 역세권으로 이사를 가고 싶은데 또 이 나이에 생활권이 바뀌는 건 싫고, 예산도 될지 모르겠고……."

"언니, 그러면 우리 과천 구경하러 가봐요. 요즘 과천이 죄다 재건축하고 있는데, 3년간 계속 공급이 많길래 나도 한번 지켜보려고 했었거든. 말 나온 김에 우리 한번 같이 가봅시다."

당시는 마침 2020년 봄, 나는 그해 3월부터 2024년까지 3년 동안 이어질 과천의 공급과잉을 눈여겨보던 참이었다. 쇠뿔도 단김에 빼랬다고, 바로 다음 날 일찍 다시 만나 한창 입주 중이었던 과천푸르지오써밋을 시작으로 과천주공8~11단지를 돌고 과천센트럴파크푸르지오써밋, 과천자이, 과천위버필드의 공사 현장까지 돌아보았다. 2020년, 2021년에 입주할 새 아파트들의 현장을 둘러보니 그때까지 과천에서 대장 역할을 해오던 래미안슈르가 2020년에는 제법 힘든

■ 래미안슈르의 2020년 상승률과 2021년 상승률 비교 ■

출처: 호갱노노

시간을 보내겠구나 싶었다. $84m^2$형 가격만 좀 올랐다 뿐이지 중대형 평형은 그다지 오르지 않은 가격으로 횡보하고 있었다. 식사를 하며 이 이야기를 하자 지인의 눈이 예사롭지 않게 번쩍였다. 그러고서 며칠 후, 지인에게 다급한 목소리로 전화가 걸려왔다.

"나 래미안슈르 부동산 왔는데, 33평($84m^2$형) 급매는 13억 원이고 44평($116m^2$형)은 14억 5000만 원이 급매래!"

"33평은 최고가 대비 많이 싼 것 같진 않고 44평은 괜찮네. 44평 사요!"

나는 자신 있게 말했다. 비록 그 물건을 잡진 못했지만, 그녀는 우여곡절 끝에 전부 수리가 돼 있는 $116m^2$형 로얄동 로얄 라인 물건을 아주 좋은 가격에 매수했다. 과천의 공급과잉장을 이용해 상급지로의 실거주 갈아타기에 성공한 것이다. 한편으론 부럽기도, 괜스레 배가 아프기도 했지만 나는 더없이 뿌듯했다.

물론 실거주하기 어려운 지역이라면 접근하기 좀 더 두려울 수도 있다. 그래도 완전히 포기하지는 말자. 공급이 많을 때는 가격이 쉽게 반등하기 어려우니 관심을 갖고 꾸준히 시세 모니터링을 하다가 전세가가 반등하는 시점을 매수 타이밍으로 잡으면 된다.

투자로 접근한다면 시간을 벌 수 있는 분양권 투자도 좋다. 잔금 부담 없는 2~3년 뒤 입주 예정 분양권을 찾아보자. 만약 무피, 마이너스피라면 매수하지 않을 이유가 없다. 시장이 좋을 때는 청약 시장도 과열되니 신축아파트는 하늘에 별 따기인데, 공급과잉 시기에는 '줍줍'으로 동·호수까지 고를 수 있으니 얼마나 좋은 기회인가!

소액 투자의 핵심 전략, 2군 아파트를 잡아라

투자 시기에 따라, 가진 자본금에 따라 여러 가지 시나리오를 세워볼 수 있다. 물론 1군을 사는 게 가장 좋지만, 투자금이 한정돼 있다 보니 매번 그러기는 쉽지 않다. 공급이 점점 부족해지는 자연스런 시장의 흐름대로 두면 매매가는 정체되고 전세가는 올라 매매가-전세가 갭이 좁아지는 구간이 발생한다. 투자금을 최소화할 수 있는 최적의 매수 타이밍이다. 그러나 요즘은 이 시점이 되기도 전에 자금력 있는 투자자들이 1군 대장 지역 아파트를 선점해 버리고, 그 물량이 전세로 쏟아지며 매매가는 오르고 전세가는 더 떨어져 오히려 갭이 벌어지는 경우가 많다. 지금은 책상 앞에서도 클릭 몇 번이면 쉽게 투자 정보를 얻을 수 있다 보니 자금력 있는 투자자들은 그런 투자처를 발견하면 투자금이 많이 들어도 선진입을 해버리기 때문이다. '설사 억대로 투자금이 들어간다 해도 나는 오를 지역에 대장아파트만 사놓고 기다릴 거야'라고 생각하는 것이다.

그렇기에 여유자금이 충분치 않다면, 2군이든 3군이든 내 투자금 범위 내에 들어가는 지역과 물건을 선택해 급매를 잡되 전세금을 시세보다 조금이라도 높게 올려 받아 투자금을 줄이는 전략이 최적이다. 2군 지역에서 대장아파트를 사거나 3군이지만 2군이 될 미래 가치가 있는 물건을 사서 투자 수익률을 높이면 된다. 핵심은 '가성비'다.

투자자들이 많이 범하는 실수 중 하나가 조금만 상승해도 '에이, 이미 올랐네'라고 섣불리 판단해 일찌감치 포기하는 것이다. 그러나 대장아파트가 오르기 시작했다면 그것은 그 지역이 더 오를 거라는 좋은 시그널이니, 오히려 좋다. 그 안에서 덜 오른 지역이나 물건을 찾아서 상승 기류가 흘러오길 기다리면 되니 더없이 편하다.

울산에는 2017년부터 2019년까지 공급 폭탄이 떨어졌지만 2020년

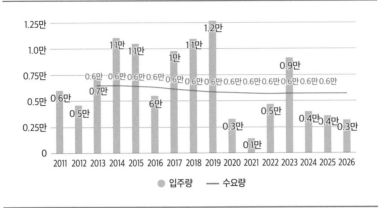

출처: 부동산지인

부터는 공급부족이 예상되는 상황이었다. 아니나 다를까, 공급과잉 막바지에 다다른 2019년 봄부터 울산의 대장인 남구 문수로아이파크2단지가 가장 먼저 반등하기 시작했다. 이를 빠르게 눈치채고 선진입한 투자자들 덕에 $84m^2$형 기준 매매가는 2020년이 되며 6억 원을 넘어섰지만 전세가는 4억 원에서 치고 올라가지 못해 갭이 크게 벌어졌다. 이때 '울산에 3년간 공급이 없으니 앞으로 오르겠구나'라는 생각으로 투자자들이 물밀 듯이 달려왔지만, 막상 큰 폭으로 상승한 문수로아이파크2단지를 보고 입맛만 다시며 돌아선 경우도 많았다. 불과 몇 달 전까지만 해도 간간히 5억 원대에 거래되던 아파트가 2020년이 되며 6억 원, 7억 원을 훌쩍 넘어가니 다들 늦었다고 판단한 것이다. 그렇다면 이때 어떻게 투자해야 했을까?

첫째, 지역의 흐름 읽기

울산의 입지 서열은 남구-중구-북구-동구 순이다. 이들이 순서대로 상승하고 나면 다시 남구가 저렴해 보이는 시기가 온다. 실제로 2020년 6월 울산 남구에 번영로하늘채센트럴파크가 약 5억 5000만 원에 분양했을 때(84㎡형 기준), 지역 주민들은 '아니, 동구가 5억 원대인데 남구가 이 값이라고? 너무 싸다!'라고 반응했다. 그러면서 상승 흐름이 다시 남구로 오며 또 다시 입지 서열 순으로 재차 상승이 이뤄진다. 어느 지역이든 공통적으로 나타나는 흐름이다. 서울도 강남이 먼저 치고 나가면 그 흐름이 강남 3구, 마포구, 용산구, 성동구, 강동구 순으로 흘러가고 또 판교, 분당, 광교 라인까지 이어진다. 흐름은 돌고 돌아 수도권을, 그다음엔 광역시를 상승시킨다. 그러고 나면 '광역시가 10억 원인데 수도권이 10억 원이라니! 수도권이 너무 싸다!', '광명이 12억 원인데 마포구가 13억 원! 저평가다!' 하는 심리가 나타나며 다시 또 입지 서열대로 상승이 찾아온다.

다시 울산 이야기로 돌아가 보자. 그때 나는 이미 오른 남구보다는 중구, 북구, 동구 임장에 더 집중했다. 반등을 시작한 남구와 달리 우정혁신도시가 있는 중구는 아직 조용했고, 북구에 갔더니 새로운 택지지구인 송정에는 마이너스피 분양권도 왕왕 눈에 띄었다. 동구도 입지가 꽤 괜찮은 전하동의 브랜드 아파트 삼형제조차 조용했다. 이렇게 미리 두루두루 공부해 놓고 지역의 흐름을 읽을 수 있게 된다면, 각 구에 시간차를 두고 가성비 있는 물건을 선점한 후 남구에서 시작된 상승 흐름이 흘러오길 느긋하게 기다리기만 하면 되는 것이다. 얼마나 편한가! 돈이 없지, 살 물건은 많다. 행복한 고민이다.

둘째, 투자 종목 바꾸기

돈이 없어도 꼭 상급지에 씨를 뿌리고 싶다면 종목을 바꾸는 전략이 필요하다. 신축 대신 '신축이 될' 물건을 찾는 것이다. 분양권 투자나 재건축·재개발 투자다. 신축이 오르면 그다음은 사람들이 분양권으로 눈을 돌리는데, 공급이 많지 않으니 청약 경쟁률도 올라갈 수밖에 없고 완판되면 분양권에 프리미엄이 붙는다. 그러니 상승 초기라면 이미 청약이 끝나고 입주를 기다리고 있는 분양권을 적은 금액으로 매수해 시기적절할 때 전매하는 전략을 노리자.

만약 남구의 1, 2군은 이미 어느 정도 상승했고 해당 지역 거주자가 아니라 청약도 어려우며 분양권 프리미엄도 올라서 투자금이 부족하다고 치자. 그러면 남은 방법은 재건축 재개발이다. 가장 속도가 빠른 정비사업 구역을 찾아보자. 다만 이때도 어느 정도 타협이 필요하다. 그 시점이라면 누구나 좋아하는 입지는 프리미엄이 많이 붙었을 것이다. 아직 상승 여파를 받지 않은, 살짝 입지가 빠지는 지역이라면 상승해 수익을 볼 여력이 있으니 가성비 있게 매수하자.

내가 울산을 살펴보던 2019년 9월, 문수로아이파크2단지가 상승을 시작해 5억 원을 빠르게 넘어서고 있는 상황이었다. 나 역시 1군 대장아파트가 탐났지만 당시 문수로아이파크2단지의 전세가는 3억 원 후반대. 1억 원 이상의 투자금이 필요했다. 깨끗이 포기하고 '가성비 전략'을 선택해 매수한 곳이 울산 남구 무거동의 삼호주공 재건축이었다. 울산 부동산 시장의 분위기가 오래 좋지 않았던 데다가 남구 안에서도 조금 입지가 빠지는 곳이다 보니 사업시행변경인가까지 나도록 아무도 거들떠보지 않던 곳이었다. 그렇지만 문수로아이파크2단지의 가파른 상승세를 볼 때 그 흐름은 분명 이곳까지 와닿을 터였다. 나는 소형 평수 물건을 1억 500만 원(권리가액 9500만 원)에 매수해 1년 반쯤 지난 후 입주권 상태로 매도했다. 매도가는 3억 3000만 원. 프리미엄 1000만 원 정도를 지불하고 매수해 2억 3000만 원의 프리미엄을 받고 매도한 것이다. 공급물량을 체크하는 습관으로 '오를 지역'을 내다보고, 지역을 철저히 공부한 후 여기에 가성비를 챙기는 전략까지 더해 완성한 뿌듯한 투자였다.

흔히 부동산 투자는 돈이 아주 많아야 할 수 있다는 편견이 있다. 그러나 적은 금액으로도 수익을 볼 방법은 있다. 단지 적은 투자금으로 높은 수익률을 보기 위해서는 상승할 곳을 알아보는 '안목'이 필요할 뿐! 그 안목을 기르는 데 습관보다 효과적인 무기는 없을 것이다.

트리거 아파트를 찾아
오를 곳을 선점하라

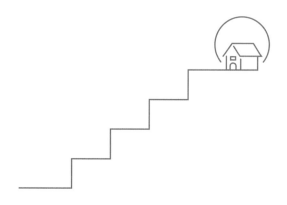

소액으로 매수할 수 있되 금방 올라 수익을 안겨줄 아파트가 가만히 누워 있어도 눈에 보인다면 얼마나 좋을까? 어디가 오른다, 호재가 있다는 소식에 얼른 쫓아가 보면 호가는 이미 올라 있기 일쑤이며, 결국 내 종잣돈으로는 도저히 투자할 수 없는 곳이 되어 아쉬운 발걸음으로 부동산을 나서야 한다. 문제는 '선점'인데, 도대체 어떻게 해야 남들보다 빨리 오를 곳을 미리 찾아낼 수 있을까?

그런 고민 끝에 포착한 개념이 바로 '트리거 아파트'였다. 지역의 부동산 시장 흐름, 나아가 부동산 시장 전체의 흐름까지도 바꿔놓을 수 있는 심리적 방아쇠가 돼주는 아파트 말이다. 대표적인 예시로 Day 2에서 살펴본 올림픽파크포레온(둔촌주공 재건축)을 들 수 있겠다.

2023년 1·3 대책으로 부동산 규제가 대폭 완화되며 강동구는 비규제지역이 되었다. 덕분에 전매제한, 중도금 대출 등 여러 조건이 완화되었고 올림픽파크포레온은 무순위 줍줍 단계에서 전 평형이 모두 계약되었다. 이 대단지는 기나긴 하락장이 계속되던 서울 부동산 시장에 조금이나마 온기를 안겨주며 작은 반전을 가져왔다. 하도 거래가 안 되어 '실거래가 신고하는 법을 잊어버리겠다'는 우스갯소리가 돌 만큼 거래 절벽이던 잠실부터 훈풍이 불어왔고, 온기는 서울 각지로 퍼지며 똘똘한 대장아파트들도 반등하기 시작했다. 올림

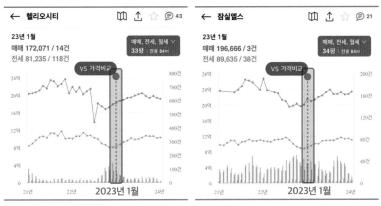

■ 2023년 1월부터 반등을 시작한 잠실엘스와 헬리오시티 ■

출처: 아실

픽파크포레온이 서울의 '트리거 아파트'가 되어준 것이다.

시세가 더 떨어질 것을 기다리던 실수요자들도 이제는 집값이 바닥을 다졌으니 곧 오를 거라는 기대감을 갖고 시간을 벌 수 있는 분양권 시장으로 몰려갔다. 각 지역마다 트리거 역할을 할 만한 분양단지들이 분양가를 갱신하며 완판되기 시작했고, 그 여파는 분양단지뿐 아니라 그 지역의 대장아파트 혹은 대장이 될 만한 정비구역으로까지 영향을 미치게 된다. 부동산 분위기가 좋을 때는 이 여파가 대장아파트에서부터 2군, 3군까지도 미치며 상승 흐름이 이어진다.

경기도 광명도 한번 살펴보자. 2022년 12월 분양한 철산자이더헤리티지(철산주공8, 9단지 재건축)는 분양가 상한제 아파트로 각각 $59m^2$형 8억 원, $84m^2$형 10억 4000만 원에 분양했지만 $59m^2$형에서는 미분양이 나고 84형 역시 2 대 1 정도의 저조한 경쟁률로 겨우 마감되었다. 그런데 그로부터 몇 달 후인 2023년 5월, 광명더샵자이포레나(광명1구역)는 $84m^2$형 기준 경쟁률 10.47 대 1을 기록했다. 분양가는 10억 5000만 원으로 철산자이더헤리티지와 엇비슷한 수준이고, 심지어 입지는 살짝 빠지는데도 말이다. 이는 충분히 트리거가 될 만했다.

이 여세를 몰아 2023년 8월에는 광명센트럴아이파크(광명4구역)도 분양에 나섰고, $84m^2$형 12억 7000만 원이라는 다소 높은 분양가를 들고 나왔음에도 평균 경쟁률은 18.9 대 1로 흥행을 기록했다.

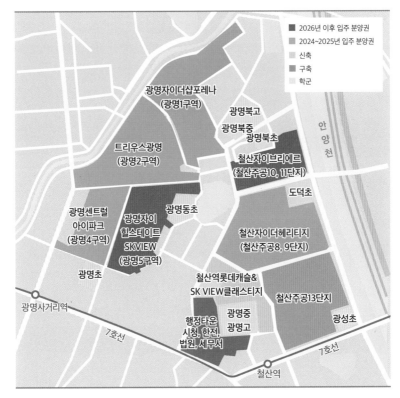

광명센트럴아이파크가 분양했을 무렵 나는 광명 부동산 시장의 분위기를 파악하기 위해 광명사거리역 인근 부동산을 몇 군데 들러보았다. 가는 곳마다 소장님들은 전화를 받고, 물건을 찾아 소개하느라 분주하게 움직이고 있었다. 슬쩍 분위기를 여쭈었더니 한동안 거래가 주춤했던 광명9구역, 11구역, 12구역의 매수 문의가 많아지고 실거래도 늘었다고 했다. 광명더샵자이포레나라는 트리거가 광명 부동산 시장 전체의 분위기를 반전시켰다는 게 몸으로 느껴지는 순간이었다.

흐름을 뒤집을
'심리적 방아쇠'를 찾아라

이는 왜일까? 『트리거』를 쓴 마셜 골드스미스 박사는 '방아쇠'라는 뜻의 트리거를 '우리의 생각과 행동을 바꾸게 만드는 심리적 자극'으로 정의한다. 지속적으로 분양가가 상승하는데도 인기리에 분양되자 이 현상이 '지금 집을 사야 한다'고 생각을 바꾸는 심리적 자극이 된 것이다. 또한 '2030을 중심으로 내 집 마련을 위한 아파트 청약자가 몰리고 있다'는 기사가 줄줄이 나오며 이는 또 다시 실수요자들에게 트리거가 되어주었다. 그러면서 그 여파가 '새 집이 될' 정비구역까지 옮겨 붙었다고 해석할 수 있다.

만약 이런 트리거 아파트를 먼저 찾을 수 있다면 남들보다 조금이라도 더 빨리 움직여 아직 안 오른, 혹은 덜 오른 곳을 선점할 수 있지 않을까? 그를 위해 만든 습관이 바로 Day 2 전국의 분양단지 분석이었다. 남들보다 먼저 투자처를 찾으려면 더욱 기민하게 움직이고 철저하게 분석해 트리거가 될 곳을 골라내야 한다.

트리거가 될 만한 단지에 관심을 갖고 그 주변을 살피다 보면 기회를 얻을 수 있다. 트리거 아파트를 분양 단계에서 찾으면 10%의 계약금만 갖고도 해당 분양권을 매수할 수 있다. 미래가치를 소액의 투자금으로 사는 것이다. 청약 자격이 아예 안 되거나 가점이 적다고? 실망하기는 이르다. 트리거 아파트를 이용하는 다른 선택지도 있으니 말이다. 트리거 아파트 주변의 저평가된 아파트를 공략하거나 그 주변에 신축이 될 정비사업 구역을 매수하는 방법이다. 어디까지나 각자의 상황과 투자금에 맞춰 그 투자금을 최대로 활용할 수 있는 곳을 트리거 아파트를 통해 찾으면 된다. 트리거 아파트는 다양한 선택지를 알려준다는 점에서 의미가 있다.

그렇다면 트리거가 될 분양권은 어떻게 찾을 수 있을까? 나는 이 세 가지 기준으로 트리거 아파트를 찾는다.

첫째, 분양가가 비싼데도 완판되는 단지

둘째, 공급이 없던 지역에 처음 분양하는 단지

셋째, 과거에 열악했던 지역에 재개발로 처음 분양하는 단지

공급물량을 확인하고, 분양단지를 분석하고, 임장지도를 주기적으로 만들며 지역의 변화를 쫓다 보면 누구보다 빠르게 트리거 아파트를 찾을 수 있다. 나는 오랜 습관으로 트리거 아파트를 찾고 그를 통해 오를 곳을 선점하는 짜릿한 경험을 한 바 있다. 남들보다

단 몇 보만 앞서가도 충분하다. 나의 사례를 통해 추월차선에 먼저 올라타는 약간의 팁을 배워가면 좋겠다.

비싸도 완판되는
'명품 아파트'를 찾아라

그토록 오랫동안 '청약 붐'이 불었던 이유 중에는 단연 '분양가' 덕도 있었다. 편리하고 쾌적한 신축아파트를 현 시세보다 저렴하게 분양하는 경우가 대다수이니, 다들 그 기회를 잡으려고 아우성이었던 것이다. 그 와중에도 시세보다 비싸거나 시세와 엇비슷한 분양가로 분양하는 단지도 꽤 있다. 입지가 아주 특별하지 않은 이상 하락기인 경우 그런 분양은 보통 사람들에게 외면받기 마련이다. 그런데 만약 비싼 분양가에도 불구하고 완판되는 단지가 있다면, 그곳은 십중팔구 지역의 흐름을 바꾸는 트리거가 되곤 했다.

분양가가 비싼데도 완판돼 트리거가 된 단지로는 2022년 12월 서울 성북구에 분양한 장위자이레디언트(장위4구역)를 들 수 있다. 6호선 돌곶이역 역세권으로 도보권 학군을 갖추고 있고 10분 거리에 상권과 병원까지 있어 생활 편의성이 우수한, 누가 뭐래도 장위뉴타운 최고의 입지였다. 그런데 전체 분양 물량인 1330가구 중 41%인 537가구가 계약을 하지 않았다는 뉴스가 전해졌다. 부동산

업계는 충격이었다. 서울 대단지 브랜드 아파트조차 계약이 어그러지다니, 다들 위기감을 느낀 것이다.

여기에 2023년 1월 래미안장위포레카운티 84m^2형이 7억 원에 거래되자 사태는 불난 데 기름을 부은 듯했다. 불과 1년 반 전에는 최고가 13억 원을 찍었던 아파트였다. 장위뉴타운의 대장이라 평가받던 래미안포레카운티가 전 고점 대비 45% 가까이 하락한 것이다. 2월에 장위자이레디언트의 무순위 청약이 예정돼 있었기에 이 거래 이후 자연히 장위자이레디언트의 분양가에 대해 갑론을박이 벌어졌

■ 장위뉴타운 지도 ■

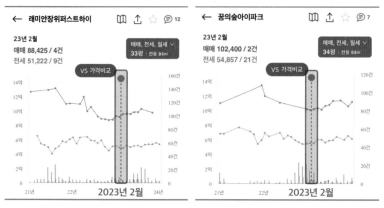

■ 2023년 2월을 기준으로 조금씩 반등하기 시작한 장위뉴타운 ■

출처: 아실

다. 아무리 신축이라도 래미안장위포레카운티보다 2억 원가량 높으니 분양가가 너무 비싸다는 비판적인 의견이 주였다. 다들 완판하지 못하리라고 부정적인 추측을 내놓았다.

결과는 예상과 달랐다. 장위자이레디언트는 2차 무순위를 거쳐, 최종 선착순 분양에서 모든 계약을 끝내고 완판에 성공했다. 과정이야 어찌되었든 고분양가 논란이 거셌음에도 장위자이레디언트는 전 세대 계약에 성공하며 이 지역의 트리거 역할을 해주었다. 이에 힘입어 래미안장위포레카운티도, 래미안장위퍼스트하이도, 꿈의숲아이파크도 추락을 멈추고 반등에 성공한 것이다.

트리거 아파트의
영향권에 들어라

공급이 없던 지역에 처음 분양하는 단지는 트리거가 된다. 2018년 10월, 주룩주룩 쏟아지는 장대비에 오들오들 떨며 나는 아침부터 한 모델하우스 앞에 줄 서 있었다. 인천광역시 서구 가정동의 도시 개발지구인 루원시티에 첫 분양을 하는 루원시티SK리더스뷰였다. 궂은 날씨에도 모델하우스는 방문객으로 붐볐다. 인천이 사활을 걸고 만드는 루원시티이기에 나도 많은 관심을 갖고 아침 일찍 방문했다. 그럼에도 두 시간 이상 줄을 서야 했다. 후에 나온 기사에 따르면 5만 명이 넘게 몰릴 정도였다고 한다.

분양가 상한제가 적용된 아파트라 84m^2형 기준 분양가는 4억 3000만 원으로, 지금과 비교해 보면 싸게 느껴지지만 당시로서는 싸다는 생각이 들지 않았다. 그도 그럴 것이, 당시 청라국제도시의 대장이었던 청라센트럴에일린의뜰 시세도 5억 원에 지나지 않았다. 그런데 아직 아무것도 없는 빈 택지지구의 아파트가 4억 3000만 원 이라니 오히려 조금 비싸다는 생각도 들었다.

그럼에도 루원시티SK리더스뷰는 1순위 24.48 대 1이라는 높은 경쟁률을 기록했다. 2018년부터 2019년 초까지 청라와 가정지구에 입주 물량이 집중돼 있는 탓에 인천 서구는 아직 상승 곡선을 타기 전이었는데도 말이다. 모델하우스에 길게 늘어진 줄을 본 내 머릿속에는 전구가 탁 켜지는 기분이었다.

'여기는 분명히 서구 일대의 트리거 아파트가 될 거야! 그런데 인천 당해 거주자만 청약이 가능하네⋯⋯. 이 트리거에 영향을 받을 곳이 어디 없을까?'

트리거가 함께 상승시킬 좋은 저평가 투자처가 없을지 찾던 내 레이더망에 신현동의 e편한세상하늘채가 들어왔다. 2009년에 입주한 아파트라 연식은 꽤 됐지만 3331세대라는 어마어마한 세대수에 초·중·고등학교를 품고 있고, 인천 2호선 가정중앙시장역 앞 상권이 꽤 발달돼 있어 생활 편의성이 우수해 보였다. 게다가 7호선 루

■ 루원시티SK리더스뷰 분양 이후 계속 상승한 e편한세상하늘채 ■

출처: 아실

원시티역 역세권이 될 위치인데도 수년간 침체돼 있어 매매가와 전세가의 차이가 크지 않았다. 행정구역상으로는 구도심에 속해 있지만 루원시티 개발 호재를 제대로 받을 위치였다.

모델하우스를 방문하고, 실제 아파트가 지어질 현장을 둘러본 후 바로 인근 부동산으로 향했다. 당시 부동산에 나와 있는 매물 개수는 이미 손에 꼽을 수준이었다. 매매가는 $84m^2$형이 3억 원 초중반대로 루원시티SK리더스뷰의 분양가에 비하면 매우 저렴했다. 게다가 전세가는 2억 원 후반대에 형성돼 있어 약 5000만 원이면 매수가 가능했다. 나는 쾌재를 부르며 기꺼이 이곳에 투자했다.

예상은 적중했다. 루원시티SK리더스뷰의 입주를 몇 달 앞둔 2021년 9월, e편한세상하늘채는 $84m^2$형 6억 7000만 원을 찍었다. 고작 5000만 원의 투자금으로 무려 3억 원의 양도 차익을 낼 수 있었던 투자였다. 그뿐만 아니라 내가 $84m^2$형을 매수했을 당시 $59m^2$형은 3000~4000만 원으로도 투자가 가능했는데, $59m^2$형 역시 5억 9500만 원을 찍으며 대폭 상승했다. 트리거가 될 만한 분양권을 찾았다면, 설사 청약 자격이 안 된다 해도 그 주변에서 충분히 기회를 잡을 수 있다는 걸 경험한 훌륭한 사례였다.

꺼진 구축도 다시 보게 만드는
트리거 아파트의 힘

트리거 아파트 주변에 이렇다 할 준신축이나 신축아파트가 없다고 해서 너무 실망하지는 말자. 흙 속의 진주는 숨어 있기 마련! 별로 주목받지 못하던 지역도 대단지 브랜드 신축이 들어오면 동네가 깨끗해지고, 주변의 이름 없는 아파트들도 덩달아 동반 상승하는 경우가 왕왕 있다. 그래서 과거에 열악했던 지역에 재건축 재개발로 처음 분양하는 단지들도 트리거 아파트가 되곤 한다.

안양시 호계동은 평촌에서 살짝 소외된 지역이었다. 평촌 학원가가 지척에 있으면서도 수도권제1순환고속도로가 지상으로 높이 지나가다 보니 지역이 단절돼 버린 것이다. 호계종합시장을 시작으로 저층 빌라단지가 밀집돼 있고, 덕현지구 재개발이 한창 진행되고 있다 보니 전체적으로 어둑어둑해 '불 꺼진 도시'로 느껴지는 열악한 환경이었다.

그러다 2016년 7월, 호계주공아파트를 재건축한 평촌더샵아이파크 분양 공고가 떴다. 2013년 평촌더샵센트럴시티 이후 이렇다 할 대단지 분양이 없었던 평촌에 정말 오랜만에 하는 분양인지라 관심이 꽤 높았지만, 주변 환경이 좋지 않다 보니 호불호가 명확히 갈리는 상황이었다. 분양가는 84m^2형 기준 약 5억 2000만 원으로, 그때가 서울 수도권 일대의 상승이 시작되기 전이라는 점을 생각하면 꽤 높은 수준이었다. 그럼에도 평촌더샵아이파크는 무난하게 완판이 되었다. 이는 조금 비싼 값을 주더라도 이곳에 살고 싶은 수요가 충분히 있다는 뜻이었고, 그렇다면 평촌더샵아이파크는 트리거가 되어 인근의 시세를 이끌어줄 것이었다. 나는 기대를 안고 주기적으로 공사 현장을 가보며 이 트리거의 영향을 받을 곳이 어디일지 물색하기 시작했다.

그러던 중 내 눈에 들어온 곳은 1992년에 준공된 654세대의 구축아파트 무궁화태영이었다. 비록 초등학교는 제1순환고속도로 건너편인 신기초에 배정된다는 단점이 있었지만 신기중학교를 품고 있

■ 무궁화태영 실거래가 그래프 ■

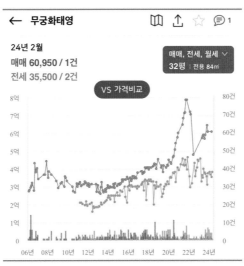

출처: 아실

었다. 당장은 선호 학군이 아니지만 향후 주변에 브랜드 대단지 신축아파트들이 연이어 들어서면 상황은 분명 달라지리라 예측했다. 그때 무궁화태영의 시세는 매매가가 3억 원 중반대, 전세가가 약 3억 원으로 상대적으로 매우 저렴한 데다가 매매가와 전세가의 차이도 적었다. 단 5000만 원 내외면 매수할 수 있었다. 1992년 입주 이후 한 번도 제대로 된 상승 흐름을 타지 못한 아파트였다.

평촌더샵아이파크의 분양 성공을 시작으로 경수대로 건너 호원초 인근 재개발 지역인 평촌어바인퍼스트도 2018년 5월 분양했고, 이주 철거에 3년의 시간을 보내야 했던 평촌센텀퍼스트(덕현지구 재개발)도 2020년 10월에 역사적인 착공을 맞이했다. 평촌더샵아이파크가 입주를 맞이하는 시점이 되면 주변은 어느새 정비를 마쳐 깨끗해질 것이고, 어두웠던 지역에 환히 불이 켜지면 신축에 힘입어 신기중학교 학군도 좋아질 터였다. 그렇다면 가장 큰 수혜를 입을 아파트는 길 건너 구축, 무궁화태영 아닐까?

예상은 맞아떨어졌다. 무궁화태영은 평촌더샵아이파크 분양을 필두로 가장 강력한 호재인 '신축 호재'를 만나며 꾸준히 상승했고, 여기에 서울 수도권의 대세 상승장까지 맞물리며 2021년 9월 최고가 8억 2000만 원을 찍었다.

트리거 아파트의 청약에 당첨되지 않았다 해도, 분양권을 사기엔 프리미엄이 부담된다 해도 실망하지 말자. 열악했던 주변 환경이

신축으로 바뀌며 수혜를 볼 수 있는 구축 단지를 공략하면 된다. 트리거 아파트를 먼저 눈치채고 달려가 오를 아파트를 남들보다 앞서 차지할 수 있다면 그것만으로도 충분하다.

트리거 아파트
이후의 분양에 주목하라

트리거가 되는 첫 분양이 성황리에 마무리되면 그다음 분양하는 단지들은 마음이 편해진다. 분양가를 조금씩 올려가면서 분양해도 무리 없이 완판되기 때문이다. 첫 분양단지 청약에 도전해서 실패했다면 두 번째, 세 번째 분양단지에도 도전하자. 같은 택지지구 내에서 1군 아파트가 상승하면 입지가 조금 빠지는 2군 아파트도 가격 차이를 두고 따라가게 되어 있다. 시작이 어려울 뿐, 불이 붙으면 그 열기는 꽤 오래 지속된다. 청약은 10% 계약금이라는 소액으로 신축아파트를 가질 수 있는 가장 좋은 방법이다.

물론 돈 되는 분양단지를 찾았더라도 청약 자격이 안 되면 신청을 할 수가 없다. 그렇다고 해서 '그림의 떡이네' 하고 금방 관심을 끊어버리는 사람은 하수다. 1순위 청약이 안 된다면 기타지역 청약에 넣어볼 수도 있고, 미계약분과 부적격 물량 소진을 위한 무순위 줍줍에 줄을 서볼 수도 있다. 로또 아파트를 받을 수 있다면 영하의 온도에도 야장을 쳐 하룻밤 꼬박 줄을 서는 게 부자가 되고자 하는 열정이다.

"청약 당첨 자체가 로또고, 좋은 곳엔 사람이 몰려서 1순위에서 마감되는 경우가 대부분인데요."

상승장 때 워낙 청약이 어려웠으니 그런 볼멘소리가 절로 나오는 것도 이해한다. 하지만 내가 하고 싶은 말의 핵심은, 트리거 분양 단지가 있는 지역에서 기회를 찾으라는 것이다. 트리거가 될 만한 아파트를 찾았다면 그다음은 내 상황에 맞는 투자 전략을 선택하면 된다. 프리미엄을 주고 분양권을 사든, 주변의 신축이나 준신축 중 저평가 아파트를 찾든, 정비사업 구역을 매수해 미래가치에 투자하든 모든 것은 자기의 예산과 상황에 맞게 선택하기 나름이다. 나는 소액 투자 전문가이기에 저평가 아파트를 찾는 전략을 짰던 것이고 말이다. 그러니 설령 청약에 당첨될 확률이 제로라 해도 새로 분양하는 단지에는 촉을 세우고 있길 바란다. 주변까지 꼼꼼히 살피는 것은 물론이다. 거시적으로 공급물량을 파악하고, 분양단지를 분석하고, 임장지도를 그리며 신축, 구축, 재개발 단지를 머릿속에 입력해 직접 발로 돌아보는 매일 하루 30분의 습관들이 당신에게 오를 집을 알아보는 안목을 선사할 것이다.

♥ 앨리스허의 TIP

아파트 분양을 할 때는 보통 실제로 아파트가 지어질 자리에 모델하우스를 짓기도 하지만 그렇지 않은 때도 많다. 특히 아파트가 지어질 위치가 너무 허허벌판이거나 다소 입지가 떨어진다면 모델하우스는 입지 좋은 곳에 따로 짓곤 한다. 사람들의 착각을 부르는 홍보 전략 중 하나다. 모델하우스 위치와 실제 건설 현장이 다를 경우, 모델하우스를 관람한 후에 반드시 실제 아파트가 지어질 건설 현장까지 가보는 걸 추천한다. 평지인지, 구릉지인지, 주변에 비선호 시설은 없는지, 주변 인프라는 어떤지⋯⋯ 홍보관에서는 볼 수 없는 것들을 현장에 가서 직접 확인할 필요가 있다. 나처럼 근방에 있는 저평가 아파트를 발견하는 행운이 따를지도 모른다.

아무도 거들떠보지 않던 지역에서 비놀리아를 녹여라

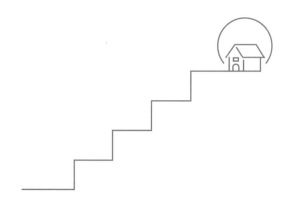

"아직도 그대로네, 녹지 않는 비누 비놀리아."

이 광고를 들어본 적이 있는가? 아마 MZ세대라면 고개를 갸웃하겠지만 나와 연배가 비슷한 사람이라면 누구나 알 광고 카피다. 모두가 물건을 아껴 써야 하던 시대, 녹지 않는 비누라며 대 히트를 쳤던 광고다. 나는 여기에 빗대어 오랫동안 오르지 않고 침체돼 있는 지역이나 아파트를 '비놀리아'라고 부른다.

실제로 Day 1의 공급물량을 추적하는 습관을 지속하다 보면 의아해지는 곳이 꼭 나온다. '아니, 공급이 이렇게 부족한데 왜 상승세가 하나도 없지?' 심지어 상승장인데도 다른 나라 이야기인 듯 시세가 멈춰 있는 곳들이 있다. 그런 곳이 바로 비놀리아다. 하지만 비놀리아도 결국 비누인데, 언젠간 녹지 않겠는가! 부동산도 마찬가지다. 영원한 상승도, 하락도 없기에 나는 녹아내릴 비놀리아를 기대하며 즐거운 마음으로 공부를 시작한다.

공급이 없다는 건 곧 신축은 귀하고 오래된 구축만 있다는 뜻이기에 결코 좋다고는 할 수 없다. 그러나 그 도시에 반드시 살아야 하는 사람들의 수요가 많다면 그 도시는 환골탈태를 해서라도 다시 살아나게 된다. 다만 그 도시가 가진 에너지가 얼마나 크냐, 즉 '입지'가 관건이다. 교통, 교육, 상권, 환경 쾌적성 등 사람을 모이게 하는 요소 말이다. 따라서 수많은 비놀리아 중 금방 녹아내릴, 그래서 내게 수익을 안겨줄 비놀리아를 찾기 위해서는 Day 3, Day 4의 꼼꼼한 지역 사전 조사가 필요하다. 이에 나는 '수년간 공급이 부족한데도 오르지 않았으며, 인구수가 30만 이상인 도시'라면 투자 대상으로 고려한다는 기준을 세워놓았다.

교통호재로 녹일 비놀리아를
단돈 2000만 원에 매수하다

1기 신도시가 생겼을 때 내 주변에는 일산으로 이사를 간 친구도, 분당으로 이사를 간 친구도 있었다. 이사를 가고 나서 한참 후에 만난 두 친구는 입을 모아 이렇게 말했었다.

"동네에 모든 게 다 있어. 먹을 곳, 쇼핑할 곳, 놀 곳 동네에 다 있으니까 굳이 어디로 나갈 필요가 없어. 너무 살기가 좋아."

지역이 모든 시설을 갖춰 다른 도시로 나갈 필요도 없던 그 시절에는 일산이고 분당이고 가격 차이가 크게 벌어질 일이 없었을 것이다. 그러나 먹고살려면 일자리를 찾아 밖으로 나올 수밖에 없다. 특히 서울 강남으로의 접근성은 수도권에서 집값을 결정하는 가장 큰 요소다. 출발선은 비슷할지 몰라도, 강남 접근성에 따라 시세는 점점 벌어지게 된다. 그러다 보니 1기 신도시 건설 당시 분당, 평촌, 일산, 부천, 산본 중에서 어디를 선택했느냐에 따라 오랜 시간이 흐른 지금 희비가 엇갈린 경우가 많다. 분당은 신분당선을 타고 15분이면 강남역이다. 그러니 강남 아파트 가격이 오르면 상승흐름은 신분당선을 타고 내려와 분당 집값도 나란히 상승한다.

반면 일산신도시는 어떨까? 강을 건너 북서쪽 끝에 위치한 일산은 서울, 특히 강남과는 물리적 거리가 엄청나다. 지하철 3호선이 있긴 하나 1시간 반 이상을 돌고 돌아야 겨우 서울 도심으로 들어올 수 있고 경의중앙선은 배차 간격이 길어 한번 놓치면 30분 지각하기 십상이다. 이제 낡은 구축뿐인 일산신도시를 그나마 받치고 있던 마지막 힘은 학원가였다. 그러나 학생 수는 점점 줄어들고, 일산신도시 주변으로 새로운 택지지구들이 생겨나면서 인구 이탈이 일어나는 상황에 집값 하락을 막을 방법이 없었다.

그랬던 일산에 드디어 호재가 터졌다. 2016년 서해선 대곡-소사 구간을 착공한 것이다. 이 노선이 개통되면 일산 주민들은 김포공항으로 이동해 5호선, 9호선, 공항철도, 김포골드라인까지 모두 이용할

■ GTX 노선도 (예상) ■

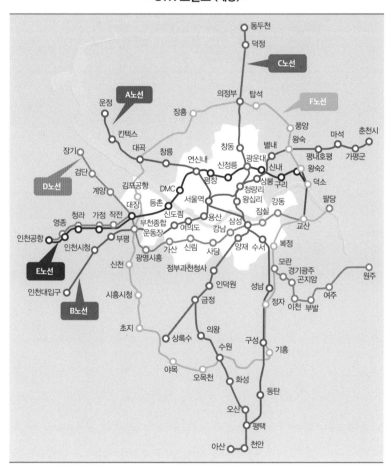

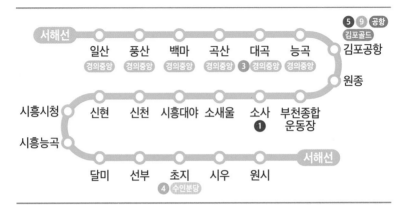

■ 서해선 노선도 ■

수 있을 터였다. 서울 어디든 1시간 이내의 거리로 좁혀진 것이다. 인천, 부천, 시흥 등 수도권 서부 지역에 대한 접근성도 대폭 향상될 예정이었다. 이는 2023년 8월 개통되며 모두 실현되었다.

그런가 하면 GTX-A는 일산에 가히 '교통 혁명'이었다. 킨텍스역에서 서울역까지 단 16분이면 주파가 가능하고 강남까지도 가까워진다. 이전에는 삼성역에 가려면 대화역에서 3호선을 타고, 환승해서 35개의 역을 거쳐야 했다. 반면 GTX가 개통하면 단 세 정거장으로 충분하다. 일산 입장에서 이보다 더 큰 교통혁명이 있을까?

2017년 수도권에 상승장이 시작되었을 무렵, 분당, 평촌, 부천 등 1기 신도시들은 재빨리 상승 흐름에 올라탔다. 반면 고양시는 2014년부터 2017년까지 공급부족을 겪었음에도 인근인 김포, 파주에 떨어진 공급 폭탄 탓에 상승장에 동참하지 못하고 있었다. 2018년 겨

울, 킨텍스역 착공식까지 했지만 그 인근의 신축아파트인 킨텍스원
시티만 나 홀로 10억 원 클럽에 들어갔을 뿐 일산은 전체적으로 잠
잠했다. 1기 신도시가 다 그렇듯 70% 이상이 구축인 데다가 그나마
있는 신축은 중심에서 다소 떨어진 위치에 지어지다 보니 외면을 받
는 상황이었고, 그렇기에 투자자들도 일산은 안중에도 없었다.

■ 킨텍스역 착공 당시 일산 주요 아파트 시세(84m²형 기준) ■

동	아파트	준공	매매가	전세가	투자금
장항동	킨텍스원시티	2019년	10억 원	4억 원	6억 원
백석동	일산요진 와이시티	2016년	7억 원	5억 원	2억 원
중산동	일산센트럴 아이파크	2018년	5억 7000만 원	4억 2000만 원	1억 5000만 원
식사동	일산자이2차 (분양권)	2020년	분양가 5억 원 프리미엄 1억 원	-	1억 5000만 원
식사동	일산자이3차 (분양권)	2022년	분양가 5억 원 5000만 원 프리미엄 5000만 원	-	1억 500만 원
식사동	위시티자이 4단지	2010년	5억 5000만 원	4억 5000만 원	1억 원
탄현동	일산에듀포레 푸르지오	2018년	3억 8000만 원	3억 3000만 원	5000만 원
덕이동	일산하이파크 시티4단지	2011년	3억 8000만 원	3억 3000만 원	5000만 원
식사동	위시티휴먼빌	2014년	4억 2000만 원	4억 원	2000만 원

225p의 표는 당시 찾아본 물건들의 시세다. 아직 GTX는 개통하지도 않았고, 일산의 대세 상승장이 시작된 시점도 아니었는데 대장인 킨텍스원시티의 84㎡형 시세는 10억 원으로 비슷한 연식의 신축과 가격 차이가 거의 2배였다. 심지어 3배까지 차이 나는 아파트도 있었다. 즉, 이때 투자자들의 심리는 이랬던 것이다.

'구축만 있는 일산은 서울에서 멀어서 싫지만 GTX가 지나는 킨텍스역 역세권 신축은 좋아! 다른 것들은 관심도 없어.'

하지만 내가 분석하기에 일산의 미래가치는 킨텍스 일대에만 있는 게 아니었다. GTX-A 노선이 킨텍스역뿐 아니라 대곡역도 지나기에, 일산 전체가 교통호재권에 들어가리라 예상했다. 3호선이든 경의중앙선이든 서해선이든 버스든, 각자 편한 교통편을 타고 나와서 대곡까지만 오면 일사천리로 이동이 가능해진다. 다만 당장 눈에 보이는 효과가 없다 보니 킨텍스역 역세권 외에는 아무런 상승이 없었다. 그야말로 기회였다. 호재가 실현되기까지 아직 시간이 남은 만큼 선점할 기회 아닌가.

나는 저평가 지역, 저평가 아파트를 찾기 시작했다. 아직 상승의 기운이 전달되지 않은, GTX역과는 거리가 조금 있는 지역의 신축 아파트 내지 준신축(준공 10년 이내)을 소액으로 공략해 볼 심산이었다. 그런 지역과 단지들을 조사한 후 이들을 또다시 Day 3의 공식에 따라 1~3군으로 나눠보았다.

누구나 여유만 된다면 1군을 사고 싶을 것이다. 1군은 투자금이 많이 들긴 하지만 그 지역 주민이라면 누구나 살고 싶어 하는 곳이기에 보유하는 내내 든든하다. 매도 시에도 별로 어려움을 겪지 않는다. 반면 2군, 3군은 투자금이 적다는 장점은 있지만 1군에 비해 오름폭도 적고 매도할 때 더 많은 시간과 노력이 필요하다. 그래도 나는 소액 투자 전문가이다 보니, 어떻게 하면 소액으로 좀 더 가치 있는 물건을 살 수 있을까 고민했다. 일산에서도 과감하게 3군에 투자하기로 결심해 고심 끝에 고른 곳이 일산 식사지구였다.

식사지구는 지하철의 혜택을 받지 못하는 외곽에 위치해 있지만 새로운 택지지구라 깨끗하고, 블루밍과 자이 등 중대형 브랜드 아파트들이 밀집돼 있었다. 고양국제고등학교가 있고 초·중·고등학교를 모두 갖추고 있어 학군도 제법 우수하고, 나름대로 작은 학원가도 형성돼 있었다. 중앙공원을 중심으로 자그마한 상권도 발달돼 있었지만 공급과잉 시기 가격이 하락한 후 아직 분양가의 70%밖에 회복하지 못한 상태였다.

하지만 나는 일산자이센트리지와 일산자이더헤리티지가 한창 공사 중이던 당시 임장을 가본 후, 이곳이 저평가임을 확신했다. 그때는 풍동지구와 식사지구 사이 아직 개발할 땅이 남아 있어 식사지구가 어두운 곳에 동떨어져 있는 상태였다. 그렇지만 시간이 지나 풍동지구 바로 건너편에 2000세대의 자이가 입주하고 나면 식사지구로 들어가는 입구는 환히 불이 켜질 것이었다. 풍동지구도 앞으로 더 개발될 예정이라고 했다. 나중에는 풍동지구와 식사지구가 연

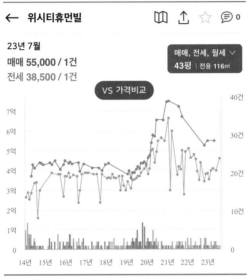

■ 위시티휴먼빌 실거래가 그래프 ■

← 위시티휴먼빌

23년 7월
매매 55,000 / 1건
전세 38,500 / 1건

매매, 전세, 월세 ˅
43평 | 전용 116㎡

VS 가격비교

출처: 아실

결되며 도시가 확장되고, 더 이상 나 홀로 동떨어진 곳이 아니게 되는 것이다. 그리고 신축아파트까지 더 들어오면 수요는 더욱 늘어날 게 분명했다.

확신을 갖고 2019년부터 공들여 일산을 내 손바닥 위에 올려놓은 뒤, 2020년 초봄에 식사지구의 위시티휴먼빌 114㎡형(43평)을 4억 2000만 원에 매수하고 4억 원에 전세를 놓았다. 비록 두 동짜리 주상복합아파트지만 상업지역 안에 위치해 있고, 학교와 학원가를 품고 있는 2014년식 준신축아파트였다. 식사중앙공원을 품고 있고

1층에는 스타벅스가, 길 건너엔 동국대병원이 있어 생활이 편리했다. 얼마 후면 2000세대의 자이도 나란히 입주를 마칠 것이니 생활 편의성은 더욱 좋아지리라 기대했다. 저 멀리 창 너머로 북한산이 그림같이 보이는 40평대 아파트가 4억 2000만 원이라니, 싸도 너무 싸지 않은가. 게다가 입주한 이래 단 한 번도 상승해 보지 못한 비놀리아 아파트이다 보니 가장 좋은 동·호수를 골라 내가 원하는 가격에 매수할 수 있었다.

다행히 내 예상은 맞아떨어졌다. 등기를 친 지 얼마 지나지 않아 미분양이었던 일산자이센트리지와 일산자이더헤리티지의 분양권에 프리미엄이 붙기 시작했고, 식사지구 전체에 훈풍이 불어왔다. 내 등기는 잉크도 채 마르지 않았는데 위시티휴먼빌은 코브라 상승을 일궈냈고 최고가 7억 5000만 원을 찍었다. '2000만 원을 투자했으니 2000만 원만 올라도 수익률 100%'라는 작은 목표를 갖고 3군에 베팅했는데, 말 그대로 '대박'을 친 것이다. 로우 리스크 하이 리턴이었다.

위시티휴먼빌은 실거래가 그래프에서 알 수 있듯 2014년 입주 이래 단 한 번도 제대로 된 상승을 해보지 못했다. 심지어 2019년 일산 공급과잉의 여파로 3억 6000만 원까지 하락했었다. 이 정도면 '지렁이도 밟으면 꿈틀하는' 바닥이라고 봐야 하지 않을까. 과거의 최고가와 최근 거래가를 비교하는 것만으로도 지금 내가 사는 가격이 바닥인지, 아닌지는 어느 정도 짐작할 수 있다.

곧 녹을 비놀리아를 찾으려면
꼼꼼한 지역 공부는 필수다

부동산 침체기에는 소액으로도 저평가된 신축아파트를 잡을 수 있다. 위시티휴먼빌을 매수하고 얼마 되지 않은 2020년 5월, 나는 일산에 두 번째 투자를 했다. 2018년 10월에 입주한 1690세대의 대단지 브랜드 신축아파트, 탄현동의 일산에듀포레푸르지오였다. 탄현역에서는 거리가 다소 있다는 단점이 있지만, 그만큼 상품 가치로 입지를 보완해야 하니 푸르지오에서 안팎으로 얼마나 잘 지어놨겠는가. 구축아파트 밭에 홀로 우뚝 선 입주 2년 차의 새 아파트이고 초·중·고등학교를 품고 있는데 당시 4억 원이 채 안 되었다. 입주 2년 차가 되면 2년 보유 기간을 채운 후 비과세 내지 일반과세 혜택을 받고 빠르게 매도하려는 주인들이 물건을 싸게 내놓을 것이고, 입주장 때 싸게 맞춘 전세가도 시세대로 높여 받을 수 있을 것이라 예측해 나는 이 타이밍을 노렸다. 내가 알아본 시점이 2020년 4월이었는데, 역시나 2020년 11월 이후 잔금을 치르는 조건의 물건들이 부동산에 꽤 많이 나와 있었다.

'어렵게 장만한 집을 왜 싸게 팔려고 하지?'라는 의문이 생길 수도 있다. 그러나 세상에는 열심히 공급물량을 확인하고, 입지를 분석하는 투자자들만 있는 게 아니다. 어쩌다 아파트를 한 채 분양받은 사람의 입장에서 생각해 보면 이 아파트는 '골칫거리'였다. 입주하기 전 팔아서 수익을 보려고 했는데 그렇게 돈이 되는 것 같지도 않고, 망설이는 와중에 입주 시기가 도래해 버렸다. 대단지인 만큼 전세 매물이 넘쳐나니 전세가는 턱없이 낮았고, 결국 대출을 받거나 쌈짓돈을 털어 잔금을 치렀을 것이다. 그런데 이런 아파트가 2년 보유하는 내내 별 대단한 상승세가 보이지 않았다면, '이 애물단지

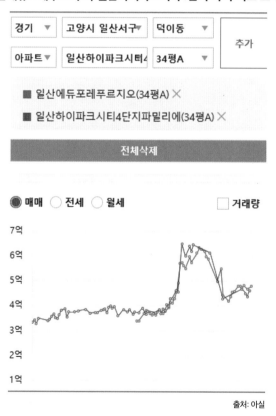

■ **일산에듀포레푸르지오, 일산하이파크시티4단지 가격 비교 그래프** ■

출처: 아실

아파트, 얼른 빠르게 털어버려야겠다!'라고 생각하지 않겠는가. 그런 사람들이 남들보다 빠르게 물건을 내놓은 것이다. 부동산의 흐름을 어느 정도 안다면 향후 일산의 공급부족을 봤을 때 전세가도 오르고 그동안 눌려 있던 매매가도 회복할 것이라 예측했겠으나 당시 일산에듀파크푸르지오에 그런 분들이 많지는 않았던 것 같다.

전략을 짰으니 마음이 분주해졌다. 일산 탄현동 인근에 경쟁 대상이 될 만한 곳의 전세가를 조사했다. 일산에듀포레푸르지오는 탄현동에서 몇 안 되는 신축이다 보니 탄현동 내에선 전세가가 가장 높았다. 비슷한 조건인 길 건너 덕이지구를 조사해 봤다. 이곳 역시 지하철역과는 어느 정도 거리가 있으나 학교와 상권을 품고 있어 나름 주거 만족도가 높은, 탄현동과 비슷한 조건인 지역이었다. 실제로 2011년에 입주한 일산하이파크시티4단지는 일산에듀포레푸르지오와 아주 비슷한 가격 흐름을 보이고 있었다. 알아보니 5000세대 가까이 되는데도 덕이지구에는 전세 매물이 적었다. 그러다 보니 전세가가 서서히 오르는 중이었고, 나는 이 여파가 분명 길 건너 탄현까지 미치리라고 예측했다.

'잔금을 치를 11월쯤엔 지금보다 훨씬 전세가가 높을 거야.'

이제 다시 탄현동으로 돌아와서 로얄동, 로얄 라인이면서 가격이 가장 싼 물건을 찾으러 부동산을 마구 뒤졌다. 세입자 퇴거 조건까지 달아야 하니 물건을 찾는 데 조금 애를 먹었다. 일시적으로 2년 차 전세 매물이 쏟아져 나오기야 하겠지만 누구나 살고 싶어 하는

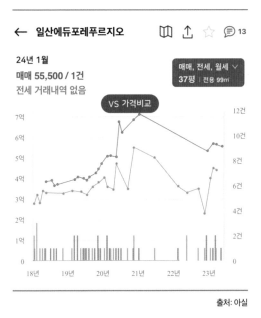

← 일산에듀포레푸르지오 🗺 ↥ ☆ 💬 13

24년 1월
매매 55,500 / 1건
전세 거래내역 없음

VS 가격비교

매매, 전세, 월세 ⌄
37평 | 전용 99㎡

출처: 아실

1700세대의 브랜드 신축인데 무슨 걱정이 있겠는가. 신축아파트 전세를 찾아 덕이지구에서 건너오고, 인근의 탄현 구축에서 건너오는 수요만으로도 충분할 것이다. 무엇보다 이 주변에는 기존에 살던 세입자들이 이사 나갈 곳도 딱히 없었다.

그럼에도 나는 여기에 하나의 안전장치를 추가해 84㎡형보단 경쟁이 덜한 중대형, 99㎡형(37평) 물건을 찾기 시작했다. 그 결과 탄현 공원 전망의 4베이 물건을 4억 2500만 원에 매수할 수 있었다. 비록 임대차3법이 발표되는 바람에 4억 원에 전세를 세팅하리란 계획은 날아가고 기존 임차인과 3억 6000만 원에 전세 계약을 하며 예상보다 많은 투자금이 들어가는 부침을 겪긴 했으나, 얼마 되지 않아 큰 상승을 이뤄내며 그간의 고생이 눈 녹듯 사라졌다.

아직 대세 상승장이 시작되지 않은 지역에 소액으로 최저가에 매수한 아파트는 보유 기간 동안 부담이 없어서 좋다. 바닥에 매수했기에 '설마 이보다 더 떨어지겠어' 하는 느긋한 마음을 가질 수 있다. 또한 투자금이 적게 들어가면 그만큼 목표 수익률도 보수적으로 잡기에 매도도 쉽다. 2000만 원을 투자했다면 단 3000만 원만 올라도 수익률이 150%나 된다. 욕심을 조금만 줄여도 급매로 매도가 가능하다. 싸게 사면 절대 손해를 보지 않는다는 뜻이다. 물론 아무도 거들떠보지 않는 지역의 3군 물건을 살 용기가 아무에게나 찾아오지는 않는다. '지금 이 가격에 여기를 사도 되나?'라는 의문에 결단을 내리기까지 얼마나 많은 고민이 필요하겠는가.

그 고민을 단박에 해결해 주는 건 바로 꼼꼼한 지역 사전 조사와 임장 습관이다. '호재를 봤을 때는 분명 곧 오를 것 같은데⋯⋯' 라는 나의 망설임을 확신으로 바꿔준 건 8할이 임장이었다. 2000세대의 대단지 공사 현장을 내 눈으로 직접 봤을 때 머릿속에는 환히 불이 켜지며 풍동지구와 식사지구가 하나의 동네처럼 확장되는 장면이 그려졌다. 부동산을 여기저기 다니며 덕이지구의 전세가를 조사할 때는 탄현의 전세가가 우상향하는 모습이 눈에 선했다. 지역 공부를 하며 '오를 것 같은데⋯⋯' 싶은 곳을 찾았다면 당장 그 지역으로 달려가 보자. 수익은 우리가 걸은 걸음만큼 늘어날 것이다.

지방이라면
주변 지역까지도 세심히 살펴라

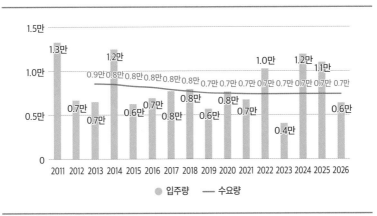

■ 대전광역시 수요/입주 그래프 ■

사실 '녹지 않는 비놀리아' 하면 내 머릿속에 제일 먼저 떠오르는 건 단연 대전광역시다. 내가 Day 1의 습관을 실천하는 매주 금요일, 공급물량 분석을 하면서 대전의 오랜 공급부족을 봐왔다. 150만 인구의 광역시가 이렇게나 오랜 시간 공급이 없는데도 오르지

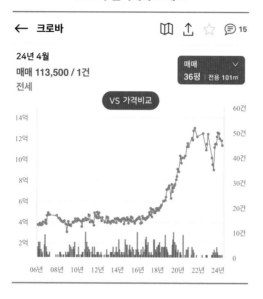

■ 크로바 실거래가 그래프 ■

← 크로바   🗺 ⬆ ☆ 💬 15

24년 4월
매매 113,500 / 1건
전세

매매 ⌄
36평 | 전용 101㎡

VS 가격비교

않는다는 게 참 이상했다. 대전은 2014년만 잠시 공급이 많았을 뿐 오랫동안 공급량이 적정 수요량을 넘어선 적 없는 공급부족 도시였다. 그런데도 대전의 대장인 서구 둔산동 크로바를 보면 '어쩜 저렇게 집값이 변하지 않을까……' 싶을 만큼 수년간 오름폭이 없었다.

그렇다면 대전이 비놀리아가 된 이유는 뭘까? 대전에는 '세종특별자치시'라는 조금 특별한 이웃이 있다. 2016년, 처음 가본 세종에서 나는 정말 깜짝 놀랐다. 반듯반듯한 도로에 대단지 신축아파트가 쭉 늘어서 있고 단지마다 학교에, 도서관에, 풍부한 녹지 공간과 잘 꾸며진 공원까지……. 그때만 해도 아직 빈 땅이 많은 시절이었지만 완성되었을 때의 모습을 상상하자 '얼마나 살기 좋을까'라는 생각이 절로 들었다. 그리고 세종은 자동차를 이용하면 대전에서 30~40분이면 가뿐히 이동이 가능한 거리다.

이처럼 구도심에서 1시간 내로 이동이 가능한 거리에 새로운 택지지구가 생기고, 심지어 분양가마저 착하다면 신도심으로의 인구 이탈이 발생하곤 한다. 대전도 예외는 아니었다. 대전에 일자리가 있어도 세종으로 주거지를 옮기는 사람이 많았고, 그래서 공급 폭탄은 세종에 떨어졌는데 오히려 세종은 오르고 대전은 하락하는 기현상이 벌어졌다. 그러니 대전의 입장에서 세종의 과잉 공급이 그리 반가울 일은 아니다. 공급물량을 확인할 때 주변 지역까지도 확인해야 하는 이유다.

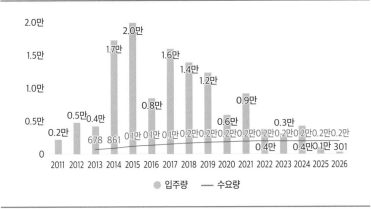

■ 세종특별자치시 수요/입주 그래프 ■

출처: 부동산지인

그럼 대전은 이대로 무너질 것인가? 세종이라고 공급이 계속 많을 리는 없다. 세종의 신규 청약이 마무리돼 가는 시점과 맞물려 드디어 대전에도 상승장이 왔다. 누구도 대전이 이렇게 오랜 시간, 그것도 그렇게나 많이 상승할 거라곤 예상하지 못했다. 둔산동은 서울의 강남과 같은 도시다. 그중에서도 크로바는 서울 대치동의 우성, 선경, 미도 같은 아파트라고 해도 과언이 아니다. 신축이라곤 눈 씻고 찾아봐도 없는 둔산동에서 크로바는 오랜 시간 대장이었다. 그런데도 10년 동안 101㎡형(36평) 기준 매매가 4억 원 초중반대를 유지하며 전세가만 꾸준히 상승하고 있었다. 인구 150만 명의 광역시에 공급이 부족하니 전세가가 오르는 건 당연한 현상 아닌가.

드디어 2017년, 매매가와 전세가가 붙기 시작하자 그 시점부터 조금씩 반등이 일어났다. 전세 매물 구하기가 점점 어려워지고, 학군지 이사철과 맞물려 전세가가 매매가를 치받아 올렸다. 그 와중에 2018년 1월 서구 탄방동에 트리거 역할을 하는 분양도 이루어졌다. 탄방주공을 재건축한 e편한세상둔산이 84㎡형 분양가 4억 원을 들고 나온 것이다. 게다가 1, 2단지 통틀어 84㎡형은 고작 33세대뿐이었다. 1단지 84B 타입에서 최고 경쟁률 755 대 1이 나왔다. 이렇게 높은 경쟁률로 완판을 하고 나니, 조합원 물건에 붙은 프리미엄도 빠르게 1억 원을 돌파했다. 그러자 대전에서는 난리가 났다. 둔산동도 아니고, 입지가 빠지는 탄방동이 5억 원이라니!

이런 심리가 강해지며 대전은 2018년부터 미친 듯이 오르기 시작했다. 10년 동안 4억 원 초중반대에 머무르며 굳건한 비눌리아였던 대전의 대장 크로바는 101m^2형이 2021년 6월 최고가 13억 4000만 원을 기록했다. 2년 반 동안 거의 10억 원 가까이 상승한 것이다. 가히 폭발적이라고 할 수 있는 상승세였다. 물론 대전이 이렇게 단기간에 급반등을 한 데는 외지인의 영향도 매우 컸다. 평당 1000만 원도 안 되는 타 광역시 대비 매우 저렴한 가격은 전국의 전세 레버리지 투자자들을 대전으로 불러 모으기 충분했다. 게다가 여기에 활발한 정비사업까지, 가장 강력한 '신축 호재'까지 더해졌다.

하지만 주변 지역까지 꼼꼼히, 샅샅이 살펴보는 지역 조사가 없다면 대전을 품에 안을 수 있었을까? 10년 동안 오르지 않은 지역을 말이다. 공급물량을 추적하는 습관과 한 지역을 여러 번 살펴보는 임장 습관을 고루 갖춘 사람만이 세종과 대전의 수상한 움직임을 포착해 낼 수 있었을 것이다. 결국은 모두 습관만이 줄 수 있는 승리다.

Day 1의 습관으로 공급물량 그래프를 관찰하다가 공급이 부족한데도 오랜 침체기를 겪는 지역이 있다면 유심히 살펴보자. 지금 침체기라고 해서 이대로 무너질 것인가, 아니면 새로운 비상의 기회를 잡을 수 있을 것인가? 교통호재, 신축호재(정비사업), 혹은 또 다른 어떤 호재……. Day 2의 분양단지 분석, Day 3의 임장지도 그리기, Day 4의 실제 임장을 통해 지역을 뜯어 먹듯 살펴보며 분위기를 반전시킬 무언가가 있는지 확인하자. 어떤 호재냐에 따라 상승의 폭은 천차만별이겠지만, 만약 수도권에 서울 도심으로 들어가는 교통 호재가 터진다면 그야말로 '혁명' 수준이 될 것이다. 참고로 2024년 현재 나는 상대적으로 서울 진입이 쉽지 않았던, 그래서 오랜 침체기를 겪었던 수도권 외곽과 인천광역시에도 훈풍이 불지 않을까 관심을 갖고 지켜보고 있다.

♥ **앨리스허의 TIP**

싸다고 해서 못난이 아파트를 소액으로 잔뜩 사 모으는 시대는 끝났다. 지금은 어떻게 하면 소액으로 조금 더 똘똘한 아파트를 살지에 집중해야 하는 시기다. 몇 년 동안 하나도 오르지 않은 비놀리아 아파트라고 해서 무조건 사는 게 아니라, 그중에서도 주변이 좋아질 지역, 대장아파트와의 가격 차이가 큰 신축아파트라는 테마를 갖고 저평가된 아파트에 접근해 보자.

막상 찾고 보면 생각보다 어렵지 않다. 공식은 하나다. '분명 좋아질 지역 안에서 하나도 오르지 않은 신축 혹은 준신축.' 그중에서도 투자금이 적게 들어가는 곳을 찾아낸다면 소액으로도 충분히 단기간에 자산을 키울 수 있을 것이다. 다만 3군을 고른다면 자기만의 확실한 투자 철학이 필요하다. 큰돈을 버는 게 아니라 '어떻게든 투자금을 줄여서 수익률을 높이는' 게 목표인 사람이라면 3군에 투자해도 좋다. 3군에 들어갔다가 욕심을 크게 부리면 자칫 빠져나오지 못하고 곤란한 상황에 놓일 수도 있다. 또한 3군을 사더라도 가장 좋은 물건을 사길 바란다. 그래야 원할 때 쉽게 매도할 수 있다.

비교·분석·예측 습관이
가장 영리한 선택을 불러온다

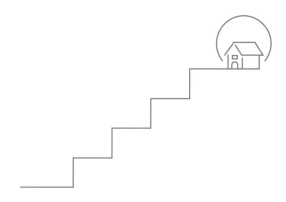

나는 초보 시절, '미래를 볼 수 있는 예지 능력이 있다면 얼마나 좋을까?' 하는 생각을 자주 하곤 했다. 그런데 투자를 10년 동안 해오며 알게 되었다. 먼 미래를 내다보는 '예지'까진 아니더라도 아주 가까운 미래를 '예측'해 볼 수는 있다는 걸 말이다. 과거에 축적된 데이터를 갖고 비교 분석을 하고, 실제 현장에서 보고 익힌 경험이 있다면 얼마든지 오를 곳을 미리 점칠 수 있다.

하지만 아무리 가깝더라도 미래를 내다보는 게 쉽지는 않다. 정확히 예측하려면 그만큼 그 예측을 방증할 데이터가 필요하다. 다양한 시장을 경험하며 '이럴 때는 그렇게 흘러가더라' 하는 경험치가 절실할 때도 많다. 나 역시 무엇과 무엇을 비교해야 하는지조차 몰랐던 시절이 있다. 그래서 투자를 잘하기 위해서는 가장 먼저 비교할 '기준'을 찾아야 한다.

비교하고, 분석하고, 예측하는 습관을 기르면 투자 실력이 쑥쑥 성장한다. 기준을 몇 개 정해 A 지역과 B 지역을, X 아파트와 Y 아파트를, M 물건과 N 물건을 비교하면서 저평가 지역과 저평가 물건을 찾아보는 것이다. 얼마나 오랜 시간 책상에 앉아서 손품을 팔면서 세세하게 비교 분석을 해왔는지, 현장에서 물건을 사고팔며 누가 더 다양한 경험을 많이 해봤는지에 따라 예측의 정확도가 달라진다. 통계가 하루아침에 나올 수 없듯이, 꾸준하게 공부하고 손품 발품을 판 시간이 쌓여야 '부동산 반 무당'이 될 수 있다. 여기서는 내가 공부하며 알게 된 부동산 투자의 기준들을 소개하고자 한다. 이런 기준들을 비교해 보고, 모두 자기 나름대로 분석을 해보며 또 어떤 요소를 기준으로 삼으면 좋을지 찾아보자.

도시가 가진 에너지, 인구수를 비교하라

부동산 투자에서 인구수는 매우 중요한 요소다. 인구수는 곧 해당 지역의 수요와도 비슷한 지표다. 인구가 집중된 도시는 그만큼 수요도 많다 보니 주기적으로 적정량의 공급이 필요한데, 공급이 과하거나 부족하면 그로 인해 집값에 큰 변화가 생기고 여기서 기회가 생기기 때문이다.

서울의 인구수는 약 1000만 명이지만 실제 수요는 그보다도 훨씬 많아, 실상 대한민국에서 수요가 가장 많은 도시라고 할 수 있다. 꼭 실거주하지 않아도 서울에 내 집 한 채 정도는 보유하고 싶어 하는 사람이 줄을 서 있다. 명실상부한 수요 최대 도시다. 그다음으로 수요가 많은 도시는 경기도다. 2000년대 초반까지만 해도 서울의 인구수가 더 많았으나 경기도에 새로운 택지지구들이 많이 생겨나며 인구가 분산된 덕에 경기도에는 현재 약 1400만 명이 살고 있다. 수요량은 인구수 100만 명이 넘는 광역시, 지방의 중소도시 순으로 이어진다.

인구가 많을수록 도시의 에너지가 크기 때문에 해당 지역은 인구수 대비 주택 수요가 더 많아지고, 반대로 인구가 적은 도시는 그 안에 사람을 끌어당기는 요인들이 없다 보니 더 큰 도시로의 인구 이탈이 지속적으로 발생하며 주택 수요 역시 줄어든다. 악순환이다. 인구수는 곧 세금과 직결되다 보니 지자체마다 인구를 늘리기 위한 자구책을 내놓기도 한다. 세금이 늘면 그 세금을 도시 발전에 이용해 일자리를 유치한다든지, 교통호재를 끌어온다든지 다양한 개발을 할 수도 있기 때문이다. 즉 인구는 도시의 미래와 집값을 결정하는 데 엄청나게 큰 역할을 하는 셈이다.

경기도에서 인구수가 100만 명 이상인 도시는 수원, 고양, 성남, 용인, 화성이다. 수원에는 삼성전자가 있고 용인에는 향후 GTX 용인역에 플랫폼시티와 더불어 삼성, SK하이닉스가 반도체 라인을 형성할 예정이다. 기업체가 많이 들어선 화성은 2023년 기준 인구 증가율 2위였다. 화성에는 이들의 배후 세대로 동탄신도시가 인기 주거지로 급상승하고 있다. 평택의 경우 삼성 반도체 공장이 1기부터 6기까지 건설될 계획이기에 '100만 도시'의 미래를 그리고 있다. 이렇게 인구가 많고 일자리가 늘어나는 도시는 미래가치가 매우 크므로 부동산 투자에 관심이 있다면 주목할 필요가 있다.

245p의 표는 우리나라 주요 도시들의 인구수를 정리한 것이다. 여기 나온 도시들의 인구수만이라도 외워보자. 그리고서 인구가 비슷한 도시들끼리 가격을 비교해 보는 것이다. 수도권에서 인구 100만, 70만, 50만, 30만 명 도시들을 그룹으로 묶어서 각각 가격이 얼마인지를 살펴보자. 인구수가 같은 도시들의 아파트 가격을 비교하다 보면 상대적으로 가격이 낮은 지역을 찾을 수 있다. 그러면 그때부터는 분석 시작이다. '왜 A보다 B가 더 쌀까?' 분석 결과 A에는 교통호재가 있고 B에는 아무것도 없다면 A가 비싼 게 당연하지만 만약 두 도시의 입지가 비슷하다면 'B가 상대적으로 아직 가격이 덜 올랐구나'라고 분석할 수 있다. 그러면 그때부터 공급물량 등의 데이터도 상세히 살펴보며 미래를 예측해 보면 된다. 이처럼 스스로

■ 우리나라 주요 도시 인구수 ■

서울	1000만		수원	120만		원주	36만		포항	52만
부산	350만		고양	110만	강원도	춘천	28만	경상 북도	경주	26만
인천	300만		성남	100만		강릉	20만		구미	42만
대구	250만		용인	110만	충청 북도	청주	85만		경산	26만
대전	150만		화성	100만		충주	20만		창원	100만
광주	145만		부천	85만	충청 남도	천안	66만		진주	35만
울산	120만		남양주	75만		아산	34만	경상 남도	김해	55만
세종	40만		안산	70만	전라 북도	전주	66만		거제	26만
제주	68만		안양	60만		군산	28만		양산	36만
		경기도	평택	60만		익산	30만			
			시흥	51만		여수	28만			
			파주	50만	전라 남도	순천	28만			
			김포	50만		목포	25만			
			의정부	47만		광양	16만			
			광주	40만						
			광명	35만						
			하남	33만						
			군포	30만						

비교하고, 분석하고, 그 결과를 통해 예측하는 연습을 꾸준히 하다 보면 투자처를 찾는 나만의 노하우를 축적해 낼 수 있을 것이다.

형님이 먼저 가고
아우가 따라 간다

우리는 앞서 트리거 아파트를 분석하며 트리거 단지의 상승 여파가 주변 단지로 옮겨간다는 걸 배웠다. 지리적으로 가까이 위치한 '이웃사촌 지역' 간에도 마찬가지다. 내가 사는 안양 평촌신도시의 이웃은 과천과 산본이다. 바로 옆에 붙어 있지만 이들의 고유한 입지에 따라 가격은 철저히 나뉜다. 과천은 평촌의 상급지고, 평촌은 산본의 상급지다. 안양에 아무리 상승 흐름이 온다고 해도 평촌은 과천의 시세를 뛰어넘을 수 없고, 또 마찬가지로 산본이 잘나간다해도 평촌을 뛰어넘을 수는 없다. 이는 곧 어떤 지역의 대장아파트가 과연 얼마나 오를 것인가 예측해 볼 때 상급지의 대장아파트 가격을 기준으로 삼을 수 있다는 뜻도 된다. 이웃사촌 지역을 통해 이 지역의 안전마진과 상승 여력을 대략 가늠해 보는 것이다.

과천에 입성할 때 가장 쉽게 접근할 수 있는 아파트가 래미안슈르다. 2008년식 3143세대 대단지로, 초·중·고등학교가 모두 가깝고 단지 내 상권도 충분해 생활편의성이 우수하다. 그러다 보니 벌써 16년 차가 된 구축임에도 과천으로의 갈아타기를 꿈꾸는 안양 사람들에게는 여전히 인기가 많은 아파트다. 이 래미안슈르의 84㎡형 시세가 약 15억 원이다. 이를 통해 안양에 입주하는 대단지 브랜드 신축아파트들의 가격 상한선도 약 15억 원 선이라고 예측할 수 있다. 15억 원이 넘는다면 대부분의 사람들은 안양이 아닌 과천을 선택할 것이기 때문이다. 부동산이란 항상 상급지가 먼저 가격을 리드하고, 하급지가 키를 맞추기 위해 따라가기 마련이다. 그러므로 과천의 대장아파트가 오른다면 이 흐름이 안양으로 이어지리라 예측해먼저 기회를 잡을 수도 있다.

이번에는 하급지 이웃사촌과 비교해 보자. 평촌의 이웃사촌인 인덕원에 붙어 있는 북의왕은 안양보다 하급지임에도 이곳의 대장아파트들은 안양의 똘똘한 신축들과 어깨를 나란히 하고 있다. 이렇게 '튀는' 가격을 발견했다면 각각의 도시에 어떤 호재가 있는지 분석해 볼 차례다. 우선 인덕원에는 GTX라는 대형 호재가 있는 만큼 그것이 큰 영향력을 발휘하고 있다고 볼 수 있다. 그럼 이제 안양을 보자. 안양에 역시 월곶판교선이라는 호재가 있고, 무엇보다도 의왕에는 없는 '학군'이란 매력 요소가 있다. 입지 면에서 뒤지지 않는다고 판단되므로 상급지와 하급지가 뒤집힐 만한 이유는 없다. 그렇다면 '현재 안양은 저평가되어 있다'고 분석해 볼 수 있겠다. 당연히 '왜 저평가돼 있을까?'라는 의문이 생긴다. 그때 공급물량을 보면된다. 2024년 안양에는 무려 1만 세대의 신축아파트 입주가 예정돼있다. 그러면 안양은 현재 공급과잉으로 조정을 겪고 있으며, 이 여파만 지나면 안양은 다시 오를 것이고 따라서 의왕 거주민들에게는 지금이 안양으로의 갈아타기를 노릴 기회라는 '예측'이 가능하다. 이렇게 이웃사촌 지역끼리 가격을 비교하며 '키 맞추기'의 관점에서

■ 전국의 이웃사촌 지역 예시 ■

분석해 보면 투자 지역을 선별하는 또 하나의 기준을 만들 수 있다.

　전국에는 수많은 이웃사촌 지역이 있다. 위의 지도에서 보여주는 예시처럼 30분 안에 도시 간 이동이 가능한 지역들을 하나의 생활권으로 묶고, '형님이 먼저 가면 동생이 따라가는' 부동산의 키 맞추기 흐름을 이용해 선점할 기회를 찾아보자. 이 밖에도 이웃사촌 지역으로는 분당-용인, 부천-인천 부평구, 수원과 동탄신도시-오산, 의정부-양주, 광주-나주, 진주-사천, 거제-통영, 순천-여수와 광양 등이 있다.

지역별 상승률에
힌트가 있다

부동산지인 사이트의 '빅데이터 지도' 메뉴를 보면 지역별로 기간을 설정해 시세 및 매매 증감률을 검색할 수 있다. 이 데이터를 이용하면 투자처를 선별하는 과정에서 상대적으로 저평가된 지역을 쉽게 확인할 수 있다. 어떤 지역은 10%나 상승했는데 아직도 그

■ 2017년 8월~2018년 8월 서울 수도권의 매매 증감률 ■

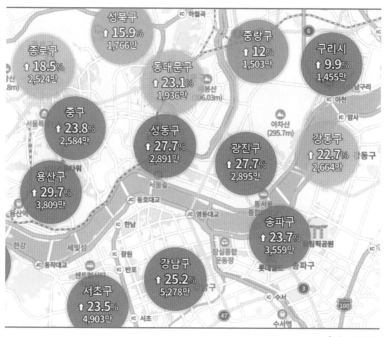

출처: 부동산지인

대로인 지역, 대부분 상승했는데 나 홀로 마이너스인 지역이 한눈에 보인다.

249p의 그림을 보면 서울 중심부에서부터 외곽으로 점차 상승률이 퍼져나가는 것을 알 수 있다. 강남 3구와 용산구, 성동구의 상승률은 25% 내외로 매우 높지만 외곽으로 갈수록 상승률이 조금씩 낮아진다. 입지 격차에 따라 상승 기운이 천천히 전달되는 것이다. 상승장 초기에 이런 수치를 확인했다면 아직 덜 오른 지역을 골라 공부해 보면 된다. 서울 중심부를 투자할 여력이 안 되니, 아직은 덜 올랐지만 향후 상승 흐름을 받을 지역을 찾아 소액으로 선점하는 전략이다. 예를 들어 249p의 그림에서 성북구의 상승률은 15.9%, 종로구의 상승률은 18.5%다. 지면의 한계로 미처 담지 못했지만 은평구와 노원구의 상승률은 각각 13%, 10%다. 서울 중심부에 비하면 상승률이 아직 절반밖에 되지 않으니, 발바닥에 땀이 날 만큼 해당 지역을 임장하며 신축 혹은 신축이 될 정비사업에 베팅한다면 소액으로도 큰 수익을 낼 기회를 충분히 잡을 수 있다.

만약 서울 외곽을 투자하기에 자금이 부족하다면 경기도로 눈을 돌려봐도 좋다. 2017년 8월부터 2018년 8월까지의 증감률을 검색했을 때 안양, 용인, 부천, 광명 등 경기도 지역 대부분이 5~10%의 상승률을 보이는데 비해 251p의 그림에서 보이듯 고양시 일산동구와 일산서구는 하락을 기록하고 있었다. 인천 서구, 부평구도 하락 중인 상태다.

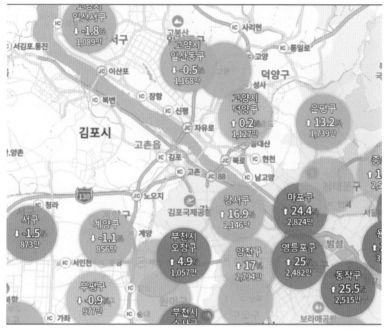

출처: 부동산지인

그렇다면 매일 하는 루틴을 통해 이 지역들에 무슨 일이 일어나고 있기에 상승 흐름을 못 받고 있는지 알아본다. 가장 먼저 확인해야 할 것은 공급물량이다. 당시 조사해 봤을 때, 고양시와 인천 서구는 2018년과 2019년 모두 공급이 많았다. 반면 인천 부평구는 공급이 부족한데도 마이너스를 기록하고 있었다. GTX-B라는 호재가 있는데도 말이다. 그러면 부평구를 공부해 볼 만한 지역으로 선정해 임장을 가보는 것이다.

나는 이런 과정을 거쳐 2018년 9월 7호선 라인에 붙어 있는 부평구 청천동과 산곡동에 재개발 임장을 나갔었다. 상승 흐름이 전달되지 않은 상황이다 보니 청천1·2구역, 산곡4·6구역 등 재개발 사업이 멈춰 있는 곳도 더러 있고 뉴스테이로 우회하는 지역들도 있었다. 재개발 물건을 취급하는 부동산을 찾기도 어려웠고, 겨우 찾아 들어갔지만 소장님들의 반응은 시큰둥할 뿐이었다. 동네 할머니 할아버지들도 지도를 들고 바삐 오가는 나를 따가운 시선으로 쳐다보았다. 3000~4000만 원의 프리미엄만 주면 정비사업 구역을 매수할 수 있는 상황이었지만 나 역시도 재개발에 대한 공부가 모자란 상황이라 덜컥 용기가 나지 않아 입맛만 다시고 집으로 돌아와야 했다.

■ 인천 부평구 일대 2017~2018년(좌)과 2017~2021년(우)의 증감률 ■

출처: 부동산지인

252

그리고 2024년 지금, 부평구 청천동과 산곡동은 천지개벽을 하고 있다. 84m^2형 조합원 분양가 3억 원 중반이었던 재개발 구역들의 현재 시세는 약 6억 원 중반대다. 내가 임장 갔던 때에 매수했다면 최소 2억 원은 벌 수 있었을 테니 아쉬움이 남는다.

이렇게 부동산지인에서 보여주는 지역별 시세와 증감률만 비교 분석해도 저평가 지역이 눈에 보이니, 손품을 팔다 보면 여기도 가보고 싶고, 저기도 가보고 싶어진다(다만 부족한 공부와 용기 탓에 기회를 그대로 놓쳐버린 나의 전철을 밟지 않도록, 이 책을 읽는 여러분은 미리 꼼꼼히 공부를 해두길 바란다). 그러니 당장 내일 투자할 게 아니라도 매일 30분 책상에 앉아 열심히 부동산 공부를 해보자. 우리가 부동산 공부를 하는 이유는 이미 오를 대로 오른, 누가 봐도 좋은 1등 지역을 제값 다 주고 사기 위한 게 아니지 않는가. '소액'으로 '앞으로 오를 지역'을 선점하는 기회를 잡기 위해서다. 다양한 기준을 갖고 지역끼리, 혹은 아파트끼리 비교하며 미래를 예측해 보는 연습을 하길 바란다. 분명 오를 여력이 있는데 아직 저평가된 투자 지역들이 쑥쑥 보이는 마법이 일어난다. 그때쯤이면 '돈이 없어서 문제지, 투자할 곳은 아직도 널렸구나!'라는 탄식이 절로 나올 것이다.

쇼핑하며 최저가를 찾듯
가격을 비교하라

지역별 아파트의 가격을 놓고 서로 비교할 수도 있다. 광명 신축 아파트가 12억 원인데 서울 주요 지역 아파트가 10억 원대라면 서울이 싸다. 용인이 12억 원인데 서울이 10억 원대의 분양가가 나온다면 서울이 싸다. 그래서 서울에 분양하는 10억 원대 아파트들은 '로또 아파트'라는 이야기가 나오는 것이다.

2024년 현재 평택과 안성에는 4억 원대에 분양한 아파트도 미분양이 넘쳐나고 있다. 그런데 강릉, 속초에 분양하는 아파트가 6억 원대고 춘천에 분양하는 아파트도 5억 원대다. 그렇다면 평택과 안성의 미분양은 투자자들에게 기회이지 않겠는가. 두 지역 모두 수도권인 데다 호재도 많다.

그럼에도 평택과 안성이 정말 저평가가 맞는지, 단순히 '저가'인건 아닌지 의심스럽다면 공급물량 그래프를 열어보면 된다. 평택과 안성 모두 공급과잉 시기임을 알 수 있다. 게다가 현재 부동산 흐름도 좋지 않다 보니 당장은 이 많은 물량을 받아줄 실거주자도, 투자자도 부족해서 미분양이 속출하고 있는 것이다. 이 사실을 확인했다면 평택과 안성을 눈여겨보고 공부해 뒀다가 시장의 흐름이 좋아질 무렵 좋은 입지를 선점할 기회를 잡을 수 있다.

■ 평택시 수요/입주 그래프 ■

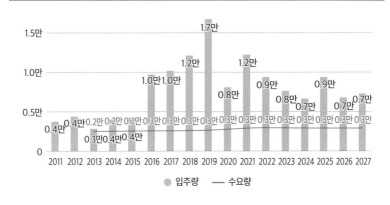

출처: 부동산지인

■ 안성시 수요/입주 그래프 ■

출처: 부동산지인

그런가 하면 지역뿐 아니라 아파트도 절대 가격으로 비교해 볼 수 있다. 2024년 2월 수원시 영통구에 영통자이센트럴파크가 분양했다. 이 일대에 9년 만에 공급되는 신축 단지로, 삼성전자 본사 및 계열사가 바로 인접해 있는 영통역 역세권 아파트다. 84㎡A 타입 분양가가 무려 10억 2000만 원임에도 1순위 최고 경쟁률은 29 대 1을 기록하며 '삼성맨의 파워'를 보여줬다. 그리고 이제 수원에 분양하는 아파트도 10억 원이 넘는다는 것을 보여주는 상징적인 아파트가 되었다.

　이 청약 결과를 보고 내가 곧바로 주목한 것은 2024년 1월에 분양한 매교역팰루시드였다. 권선6구역을 재개발한 삼성·SK·코오롱 세 건설사의 컨소시엄 브랜드 대단지로, 매교역 역세권이고 84㎡형 분양가가 약 8억 9000만 원 선이었는데도 1순위 청약에서 미달이 난 곳이다. 1차 무순위 청약을 접수받았음에도 여전히 400여세대가 남아 계약금은 5%만 납부하고 중도금 중 30%는 무이자인 조건으로 2차 무순위 접수를 받았다. 사실 매교역팰루시드만 보면 약 9억 원에 달하는 분양가가 비싸다는 생각이 들 것이다.

　그런데 약 한 달 후 영통자이센트럴파크가 10억 원이 넘는 분양가에도 완판을 했으니, 이 가격을 기준으로 놓고 보면 매교역팰루시드도 비싸지 않다는 생각이 든다. 수원 일대 주민들은 이제 10억 원의 분양가를 충분히 받아줄 준비가 된 것이다. 인근의 기축아파트와도 비교해 보자. 2022년에 입주한 매교역푸르지오SKVIEW는 84

m^2형 시세가 약 10억 원이고, 마찬가지로 2022년에 입주한 힐스테이트푸르지오수원의 84m^2형 시세는 9억 5000만 원이다. 그렇다면 2026년 8월에 입주할 매교역팰루시드가 '싸다'까진 아니어도 '받아줄 가격이다'라는 생각이 들지 않는가?

결국 핵심은 비교다. 쇼핑과도 비슷하다. 어떤 제품이 '최저가 보장'이라며 할인을 해도 평소 그 제품이 얼마에 팔리는지 모르면 당장 구매를 결정하기가 어렵지 않은가. 그렇게 재고 따지는 사이에 '품절'이 뜨기 일쑤다. 기회를 놓치지 않도록 비교 분석 습관을 길러놓자. 한 순간에 '이곳은 지금 저평가구나!'를 판단하고, 빠르게 결단할 수 있도록 말이다.

기준이 없으면
확신도 없다

2014년 왕초보 시절, 나는 밤새 검색한 경매 물건을 보러 아침 일찍 인천 연수구 옥련동으로 향했다. 1997년에 준공된 옥련동 현대5차 59㎡형 물건이 감정가 1억 7000만 원에 매물로 나온 것이다. 1차에는 유찰이 되어, 2차 입찰 시의 최저 입찰가는 30% 하락한 1억 1900만 원이었다.

이제 막 부동산 공부를 시작한 햇병아리였던 나는 무작정 현대5차에 가서 지역 공부는 하지도 않고 그 아파트만 달랑 돌아보고, 관리사무소에 들려 낙찰자가 떠안아야 할 수도 있는 관리비 미납금 현황을 확인했다. 그러고 나서 겨우 용기를 내 부동산 두 군데에 들른 게 그날 내 임장의 전부였다. 소장님

말로는 인천항에 출퇴근하는 사람들이 많이 살고 있으며, 초·중·고등학교가 모두 가깝고 바로 지척에 옥련시장이 있어 참 살기 좋은 아파트라고 했다. 하지만 소장님의 긴 브리핑을 듣고 왔는데도 입찰가를 얼마를 써야 할지 도무지 결정할 수가 없었다. 내게 아무런 '기준'이 없기 때문이었다.

보통 경매 입찰 가격은 추후의 희망 매도가에서 나의 기대수익, 명도비용 혹은 수리비용을 빼고 결정한다. 예를 들면 이런 식이다.

희망 매도가	2억 5000만 원	2억 원
기대수익	5000만 원	5000만 원
명도/수리비용	1000만 원	1000만 원
경매 입찰 가격	1억 9000만 원	1억 4000만 원

즉, 상승폭이 적다면 그만큼 입찰가를 낮게 써야 수익도 높아진다. 하지만 경쟁자가 많다면 낮은 입찰가로는 패찰할 것이 뻔했다. 초보였던 나는 간이 작다 보니 보수적으로 2000만 원 정도의 상승을 기대했지만 이것도 그저 막연한 추측일 뿐 근거는 없었다.

'가만 있어보자. 지금 시세가 1억 8000만 원인데, 한 2억 원 정도까진 오르겠지? 그 정도만 올랐을 때 얼른 팔아버릴까? 아니지, 부동산 시장이 좀 좋아진다면 5000만 원 정도는 오르지 않을까? 공격적으로 입찰을 해야 할까? 그랬다가 예상만큼 집값이 오르지 않으면 어떡하지?'

기준이 없으니 결단을 내리지 못하고 계속 우왕좌왕했다. 잘못하면 사전 조사 시간과 입찰 당일 시간, 합하면 거의 하루치의 시간을 버리는 꼴이었다. 입찰가를 정하기까지 수없이 내적 갈등을 겪었다. 이 내적 갈등을 해결하는 '정석' 방법은 무엇일까?

바로 지역의 범위를 넓히며 가격의 흐름을 파악하는 것이다. 이렇게 중요한 결정을 그저 감에 맡길 순 없지 않은가. 감이 아니라 제대로 된 기준을 세워 의사결정을 하기 위해서는 다른 곳과 비교를 해봐야 한다. 그러려면 일단 인천 연수구의 대장이 어디인지부터 알아야 한다.

연수구의 대장은 송도신도시로, 송도신도시의 길 건너인 동춘동부터 연수동, 청학동, 옥련동 순으로 시세가 형성되고 있었다. 그렇다면 옥련동의 상급지인 연수동을 기준으로 삼는 것이다. 상급지를 기준으로 잡으면 이 아파트가 최소한 얼마 가격까지는 갈 수 있겠다는 상한선을 예측할 수 있다. 시장의 흐름이 좋다면 상급지 혹은 해당 물건이 위치한 지역 대장아파트의 가격을 어느 정도의 시간차와 보폭을 두고 쫓아갈 것이기 때문이다. 당시 연수동의 대장은 연수우성2차로, 59㎡형

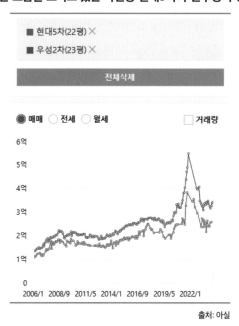

■ 비슷한 흐름을 보이고 있는 옥련동 현대5차와 연수동 우성2차 ■

■ 현대5차(22평) ✕
■ 우성2차(23평) ✕

전체삭제

◉ 매매　○ 전세　○ 월세　　　　□ 거래량

6억
5억
4억
3억
2억
1억
0
2006/1 2008/9 2011/5 2014/1 2016/9 2019/5 2022/1

출처: 아실

시세가 약 2억 5000만 원이었다.

실제로 아실의 가격 비교 그래프를 보면 두 아파트가 어느 정도의 격차를 두고 비슷한 흐름을 보이는 모습을 볼 수 있다. 부동산 흐름이 좋아진다면 연수동 우성2차는 송도신도시의 영향을 받아 가격이 달아나고, 시간차를 두고 옥련동 현대5차도 우성2차가 오른 만큼 키 맞추기를 하리란 예측이 가능하다.

이러한 흐름을 볼 때, 현대5차는 우성2차의 시세인 2억

5000만 원까지는 아니더라도 2억 3000만 원 정도까지는 오를 거라고 기대해 볼 만했다. 그렇다면 명도 및 수리비용을 1000만 원으로 잡았을 때 대략적인 입찰가는 1억 7000만 원 선이 된다.

물론 나는 그때 초보였기에 이렇게 철저히 분석하고 입찰을 하진 않았지만, 옥련동보다 제법 높은 시세를 유지하고 있는 연수동의 아파트들은 내게 좋은 기준이 되어주었다. 결과적으로 나는 감정가의 95% 수준인 1억 6155만 원이라는 다소 높은 입찰가를 제출했고 낙찰받는 데 성공했다. 송도역 개발

■ 낙찰받은 직후의 옥련동 현대5차 ■

호재로 분위기가 좋았던 2020년에 2억 5000만 원이라는 기대 이상의 가격에 매도할 수 있었다. 낡은 구축이었지만 시장 상황이 좋지 않았던 시기에 아주 저렴하게 낙찰받은 덕에 투자금 대비 큰 수익률을 냈던 투자였다. 모두 이웃사촌이자 상급지인 연수동과의 비교 덕택이었다.

4장

최고의 부동산 습관은
어떻게 지속되는가

보상이 확실해야
습관도 지속할 수 있다

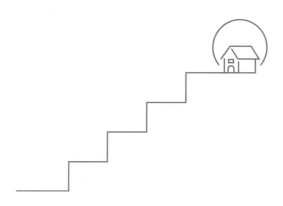

나는 매년 추운 계절이 오면 따뜻한 나라로 떠난다. 1, 2주의 여행이 아니다. 두 아이와 함께 무려 두 달 동안 따뜻한 나라에 살러 간다. 이 역시 수년간 해온 내 루틴 중 하나다. 이런 이야기를 하면 다들 토끼눈을 뜨며 "돈을 엄청 많이 버셨나 봐요"라고 말한다. 하지만 사실 이는 지금처럼 전문 투자자가 되기 전, 초보 투자자 딱지를 아직 떼지 못했던 시절에 시작했던 나의 대업(?)이다.

부동산 투자 2년 차가 되던 2016년 겨울, 6000만 원이라는 첫 투자 수익이 통장에 찍혔다. 하루 24시간도 모자랄 만큼 바쁘게 살

왔던 지난 2년의 세월이 주마등처럼 스쳐지나가며 스스로에 대한 대견함에 코끝이 찡해졌다. 그리고 망설임 없이 그 돈의 절반을 뚝 떼어 소비용 통장에 송금했다. 그러고서 내가 한 일은 샌디에이고행 비행기 티켓 4장을 발권하는 것이었다. 10살인 큰아이와 6살인 작은아이, 그리고 내게 항상 전폭적인 지지를 보내주는 언니의 하나뿐인 11살짜리 딸 셋이 함께였다. 고작 2년의 투자로 얻은 소박한 수익이었지만 나는 이를 시작으로 앞으로의 내 삶을 제대로 만들어가고 싶었다. 그동안 그토록 꿈꿔왔던, '내가 주체적으로 만들어가는' 삶의 시작이었다.

내가 꿈꾸던 삶을 만나다

샌디에이고는 1년 내내 따뜻하고 쾌적한 날씨 덕택에 미국 서부에서도 인기가 많은 휴양 도시다. 넓은 마당은 물론 수영장과 놀이터까지 갖추고 있는 고급주택에서 아이들은 샌디에이고의 햇빛을 맘껏 즐기며 신나게 뛰어 놀았다. 날씨가 좋은 날은 학교를 마치면 곧바로 수영장에 뛰어들었고, 나는 인근 대형마트에서 매일 장을 보며 싱싱한 채소와 과일, 소고기로 아이들의 식사를 푸짐하게 준비했다. 매일 질 좋은 집 밥을 먹고 활발히 활동하니 아이들의 키는

■ 우리가 두 달간 머문, 수영장이 딸린 드넓은 저택 ■

하루가 다르게 쑥쑥 자랐다.

우리가 머물던 숙소 근처에는 키아누 리브스가 출연한 〈폭풍 속으로〉에서나 봤던 그림 같은 바다가 펼쳐져 있어서 아이들과 모래놀이를 하고, 수영을 하는 것 또한 흔한 일상이었다. 해변에 누워 있다 보면 바다사자들이 무리 지어 일광욕을 하는 모습이 보였고, 주변에는 펠리컨과 가마우지, 사람보다도 큰 바다갈매기가 유유히 돌아다녔다. 왕복 10시간을 달려 그랜드캐년과 브라이스캐년을 보러 가기도 했다. 푸른 잔디 위에서 뛰어 놀고, 다양한 체험을 하고, 타국에서 낯선 사람들과 어울리며 아이들의 생각은 무럭무럭 자라났다. 두 달 동안 아이들은 'I'm sorry', 'Lady first'를 달고 사는 미국

의 문화를 온 몸으로 흡수하며 시야를 넓혀갔다. 영어 공부를 해야 한다고 잔소리를 할 필요도 없었다. 매일 장을 봐서 삼시세끼 해 먹이고, 학교 라이딩을 하고, 주말여행 일정을 짜다 보면 하루가 어떻게 가는지도 모르게 바빴지만 온전히 아이들에게만 집중하는 나날이 못내 행복하고 감사했다.

처음 투자를 시작했을 때, 부자가 되겠다는 내 강렬한 열망의 원천은 역시 두 아이에게 있었다. 3살과 7살, 아직 어린 두 아이를 책임져야 한다는 간절함이 이를 악물게 해준 것이었다. 집안의 가난으로 많은 걸 포기해야 했던 어린 시절의 나와 달리 내 아이들은 맘껏 누리게 해주고 싶었다. 그 작은 바람이 내 눈앞에서 실현되는 모습에 샌디에이고에서는 매 순간이 벅찼다.

어느 날 내 두 달 살기를 도와준 고마운 지인의 주선으로 나처럼 해외 살기를 하고 있는 엄마들과의 브런치를 할 기회가 생겼다. 각자 한국에서의 생활에 대해 이야기를 나누다 보니 자연스레 남편에 대한 이야기가 나왔다. 의사, 국제 변호사, 세무사, 비행기 기장…… 그들 남편들의 화려한 직업군에 내세울 것이 없던 나는 처음엔 살짝 기가 죽었다. 하지만 이내 이런 생각이 들었다.

'저렇게 내로라하는 직업을 가진 사람들이나 하는 해외 살기를, 나는 온전히 내 힘으로 해낸 거잖아?'

문득 스스로에 대한 뿌듯함이 차올랐다. 투자를 처음 시작했을 때만 해도 이렇게 미국 샌디에이고의 브런치 가게에 앉아 여유롭게 담소를 나누는 장면은 상상도 하지 못했었다. 남편의 사업은 망하고 내 경력은 단절돼 어린 두 아이를 데리고 어떻게 살아야 하나 발을 동동 구르던 10년 전의 내가, 어느새 아이들에게 '살아 있는 경험'을 선물하는 멋진 엄마가 된 것이다.

그때 미국에서 아이들과 여유로운 일상을 보내며 내가 그토록 바라던 '진정으로 행복한 삶'이 바로 이런 것이란 걸 비로소 알게 되었다. 한편으로는 '그렇게 힘들게 번 돈을 이렇게 한 번에 써도 되나?'라는 걱정이 들었던 것도 사실이다. 하지만 기우였다. 두 달 살기를 마치고 인천공항에 다시 발을 내딛던 날, 내 마음에는 이전과는 또 다른 차원의 강렬한 의지가 샘솟았다. 이제부터 열 달은 열정을 바쳐 부동산 투자에 올인하고, 나머지 두 달은 그렇게 열심히 산 나 자신에게 최고의 선물을 주는 멋진 삶을 살리라! 맘속으로 운동화 끈을 동여매며 그렇게 다시 다짐했다.

숨 고르기는
더 나아가기 위한 준비 시간이다

"어떻게 그러셨어요? 이제까지 한 고생을 또 해야 한다고 생각하면 기운이 절로 빠질 것 같은데……."

어떤 사람들은 이렇게 묻는다. 그러나 나는 좌절하거나 지치기는 커녕 더 열의가 넘쳤다. 이미 나는 돈 버는 부동산 투자 습관을 잡아가고 있었으니, 그것만 꾸준히 실천한다면 반드시 또 성공하리라는 굳은 확신이 있었다. '인생 맛집'을 발견하면 그 음식이 아무리 비싸고 웨이팅이 길어도 기꺼이 내 시간을 들여 줄을 서고 돈을 지불하지 않는가. 월요일~금요일의 치열한 루틴으로 수익을 얻고, 그를 통해 최고의 사치를 부려보고 나니 그 힘든 나날들이 전혀 고생이라고 느껴지지 않았다. 내 습관은 지루한 여정이 아니었다. 내 삶을 스스로 주도할 수 있도록 만들어주는 원천이었다.

투자에 잠시 쉼표를 찍는 그 시간이 오히려 나의 투자를 더 가속화해 준다는 걸 몸으로 느끼며, 돈을 버는 데만 급급하기보다는 현재의 행복을 위해 과감하게 투자하겠다고 결심했다. 그 이후로 나는 추운 겨울마다 해외 두 달 살기를 떠난다. 필리핀에서는 평생 한 번도 해보지 못할 다양한 액티비티를 해보기도 하고, 말레이시아에서 현지인들이나 아는 이름 모를 휴양지에서 진정한 힐링을 만끽하기도 했다. 좋아하는 망고를 실컷 먹으며 아이들과 매일 깔깔거렸다.

아이들은 어느새 고등학생과 중학생이 되었다. 사춘기를 겪거나 지났을 나이인지라 아이들의 나이를 말하면 주변에서는 "어머, 힘드시겠네요"라고 말하곤 하지만 고맙게도 우리 아이들은 큰 갈등 없이 무탈하게 사춘기를 지나주고 있다. 이제 엄마보다 친구들이 훨씬 더 좋을 나이가 되었는데도 아이들은 다정하게 "엄마, 사랑해요"라고 먼저 말을 건넨다. 늦은 밤 일하고 돌아온 엄마를 따뜻한 포옹으로 반겨주기도 한다.

만약 내가 두 달 살기라는 보상의 시간 없이 그저 투자에만 혈안이 되었다면 어땠을까? 돈이야 더 벌었을지 몰라도 아이와의 관계에서 오는 행복을 지금만큼 누리며 살았을 것 같지는 않다. 어쩌면 지레 지쳐 나가떨어지는 바람에 투자 수익도 지금보다 적었을지도 모른다. 내가 스스로에게 적절한 보상을 주었기에 더 나아갈 힘도 생겼고, 아이들도 내게 무한한 지지와 사랑을 보내준 것이다.

열심히 일할 때는 그 누구보다 열정적으로 일하되, 쉴 때는 확실하게 쉬기가 나의 모토다. 부동산 투자에 올인하다 보면 나를 돌보거나 가족과 보내는 시간이 부족해지기 십상이니, 쉬는 시간 또한 확실히 가지며 '내 삶'을 챙기길 바란다. 기존 삶의 터전에서는 모든 걸 내려놓고 삶의 여유를 갖기가 쉽지 않다. '쉬어야지' 하다가도 금세 오뚝이처럼 평소의 일상으로 돌아가기 일쑤다. 내가 해외 두 달 살기를 하는 것처럼 일상에서 벗어날 수 있는 어떤 보상의 시간을 마련해 보는 건 어떨까? 당장 투자를 시작했을 때는 돈을 버는 데만 집중해야 할 것 같고 내 모든 시간을 쏟아부어야 할 것 같지만, 때로는 숨 고르기가 필요한 법이다. 매일같이 열정을 불태우느라 지친 자신을 토닥여주고, 가끔은 보상도 주자. 부동산은 단기간에 1, 2년 뚝딱 해서 끝낼 게 아니라 오래 지속해야 하는 것이니 말이다.

돌다리를 일단 밟아야
목적지가 보인다

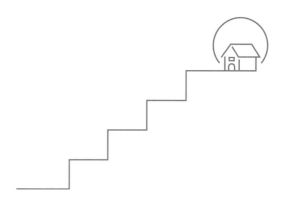

솔직히 말하면, 내가 투자를 10년이나 계속해 올 수 있었던 가장 큰 원동력은 다름 아닌 '투자'였다. 치열하게 공부해 투자하고, 그 투자에서 수익이 나면 신바람이 났다. 하면 할수록 새로운 세계를 알게 되었고, 처음엔 '외계어'의 집합으로만 느껴지던 그 새로운 세계가 나중에는 수익을 가져다주었다.

'돌다리도 두드려보고 건너라'라는 속담이 있지만 사람마다 그 두드리는 강도는 천차만별일 테다. 나처럼 성격이 급한 사람은 돌다리에 미처 다다르기 전부터 저 돌다리가 튼튼한 돌다리인가, 무너질 돌다리인가 사전에 조사하고 판단해서 우선 첫 번째 돌에 디뎌보고 괜찮다고 판단되면 두 번째, 세 번째 돌다리는 신나게 뛰어서 건너 버린다. 반대로 첫 번째 돌다리를 두드리고 또 두드리면서도 '과연 안전할까' 두려움이 앞서 첫 발을 끝내 내딛지 못하는 사람도 있고, 겨우 떨면서 한 발을 디뎌놓고도 두 번째 돌다리로는 영영 건너가지 못하고 다시 되돌아오는 사람도 있다. 나 같은 사람을 보면서 누군가는 너무 성급하다거나 조심성이 없다고 말하기도 하지만, 사실 투자를 지속하기 위해서는 끝내 다리를 건너지 못하느니 조금 물에 젖는 한이 있더라도 성큼성큼 건너가 보는 게 낫다고 본다.

분명 부동산 공부를 열심히 하는 것 같은데, 성과는 하나도 없이 고민만 하다가 상승 흐름에 올라타지 못한 사람들을 숱하게 보았다. 부동산 투자는 판단이 서면 과감히 전진하는 용기가 필요하다. 지금까지 세 장에 걸쳐 내 판단에 확신을 갖기 위해 꾸준히 해야 할 습관을 이야기했지만, 무엇보다도 필요한 건 실행이다.

배웠다면
행하라

2018년, '이제 새 아파트에만 집중해 보자'라고 결심하고 나도 재건축 재개발을 공부하기 시작했다. 그 당시만 해도 재건축 재개발 강의가 매우 귀했던 터라 물어물어 전문가를 찾아 강의를 들었다. 강의만 들으면 금방 투자할 수 있겠지 생각했지만 웬걸, 4주 동안 머리가 하얘지는 경험을 하고 왔다. 용어부터 낯설고 단계는 뭘 그렇게도 많은지. 조합원 자격부터 시작해 정비법, 제한사항 등 공부할 것이 너무나 많았고 자칫 잘못했다간 돈을 벌기는커녕 다 날릴지도 모른다는 두려움이 앞섰다. 책을 사서 열심히 읽어보고, 지인들과 함께 재개발 임장을 나가서 귀동냥도 해봤지만 부동산 소장님의 설명도 도무지 이해하기 어려웠다.

'재건축 재개발은 너무 어려워. 내 분야가 아니야. 투자할 물건도 많은데 굳이 이 어려운 걸 해야 돼?'

사실 꽤 오랫동안 이런 생각으로 나 자신과 싸우며 정비사업 공부를 자꾸만 뒤로 미뤘다. 그러나 신축아파트에 살고 싶다는 욕망은 컸고, 그 신축아파트를 소액으로 살 수 있는 방법이 바로 정비사업이니 공부를 안 할 수는 없었다. 정비사업을 제대로 파악하기 위해 결국 내가 선택한 방법은 '직접 소액 물건에 투자해 보기'였다. 투자금이 정말 적게 드는 초기 단계의 재건축 재개발 물건을 사는 수밖에 없을 것 같았다. 내가 직접 투자를 하면 A부터 Z까지 실제 진행 상황에 따라 실전을 겪어볼 수 있으니, 그야말로 몸으로 하는 공부가 되지 않을까?

그리고 당시 울산광역시를 관심 지역으로 두고 꾸준히 임장을 하던 터라 나의 첫 재건축 재개발 투자는 2019년 울산에서 시작되었다. 그때는 지금처럼 다양한 부동산 프롭테크가 있던 시절이 아닌지라 재건축 재개발 정보를 어디서 얻는지부터 공부를 시작했다. 시청·구청 홈페이지에 들어가서 정비사업 정보를 얻었고, 부동산에 가서 무작정 소장님께 브리핑을 들었다. 잘 알아듣지 못하면서도 일단 알아듣는 척 열심히 고개를 끄덕이며 메모했고, 집에 와서 메모한 정보들을 다시 찾아보며 이해하려 애썼다. 2019년은 울산 부동산 시장이 상승세를 타기 전이어서 조합설립인가 이후 수년째 정체돼 있다가 그제야 조금씩 움직이기 시작하는 정비사업장들이 꽤 있었다. 그런 곳들이 내 타깃이었다. 사업성 같은 건 아직 판단할 줄도 몰랐기에, 그저 소액으로 투자할 수 있는 정비사업 구역을 매수해 일단 공부하자는 마음이었다.

물론 떨리고 두근거렸다. '에잇, 손해가 나도 괜찮아. 경험은 남잖아!'라는 대범한 심경으로 물건을 매수하긴 했지만 피 같은 투자금이 들어가 있는데 어떻게 안 떨릴 수 있을까. 그러다 보니 조합에서 우편으로 서류를 보내주면 무슨 말인지 단박에 이해가 안 되어도 한참을 읽어보고, 모르는 용어가 있으면 인터넷 이곳저곳을 뒤져보았다. 그렇게 공부를 계속하다 보니 어느새 단계가 절로 외워지고, 감정 평가가 무엇인지 프리미엄은 또 어떻게 계산하는지, 사업성은 어떻게 판단하는 건지 점차 감이 잡혔다.

	매수가	투자금	매도가	양도 차익	수익률
남구 C02 구역 (삼호주공 재건축)	1억 원	4000만 원	2억 5000 만 원	1억 5000 만 원	375%
남구 B14 구역	8000만 원	4000만 원	보유 중 (현재 프리미엄: 2억 원)		

그리고 위의 두 물건은 당시 내가 무작정 돌다리에 내달리며 매수했던 울산의 정비사업 구역이다. 놀랍지 않은가! 각각 4000만 원이라는 투자금을 들여 재건축 물건과 재개발 물건을 샀는데, 손해는커녕 삼호주공 재건축은 무려 1억 5000만 원의 수익을 가져다주었다. 아직 보유 중인 물건 역시 이제 프리미엄이 약 2억 원대다. 조합설립인가 이후 매수해 그다음의 단계를 거치면서 재건축 재개발 과정에 대해 샅샅이 알게 되었음은 물론이다. 이 두 번의 경험으로 나는 정비사업 투자에 자신감을 얻었다.

문을 열고 나가야
새로운 세상이 보인다

실제로 겪어보기 전까지는 '정비사업은 어렵고 위험하다', '정비사업은 투자금이 많이 들어간다'는 잘못된 편견으로 시작조차 하지 못했던 분야였지만, 늦게라도 직접 몸으로 익혀 배우니 평생 두고 써먹는 든든한 투자법 중 하나가 되었다.

그래서 나는 책상에 앉아서 하는 공부를 어느 정도 했다면, 소액으로라도 한번 실전 경험을 해보길 추천하고 싶다. 내가 직접 투자를 하고 나면 공부하지 말라고 해도 스스로 알아서 공부하게 된다. 틈만 나면 내가 사놓은 아파트 가격이 오르고 있는지, 최근 실거래가는 얼마를 찍었는지, 네이버 부동산에 매물은 얼마에 나와 있는지, 이 지역에 앞으로 공급은 얼마나 있으며 최근의 분양가는 얼마인지 확인한다. 그 과정에서 해당 지역의 흐름이 좋다는 걸 확신하면 추가로 투자를 할 기회를 얻을 수도 있다. 무엇보다도 꾸준히 손을 놓지 않고 부동산 공부를 할 수 있는 원동력이 되어준다.

신중한 것도 좋지만, 너무 오랫동안 돌다리를 두드리고만 있기보다는 실패해도 감당할 수 있을 정도의 투자금을 투입해 내가 공부한 지역에 일단 투자해 보길 바란다. 실전 경험은 하나도 버릴 것 없이 나를 살찌워 주고, 그를 통해 조금이라도 수익이 생기면 부동산 투자에 재미가 붙기 시작한다. 일주일의 루틴을 습관화하는 일 또한 훨씬 쉬워진다. 돈이 되고 재미가 있으니 더욱 신나서 투자할 맛이 나지 않겠는가. 그러니 어느 정도 공부를 했다면 과감하게 돌다리를 건너보길 바란다. 내가 이 루틴을 오랜 세월 유지해 온 가장 큰 비결이 바로 실전 경험에 있다.

꿈을
크게 가져라

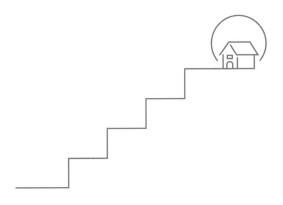

지금까지 투자를 해오며 제일 기억에 남는 날이 있다면 첫째는 단연 첫 매도를 하고 통장에 6000만 원이 입금된 걸 봤을 때고, 둘째는 서울에 60평짜리 땅을 등기 쳤을 때다. 3층짜리 낡은 다가구 주택을 매수해 등기를 친 그날, 이 낡은 건물을 어떻게 리모델링해야 할지 고민되고 엄청난 대출 이자를 생각하면 걱정이 태산인데도 그저 입가엔 절로 미소만 나왔다.

처음 투자를 시작했을 때는 종잣돈이 너무 적다 보니 나는 평생 오백띠기, 천띠기(500만 원, 1000만 원 수익의 부동산 투자를 가리키는 은어) 투자만 하고 살 줄 알았다. 아직 어린 내 아이들을 제쳐놓고 그 멀리 지방까지 원정 임장을 떠나 새벽별을 보고 나가 달밤에 돌아오는 고된 여정이었다. 투자금이 적어 못난이만 사 모으다 보니 2년 후 팔아봤자 수익은 고작 2000~3000만 원 내외였고, 그나마 세금을 내고 나면 내 손에 들어오는 금액은 더욱 적었다. 그중 절반은 생활비로 써야 하니 재투자에 쓸 종잣돈은 턱없이 적었고, 그럴 때면 원점에서 맴도는 기분이 들어 가끔씩 우울하기도 했다.

언제까지나 이렇게 소심한 투자를 할 순 없다고 마음먹고 이 책에서 내내 이야기한 매일의 루틴을 만들어 공부에 전념했고, 그제야 이전의 투자 방식에서 한 발 더 나아가 가치투자에 눈을 뜨게 되었다. 신축 혹은 신축이 될 정비사업 투자에 전념하며 그제야 목돈이 쌓이기 시작했다. 500만 원이 1000만 원이 되고, 1000만 원이 2000만 원이 되고, 2000만 원이 4000만 원이 되고, 40000만 원이 8000만 원이 되는 경험을 하며 조금 더 큰 꿈이 생겼다. 나의 노후를 든든히 지켜줄 수 있는 똘똘한 한 채를 서울에 마련하고 싶다는, 즉 '건물주'가 되고 싶다는 꿈이었다.

마침내 송파에
깃발을 꽂다

서울 한복판에 내 건물을 한번 가져보자! 큰 꿈을 꾸기 시작하긴 했으나 처음부터 100억 원짜리 빌딩을 가질 수는 없었다. 아파트 투자를 시작했을 때와 마찬가지로 건물도 소액으로 매수할 방법을 연구해야 했다. 투자 대상이 아파트든 땅이든 건물이든, 물건을 고르고 매수하는 과정은 크게 다르지 않다. 돈 되는 아파트를 찾으려면 손품 발품을 팔고 비교 분석해야 하듯 건물을 사기 위해서도 마찬가지로 지역 분석이 필요했다. 작은 투자금으로 최고의 가성비를 내려면 더더욱 그랬다. 무려 1년이 넘는 시간 동안 지도를 들고 서울 강남 3구와 마포구, 용산구, 성동구, 관악구를 중심으로 임장을 다녔다. 부동산 분위기가 한창 좋던 시절이라 마음에 드는 물건을 구하기도 어려웠고, 매수할 만한 건물이더라도 명도가 어렵거나 현장에서 가격을 올려버리기 일쑤였다.

'돈 되는 물건, 좋은 물건이 그렇게 쉽게 나타날 리 없다'고 스스로를 다독이며 발품을 판 끝에 2022년 3월, 서울 송파의 꼬마빌딩이 내게 선물처럼 찾아왔다. 사실 빌딩이라고 말하기엔 부끄러울 정도로 아담한, 반지하가 딸린 2층짜리 빨간 벽돌집이었다. 벽돌집을 허물어 5층짜리 빌딩으로 새로 짓고 싶은 마음이 굴뚝같았지만, 투자금을 다 털어 여유자금을 없애버리는 무리수를 두기보다는 실속을 선택했다. 그 낡은 벽돌집을 전체적으로 리모델링하며 인테리어 사장님과 매일 만나 열띤 토론을 벌였다. 그렇게 어디 하나 내 손이 닿지 않은 곳 없게 노랗게, 파랗게 칠하며 새 단장을 마쳤다. 내 지분보다는 은행의 지분이 훨씬 큰 건물이지만 리모델링을 마치고 어엿한 꼬마빌딩이 된 내 건물을 보니 가슴이 가득 차오르는 기분이었다. 서울 한복판, 강남 3구인 송파구에 당당히 내 이름으로 된 건물을 갖다니! 이 소식을 들은 지인들은 하나같이 박수를 치며 진심으로 축하해 주었다.

"미숙아, 너무 축하해. 너는 그럴 자격이 있어. 네가 운동화가 다 닳도록 전국을 돌아다닌 걸 누가 모르겠니."

"언니, 정말 인간 승리예요. 마냥 부러운데 언니라서 인정이 돼요. 언니처럼 살아야 건물주가 되는 거구나 싶어요."

아주 작은 습관들이
만들어낸 극적인 변화

2024년 현재, 나는 서울 송파구와 마포구에 각각 건물 한 채씩을 갖고 있다. 서울에 내 이름으로 된 건물 두 채가 있다고 생각하면 밥을 먹지 않아도 배가 부르다. 아직까지도 은행의 지분이 훨씬 크긴 하지만 두 채의 똘똘한 건물들은 매월 꾸준히 수익을 내며 홀륭한 파이프라인이 되어주고 있다. 직장생활을 하던 시절에도 월급이야 꽤 많이 받았지만 내가 삶을 주도적으로 이끌며 버는 돈과는 마음가짐이 완전히 다르다.

회사는 내가 한두 달을 쉬면 절대 돈을 주지 않는다. 딱 내가 노동한 만큼만 정직하게 돈을 주는 집단이다. 부동산 투자는 다르다. 일단 한번 돈이 굴러가는 시스템을 만들어놓으면 내가 일하지 않아도 부동산들이 나 대신 열심히 일을 해서 나를 먹여 살려준다. 상사의 눈치를 볼 필요도 없고 내가 내 스케줄을 계획하고 관리하며 주도적인 삶을 살 수 있다. 게다가 회사 안에서는 아무리 열심히 일해도 정해진 월급만 줄 뿐이지만 투자로 돈을 벌면 내 움직임이 전부 돈이 된다. 나는 건물주가 된 지금도 주기적으로 바삐 움직인다. 계단 청소니 전기 검침이니 가지치기니 내 손으로 하나하나 배우며 하다 보니 건물에 생기는 별별 문제에 다 '반 전문가'가 되었다. 그렇게 내 건물의 문제를 곧바로 해결하며 임차인들의 불편을 빠르게 해소해 주어야 그만큼 공실률도 줄기 때문이다. 바쁜 만큼 그대로 돈으로 돌아오니 밤을 새워 일을 해도 뿌듯하고, 주말에 쉬지 못해도 힘든 줄을 모른다.

매일 30분의 루틴이 이뤄내는 기적은 엄청나다. 아이들 학원비라도 벌어보자는 마음으로 시작해 오백띠기, 천띠기 투자자에서 건물주가 되기까지 10년의 세월을 달려왔다. 거북이걸음으로 매일 조금씩 가랑비에 옷 젖듯 습관이 쌓여 만들어낸 기적이다. 부자로 만

들어주는 아주 작은 습관들이 내 목표를 크게 만들었고, 그 목표를 달성함으로써 새로운 인생을 살게 해주었다. 첫 술에 배부를 수는 없다. 처음 시작점보다 조금 더 큰 목표를 그려보며 그 목표를 위한 습관을 지속해 보자. 투자로 돈을 벌면 가슴이 쾅쾅 뛴다. 그건 내 인생이 거기서 끝나는 게 아니라, 여기서부터 새롭게 시작된다는 뜻이기 때문이지 않을까? 나는 아직도 이 습관들이 내게 또 어떤 즐거운 인생을 선물해 줄까 기대된다. 당신도 꿈의 크기를 점점 늘려가며 내 습관이 얼마나 그 꿈을 멋지게 실현시킬 수 있을지 한번 지켜보자. 신나는 인생은 바로 내가 만들어가는 것이다.

인생은
생각하는 대로 바뀐다

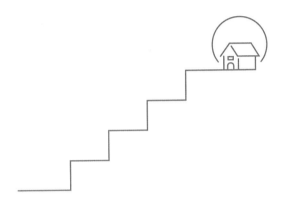

부동산 투자를 하며 정말 천일야화를 써도 모자랄 만큼 온갖 산전 수전을 다 겪었다. 10년의 세월 동안 어떻게 좋은 일만 있었을까. 내가 매수한 가격보다 몇 천만 원이 떨어져 손해를 본 것은 기본이오, 잔금을 하루 앞두고 대출이 거절돼 발을 동동 구른 적도 있으며 장대비가 쏟아지던 날 세입자와 이사 비용 문제로 다투다가 멱살을 잡히기도 했다. 나의 조언 덕에 청약에 당첨돼 새 아파트로 입주하던 세입자가 전세 만기일이 되지도 않았는데 전세금을 당장 돌려달라며 내용증명을 보냈을 때는 '내가 대체 뭘 한 걸까' 하며 많이도

쓸쓸했었다. 100채 이상의 물건을 사고파는 경험을 하면서 정말 웬만한 경험은 다 해본 것 같다.

그럼에도 부동산 투자의 세계를 떠나지 않고 오히려 즐겁게 투자를 즐길 수 있었던 것은 '긍정의 마인드' 덕분이었다. 투자는 행복해지기 위해 하는 것이다. 부동산 투자를 하면서 돈을 버는 만큼 필연적으로 힘든 경험도 따라온다. 그런 일을 마주할 때마다 스트레스를 받고 내 몸을 해치면 과연 행복해질 수 있을까? 같은 일이라도 '이 또한 지나가리라', '이 또한 산 경험이 되리라' 하고 가볍게 생각하는 연습이 필요하다. 돈은 잃을 수도, 벌 수도 있지만 한 번 잃은 건강은 다시 되찾기 어렵다. 매서운 겨울이 지나면 새싹이 움트는 봄이 반드시 오게 되어 있다. 그때까지 멘탈만 꽉 붙잡고 있으면 된다.

물론 아무리 긍정적으로 생각하려 해도 사건을 맞닥뜨리면 당황스럽고, '왜 나에게 대체 이런 일이!'라는 생각이 들기 마련이었다. 그래도 반대로 생각하면 내게 경험이라는 훌륭한 기회가 온 것이다. 슬기롭게 해결해 영웅담으로 써먹어 보자며 씩씩하게 마음을 다잡았다. 이런 것까지 해봤다고 말하면 같은 투자자에게도 "우와, 저 여자 정말 대단한데" 하며 감탄을 들을 수 있지 않겠는가.

나는 '긍정의 말 습관'이 주는 변화를 내 삶을 통해 경험했다. 고백하자면, 사실 나는 그렇게나 행복을 갈구했음에도 항상 불행한 사람이었다. 찌든 직장생활과 독박 육아, 예민하기 짝이 없는 어린 아들, 친정엄마의 주기적인 히스테리, 남편의 사업 실패와 가정불화, 경제적 어려움, 편두통과 소화불량, 눈물과 우울증……. 이것이 나의 30대를 대표하는 키워드였다. 40대를 30대와 똑같이 보내고 싶진 않았다. 행복해지기 위해서는 내가 변해야 했다.

그때 읽었던 책이 론다 번의 『시크릿』이었다. 속는 셈 치고 시크릿을 실천해 보기로 마음먹었다. 이제 더 이상 그 누구에게도 끌려다니지 말고 내 삶은 내가 주도해 행복하게 살아보자고 다짐하며 매일 아침 "나는 행복해"란 말로 하루를 시작했다. 그동안 내가 자주 써왔던 부정의 단어와 표현부터 일단 긍정 단어로 바꿨다.

내가 못 살아, 내가 미쳐. 살기 싫어. 너는 대체 왜 그러니? 어휴, 짜증나.

고마워, 사랑해. 네가 있어서 행복해. 최고야, 믿는다. 괜찮아, 잘 될 거야.

정말 신기한 건, 그저 사용하는 말을 바꿨을 뿐인데 어느새 나는 행복해져 있었다는 점이다. 그로부터 10년의 세월이 흐른 지금은 긍정의 말을 듣고 자란 두 아이들에게 매일 이런 말을 듣고 있다. 아이들은 내 열정 에너지의 원천이다. 사랑스럽고 자랑스럽고 대견하다. 그들과 함께 있으면 더없이 행복하다. 내 입에서 나가는 말을 관리하면 변화시키지 못할 게 없다. 말하는 습관부터 긍정적으로 바꿔보자.

우주의 모든 좋은 기운을 나에게 끌어당기기 위해서는 그 좋은 기운을 받을 준비가 되어 있어야 한다. 내 몸 안에 자석이 있다고 생각하자. 내 자석은 긍정의 기운이 오면 끌어당기고 부정의 기운이 오면 밀어낸다. 스스로에게 최면을 걸어야 한다. 나는 긍정적인 사람이고 그 어떤 시련도 다 이겨낼 수 있다고. 부정의 기운은 나를 자주 시험에 빠뜨리려 하지만 절대 그들에게 굴복해서는 안 된다. 생각해 보라. 부정적인 생각이 문제를 해결하는 데 도움이 되는 건 한 번도 본 적이 없지 않은가?

나는 우주의 중심에 내가 있고, 세상은 내가 생각하고 행동하는 대로 흘러간다고 믿는다. 그래서 해가 바뀌고 새 다이어리를 살 때마다 하드커버를 열면 바로 보이는 첫 면에 아주 정성스러운 글씨로 적는다.

나는 최고다.
나는 대한민국 최고의 지역 분석가다.

이 글을 적는 순간 입가에 미소가 머금어진다. 나는 안다. 이 다이어리를 쓰는 1년 동안 최고가 되기 위해 내가 얼마나 열정적으로 살아갈지. 그렇기에 글을 적으면서부터 이미 머릿속에 내 멋진 모습이 그려진다. 글로 적고, 입으로 외치고, 다이어리를 펼칠 때마다 이 말을 보면서 수없이 되뇌며 나를 세뇌한다. 자신의 의지가 약하다면 더더욱 많이 해야 한다.

목표는 내가 말하고 행동하는 대로 이뤄지는 법이다. 이루고자 하는 목표를 세우고, 우주의 모든 좋은 기운을 끌어당기는 구호를 아침마다 자신 있게 외쳐보자. 나 역시 오늘도, 내일도 이렇게 외쳐보려 한다.

"나는 최고다, 올 한 해도 최고가 되기 위해 열정적인 삶을 살 것이다!"

이런 결심을 한 당신이라면, 이 책을 읽고 반드시 스스로의 힘으로 부자가 될 수 있을 것이다.

'공부해라, 공부해라'
잔소리 하지 않아도

국어, 영어, 수학 일타 강사를 찾아 학원을 다니기에도 모자란 방학에 아이들을 데리고 훌쩍 해외로 떠나버리는 나를 보며 "앨리스허 님은 어떻게 그렇게 아이들을 자유롭게 교육시키나요?"라고 묻는 분들도 있다. 그럴 때면 부끄럽지만 나도 내 과거를 털어놓는다. 나 역시 학구열에 불타는 여느 학원가의 엄마들 못지않았다고.

아이를 보란 듯이 잘 키우고 싶었고, 아이에게 해줄 수 있는 모든 걸 해주고 싶었다. 욕심이 넘쳐나는 엄마였다. '어디 학원이 잘 가르친다더라', '어릴 때부터 ○○ 과목, △△ 과목은 미리 가르쳐놓아야 한다더라' 하는 말이 들릴 때마다 귀가 펄

럭거렸고, 엄청난 경쟁의식에 빠져 조기 교육에 열을 올렸다. 큰아이가 여섯 살일 때부터 영어 유치원에 보내기 시작했고 초등학교에 들어간 후부터는 유명 어학원에 보냈다. 구몬 연산, 독서 논술, 미술학원, 축구학원, 피아노에 한 달에 한 번 숲 체험까지……. 거의 직장인 연봉 수준의 고액을 학원비에 투자했으니 아이가 얼마나 숨이 턱턱 막혔을지 짐작이 갈 것이다. 그 숨 막히는 일정을 딱 2년 버티더니 아이는 어느 날 울부짖었다.

"정말 하기 싫어요. 엄마가 보기 싫어서 지금 9층에서 뛰어내리고 싶을 정도라고요!"

망치에 머리를 얻어맞은 기분이었다. 그제야 비로소 내가 그동안 아이에게 무슨 짓을 했는지 알게 되었다. 모든 게 나의 욕심이었다. 그저 남들이 짜놓은 형식에 내 아이를 가둬놓고선 오직 부모라는 이유 하나만으로 아이의 인생에 엄청난 월권을 행사하고 있었던 것이다. 그날 이후로 나는 많은 걸 내려놓았다. 그리고 내 아이에게 자유를 선물했다. 나이에 맞게 신나게 놀 수 있는 자유, 스스로 학원을 선택할 수 있는 자유, 하고 싶은 것을 하는 자유. 생각해 보니 어차피 나이가 들면 하고 싶은 일만 하며 살 순 없을 터였다. 어린 시절이라도 하고 싶은 일에 집중할 수 있는 시간을 주겠다고 결심했다.

잔소리 없이도 아이의 행동을 바꾸는
부모의 습관

사실 자유를 주면 정말 하루 종일 아이가 놀기만 하는 건 아닐까, 다른 아이에 비해 뒤처지는 건 아닐까 걱정이 아예 없었던 건 아니다. 나 역시 평범한 엄마일 뿐인데 그런 생각이 없었을까. 하지만 기우였다.

자유분방하기 짝이 없는 내 아이는 어릴 때는 하루 종일 밥도 거르고 레고 삼매경인 날도 많았다. 중학생이 되니 밤을 꼴딱 새울 만큼 게임에 빠져 있는 날도 있었다. 하지만 나는 굳이 그만해라, 공부해라 잔소리를 하지 않았다. 자율권을 넘겨주니 오히려 해야 하는 학교 과제가 있으면 정말 코피까지 흘려가며 열심히 했다. 지금도 학교 공부보다는 투자 공부와 운동에 더 열심이지만, 꼭 필요한 일에는 엄청난 집중력과 엉덩이 힘을 발휘하며 아이들은 자기 나름대로 삶을 주도적으로 이끌어나가고 있다.

엄마인 내가 직접 모범을 보이니 아이들도 자기가 필요한 영역에서는 끈기 있게 열중해야 한다는 걸 아는 것이다. 아이들은 어릴 때부터 내가 어떤 생각을 갖고 어떻게 사는지를 가장 가까이서 보고 자랐다. 자와 칼을 들고 오리고, 풀로 붙여가며 지도를 만드는 모습, 그 지도를 들고 새벽같이 일어나 임장을 갔다가 밤늦게 귀가하는 모습, 집안일이 바빠 녹초가 되었음에도 새벽에라도 컴퓨터를 켜 바삐 부동산 공부를 하는 모습이 나도 모르는 사이 아이들에게 각인되어 있었다. 그러니 아이들에게 굳이 이래라 저래라 잔소리를 할 필요도 없었다.

좋아하는 것에 몰두하며 자유롭게 자기 스케줄을 꾸리고, 해야 할 일 목록들을 해결해 가는 아이를 보며 나는 비로소 '자식은 부모의 거울'이란 말을 실감했다. 그리고 우려와 걱정은 접어두기로 결심했다. 직접 세운 계획, 해야 할 일 목록을 매일 꾸준히 실천하는 모습을 엄마가 보여주는 것만으로 '산교육'이 되니, 굳이 '공부해라', '성실해라', '허튼 짓 하지 마라'……
잔소리하지 않아도 평생 보고 자란 대로 살아가리라 믿기로 했다. 나는 이제 내 아이들을 신뢰하며 지켜보고 있다.

사소한 행동의 반복은
우리 가족의 무기가 된다

나는 요즘도 아이에게 '살아 있는 교육'을 해주려 한다. 임장을 갈 때 아들과 동행하기도 하고, 낯선 곳으로 여행을 가면 "얘들아, 여기는 아파트 가격이 얼마나 할 것 같아? 맞혀봐" 하며 스스럼없이 아이들과 자본에 대한 대화를 나눈다. 그러면

별생각 없던 아이들도 질세라 "1억 원!", "4억 원!" 하며 앞다퉈 답한다. 그때부터 '앨리스허의 부동산 미니 특강'이 시작된다.

"아파트가 평당 1000만 원이라고 치면 34평은 3억 4000만 원이겠지? 그걸 기억하고 다시 한번 생각해 봐."

"평당 1000만 원에 어떤 비용이 들어가는 거예요?"

"가장 굵직하게 말하면 땅값과 건축비지. 건축비는 아파트마다 아주 크게 차이가 나지 않으니 결국 제일 크게 작용하는 건 땅값이라고 할 수 있어. 편리하게 생활할 수 있는 곳, 그래서 사람들이 많이 찾는 곳은 땅값이 비싸겠지."

그러면 '그래서 서울 아파트 가격이 비싼 거구나', '그러면 서울에서도 어디가 제일 비쌀까?' 하며 자기들끼리 자본 이야기로 한참 수다를 떤다.

2023년 무인 아이스크림 가게를 창업할 때는 아이들과 인근의 무인점포를 돌아다니며 시장 조사를 하고, 아파트 계단 수천 개를 오르락내리락하며 전단지를 돌렸다. 어떻게 하면 매출을 더 올릴 수 있을지 셋이 머리를 맞대며 시간 가는 줄 모르고 열띤 회의를 하기도 했다. 작은 구멍가게지만 기획, 진열, 판매, 마케팅, 재고 관리 모든 영역에 아이들을 참여시키며 아이들에게 자연스레 경제 교육을 시키고 있다. 실제로 어려서부터 일상생활을 하듯 경제에 대한 이야기를 나눈 덕분에 아이들은 나이에 비해 자본과 투자에 관심이 많다. 아들은 이미 경제 흐름을 알고 있고, 스스로 주식과 비트코인을 공부하며 차트를 분석할 줄도 안다.

의사, 약사, 변호사 등 화려한 직업을 가진 부모가 아님에도 아이들에게는 '우리 엄마는 대단하다'는 프라이드가 있다. 아이들은 나에 대해 이렇게 말한다. '한번 마음먹으면 실천하는 엄마', '그래서 꾸준히 발전해 가는 엄마', 그리고 자신 있게 '내 롤모델은 우리 엄마'라고 이야기한다. 자식이 어떤 대단한 사람이 아니라 '엄마'를 롤모델로 꼽을 때 느끼는 기쁨은 차마 말로 설명할 수 없을 것이다.

내가 한 건 대단한 게 아니었다. 부동산 투자를 제대로 잘하기 위해 해야 할 일 목록을 만들었고, 그걸 캘린더에 표시해 매일 꾸준히 실천했을 뿐이다. 일주일의 습관이 쌓이며 경제적인 어려움에서 벗어났음은 물론 화목한 가정을 만들고 아이들에게 귀감이 되는 부모가 되었다. 하루 30분의 작은 인풋이 이런 기적 같은 결과를 불러온 것이다.

이제 나는 이래라, 저래라 아이들의 생활에 하나하나 관여하며 전전긍긍하지 않아도 된다. 그저 묵묵히 내 할 일을 하면 아이들은 열정이 무엇인지, 꾸준함이 무엇인지 알고 스스로 알아서 실천한다. 그래서 내 아이들이 혹여 좋은 대학에 진학

하지 못하거나 쌓아놓은 공부가 부족해서 뒤늦게 후회한다 해도 나는 걱정하지 않는다. 만약 그렇다 해도 엄마를 보고 배운 성실함과 실행력을 통해 주체적으로 자기 문제를 해결하고, 결국은 원하는 삶으로 향해 갈 수 있을 것이다. 엄마를 보고 배운 '꾸준한 습관의 힘' 하나면 아무 문제가 없을 거라고 나는 믿는다.

GTX 따라 살펴보는
2024 안전마진 보장단지

다산
북스

『오늘부터는 오를 집만 보인다』를 통해 어떻게 하면 오를 지역, 그중에서도 오를 아파트를 찾아낼 수 있는지 다양한 스킬을 배웠습니다. 수도권 최고의 호재인 교통 호재 중에서도 가장 강력한, 도심권으로의 교통혁명을 일으키는 노선인 GTX 라인을 따라 '오를 집'을 찾는 여정을 떠나봅시다.

하락장이 한바탕 휩쓸고 간 지금, 대한민국의 많은 아파트가 최고가 대비 20~30% 하락해 있습니다. 바로 이때가 기회입니다. 어느 아파트를 사든 안전마진이 보장된다는 것이나 마찬가지니까요. GTX라는 최고의 호재를 끼고 있는 단지들을 주의 깊게 둘러보며 내 자산을 퀀텀점프 시킬 만한 곳이 있을지 찾아보세요.

관심이 생긴다면 꼭 이 책을 들고 방문해 보시길 당부드립니다. 물론 방문하기 전에 해당 지역의 공급물량을 찾아보고, 최신 분양단지를 살펴보고, 임장지도를 그려보는 건 필수겠지요? 그러고 나서 직접 내 발로 걸어봅시다. 여러분의 눈에도 오를 집만 귀신같이 쏙쏙 보이기를 기원합니다.

* 아파트 명은 네이버 지도를 기준으로 작성했으며, 아파트는 임의의 순서로 배치했음을 알려드립니다.

* 네이버 최저가는 2024년 4월 30일 기준 네이버 부동산에 공개된 매물 중 가장 낮은 호가를 기준으로 작성했으며, 안전마진은 최고 실거래가에서 네이버 부동산 최저가를 뺀 값입니다. 전세가격은 네이버 부동산에 공개된 매물의 중위 가격으로 설정했습니다.

아파트명
준공 연도(세대수)

■ 2014년 이전 준공   ■ 2015년 이후 준공~분양권   ■ 정비사업 구역   ■ 학교

GTX 노선도 (예상)

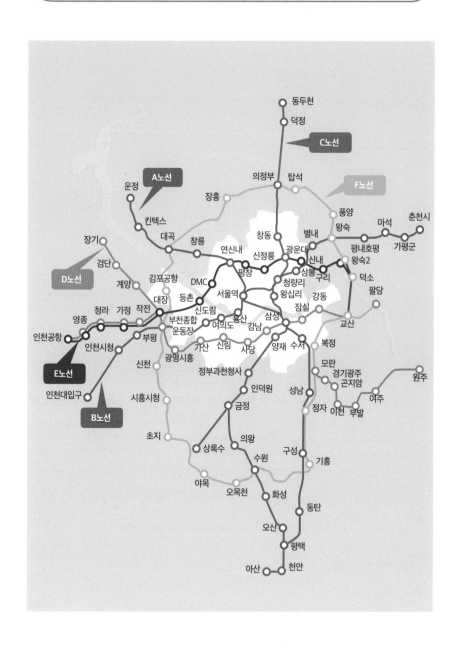

GTX
A 노선

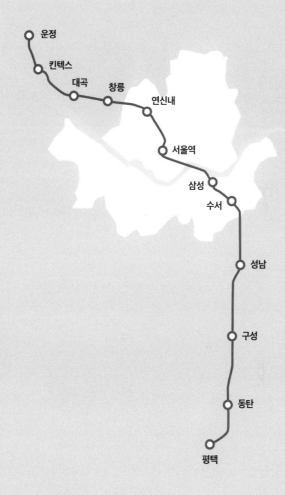

운정
킨텍스
대곡
창릉
연신내
서울역
삼성
수서
성남
구성
동탄
평택

2024년 3월 수서-동탄 개통
2024년 12월 운정-서울역 (개통 예정)
2026년 9월 운정-동탄 (삼성역 무정차 통과)
2026년 창릉
2027년 4월 운정-동탄 (2호선 삼성역 환승)
2028년 4월 운정-동탄 (완전 개통)

GTX-A 노선 개통 시

운정-서울역 20분
킨텍스-서울역 16분
동탄-삼성 22분

운정 1,2지구

산내중

운정건강공원

산내초
운정고

운정센트레빌
2014 (865)

힐스테이트운정
2018 (2998)

운정신도시
센트럴푸르지오
2018 (1956)

운정신도시
아이파크
2020 (3042)

동패초

동패고

동패중

GTX-A

운정역

교하지구

e편한세상
운정어반프라임
2021 (1010)

디에트르
더펠리스
2021 (820)

초롱초

초롱꽃마을8단지
동문굿모닝힐
2022 (1262)

산학고

산학중

금강펜테리움
센트럴파크
2022 (778)

운정 3지구

아파트 이름	평수	최고가	최근 실거래가	안전 마진	네이버 최저가	전세 가격	매매-전세
운정신도시 센트럴푸르지오	33	9.4억 (2021.01)	6.7억 (2024.03)	3.1억	6.3억	3.5억	3.2억
운정신도시 아이파크	33	9.7억 (2021.07)	7.15억 (2024.03)	2.9억	6.8억	3.9억	2.9억
힐스테이트운정	33	9억 (2020.11)	7.15억 (2024.03)	2.5억	6.5억	4.8억	1.7억
운정센트레빌	33	6.16억 (2022.04)	4.6억 (2024.02)	1.66억	4.5억	3억	1.5억
e편한세상 운정어반프라임	33	6.1억 (2024.01)	6.1억 (2024.01)	-	6.4억	3.5억	2.9억
금강펜테리움 센트럴파크	33	5.95억 (2024.02)	5.48억 (2024.04)	0.25억	5.7억	3.75억	1.95억
파주운정 디에트르더퍼스트	33	8억 (2022.07.11)	6.7억 (2024.02)	1.6억	6.4억	3.7억	2.7억
초롱꽃마을8단지 운정중흥S클래스	33	6.73억 (2024.02)	6.6억 (2024.04)	0.23억	6.5억	3.3억	3.2억

운정2중
다율초

운정신도시
파크푸르지오
2021 (710)

운정신도시
푸르지오파르세나
2022 (1745)

운정화성파크
드림시그니처
2020 (1047)   도래공원

두레공

신내마을6단지
한라비발디
2013 (823)

산들중   청암초

산들초

파주운정신도시
디에트르더클래스
2023 (512)

운정센트레빌

파주운정신도시
디에트르르라포레
2023 (297)

운정 1,2지구

← 운정역

힐스테이트운정

GTX-A 운정역

아파트 이름	평수	최고가	최근 실거래가	안전 마진	네이버 최저가	전세 가격	매매-전세
운정화성파크 드림시그니처	33	9.5억 (2022.02)	4.78억 (2024.03)	4.6억	4.9억	3.5억	1.4억
산내마을6단지 한라비발디	33	6.28억 (2021.08)	4.15억 (2024.02)	1.88억	4.4억	3.3억	1.1억

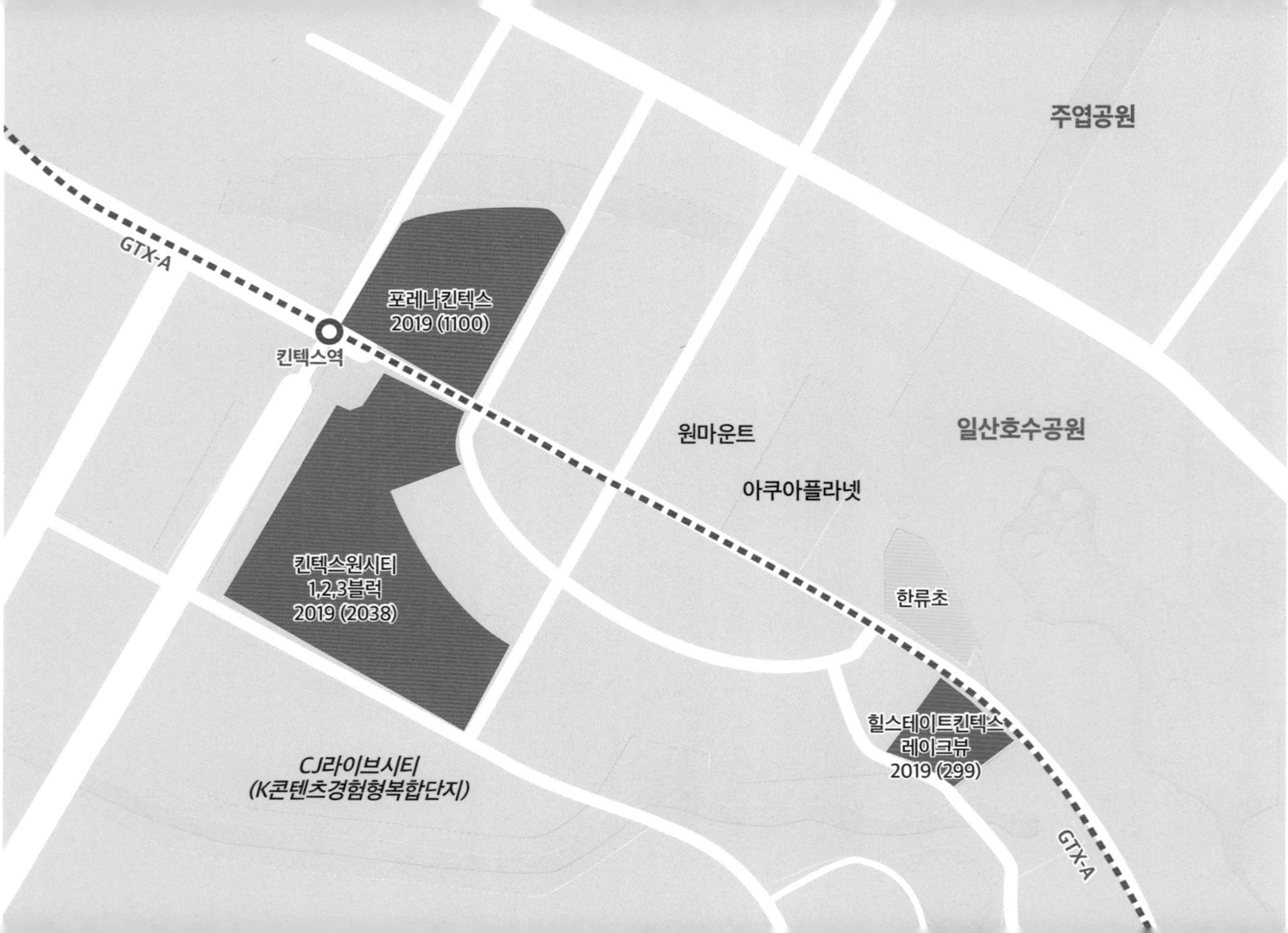

주엽공원
GTX-A
포레나킨텍스
2019 (1100)
킨텍스역
원마운트
일산호수공원
아쿠아플라넷
킨텍스원시티
1,2,3블럭
2019 (2038)
한류초
힐스테이트킨텍스
레이크뷰
2019 (299)
CJ라이브시티
(K콘텐츠경험형복합단지)
GTX-A

킨텍스역

아파트 이름	평수	최고가	최근 실거래가	안전 마진	네이버 최저가	전세 가격	매매-전세
킨텍스원시티 1,2,3블럭	35	16.55억 (2022.03)	12.4억 (2024.02)	4.55억	12억	6억	6억
포레나킨텍스	35	14.7억 (2021.08)	10.56억 (2023.01)	4.2억	10.5억	5.5억	5억
힐스테이트킨텍스 레이크뷰	33	12.4억 (2021.07)	8.5억 (2023.01)	3.6억	8.8억	5.5억	3.3억

고봉산

한곡교

일산센트럴
아이파크
2018 (1802)

경의중앙선

탄현공원

e편한세상
일산어반스카이
2022 (552)

일산역

푸르지오
2018 (1690)

일산두산위브
더제니스
2013 (2700)

경의중앙선

탄현역

← 킨텍스로

GTX-A 킨텍스역

아파트 이름	평수	최고가	최근 실거래가	안전 마진	네이버 최저가	전세 가격	매매-전세
일산센트럴 아이파크	34	8.5억 (2021.07)	6.35억 (2024.03)	2.3억	6.2억	4.8억	1.4억
e편한세상 일산어반스카이	35	9.73억 (2021.04)	7.1억 (2023.02)	1.23억	8.5억	5.5억	3억
일산두산위브 더제니스	40	8.1억 (2021.01)	6.3억 (2024.03)	2.2억	5.9억	4.5억	1.4억
일산에듀포레 푸르지오	34	6.45억 (2021.01)	4.58억 (2024.03)	1.85억	4.6억	3.7억	0.9억

대곡역

3호선

GTX-A

금강KCC
2004 (380)

대곡역롯데캐슬
엘클라씨
2022 (834)

대곡역
두산위브1단지
2023 (493)

능곡초

한강
한라비발디
2004 (482)

경의중앙선

서해선

능곡역

아파트 이름	평수	최고가	최근 실거래가	안전마진	네이버 최저가	전세가격	매매-전세
대곡역 두산위브1단지	33	8.67억 (2020.09)	6.5억 (2023.11)	-	9억	5억	4억
대곡역롯데캐슬 엘클라씨	33	9.1억 (2021.01)	8억 (2023.09)	0.9억	8.2억	5억	3.2억
한강한라비발디	32	7.3억 (2022.02)	4.85억 (2024.02)	2.2억	5.1억	4억	1.1억
금강KCC	32	6.73억 (2021.01)	4.95억 (2024.03)	1.73억	5억	3.5억	1.5억

연신내역

아파트 이름	평수	최고가	최근 실거래가	안전 마진	네이버 최저가	전세 가격	매매-전세
북한산현대 힐스테이트7차	34	12.9억 (2021.01)	9.9억 (2024.01)	3.4억	9.5억	5.5억	4억
북한산현대 힐스테이트3차	34	10.85억 (2021.08)	8.43억 (2024.03)	2.95억	7.9억	5.8억	2.1억
미성	27	9억 (2021.07)	6.45억 (2024.02)	2.65억	6.35억	4억	2.35억
불광롯데캐슬	34	11.9억 (2021.03)	9.35억 (2023.06)	1.6억	10.3억	6억	4.3억

GTX-A

1호선

경의중앙선

서소문성지
역사박물관

서울역

서울역

서울역

서울역

서울역

공항

서울역리가
2012 (181)

서울역
한라비발디
센트럴
2018 (199)

숭림돈산성
사이버빌리지
2001 (712)

서울봄래초

순기정체육공원

서울역센트럴자이
2017 (1341)

충정로역

충정로역

2호선

한일고
한일중

충정로역

5호선

아파트 이름	평수	최고가	최근 실거래가	안전 마진	네이버 최저가	전세 가격	매매-전세
서울역센트럴자이	34	18.3억 (2021.12)	16.5억 (2024.03)	2.3억	16억	8.5억	7.5억
서울역한라비발디 센트럴	34	16억 (2021.05)	14억 (2024.02)	2억	14억	8억	6억
서울역리가	33	16억 (2021.01)	13.3억 (2024.02)	-	16억	8억	8억
중림동삼성 사이버빌리지	23	13.3억 (2022.03)	10.75억 (2024.03)	1억	12.3억	6억	6.3억

아파트 이름	평수	최고가	최근 실거래가	안전 마진	네이버 최저가	전세 가격	매매-전세
수서삼익	35	19억 (2021.09)	15.5억 (2023.05)	2억	17억	8억	9억
한아름	34	19.1억 (2021.05)	17.03억 (2024.04)	2.1억	17억	8.5억	8.5억
헬리오시티	33	23.8억 (2021.01)	20.1억 (2024.04)	5.8억	18억	10.5억	7.5억
올림픽훼밀리타운 1, 2, 3단지	32	21억 (2021.09)	16억 (2024.04)	4.8억	16.2억	7.5억	8.7억
송파동부 센트레빌	32	16.4억 (2021.08)	14억 (2023.09)	3억	13.4억	8.6억	4.8억
가락금호 (리모델링)	25	14억 (2022.01)	10.75억 (2024.03)	3.5억	10.5억	5.5억	5억
가락우성1차 (재건축)	24	14.3억 (2022.02)	10.5억 (2024.03)	3.4억	10.9억	5억	5.9억

신분당선

봇들마을4단지
2009 (748)

봇들마을
3단지
2009 (870)

GTX-A

매송초

이매중

수인분당선

아름4단지
두산삼호
1992 (1132)

봇들
어린이공원

탄
천

매송중

이매초

아름마을
6단지선경
1993 (370)

이매촌
진흥8단지
1993 (832)

이매역

판교역

경강

성남역

이매역

이매촌
금강1단지
1992 (588)

GTX-A

이매촌한신
2단지
1992 (1184)

성남역

아파트 이름	평수	최고가	최근 실거래가	안전 마진	네이버 최저가	전세 가격	매매-전세
봇들마을3단지	24	13.9억 (2021.05)	9.4억 (2024.04)	4.5억	11억	7억	4억
봇들마을4단지	24	14.5억 (2021.07)	12.5억 (2024.03)	2.5억	12억	7억	5억
이매촌한신2단지	20	10.2억 (2022.04)	8억 (2024.04)	2.1억	8.1억	4.6억	3.5억
아름4단지 두산삼호	31	14.5억 (2022.03)	11.35억 (2024.03)	2.5억	12억	6.5억	5.5억
아름마을6단지 선경	32	16.5억 (2021.07)	14.7억 (2024.02)	2억	14.5억	6.5억	8억
이매촌진흥8단지	23	12.5억 (2022.05)	10.1억 (2024.01)	2.4억	11억	7.3억	3.7억
이매촌금강1단지	31	14.75억 (2021.07)	12.95억 (2024.04)	3.25억	11.5억	7억	4.5억

용인구성
힐스테이트
2021 (699)

장미마을
삼성래미안2차
2003 (1219)

구성역
운정해링턴
2016 (296)

구성고

구성중

구성초

장화마을
태영데시앙1, 2차
2003 (453)

마성초

삼가마을
삼성래미안처
2002 (1285)

e편한세상
용인역
플랫폼시티
2024 (999)

불루밍구성
더센트럴

마북초

연원마을
엘지

구성역

수인분당선

GTX-A

구성역

영동고속도로

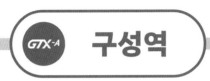

아파트 이름	평수	최고가	최근 실거래가	안전 마진	네이버 최저가	전세 가격	매매-전세
e편한세상 구성역 플랫폼시티	24	10.04억 (2023.11)	6.55억 (2024.03)	1.92억	8.12억	5억	3.12억
	34	11.8억 (2023.12)	10.9억 (2024.04)	2억	9.8억	7.5억	2.3억
구성역효성 해링턴플레이스	25	6.85억 (2021.01)	5억 (2024.03)	1.35억	5.5억	3.6억	1.9억
힐스테이트구성	34	9억 (2023.05)	5.7억 (2024.04)	0.7억	8.3억	6억	2.3억
삼거마을 삼성래미안1차	36	12.4억 (2021.08)	8.55억 (2023.12)	3억	9.4억	4.5억	4.9억
용화마을 태영데시앙 1, 2단지	32	8.25억 (2021.01)	6.95억 (2024.04)	2.3억	5.95억	4억	1.95억
장미마을 삼성래미안2차	34	8.5억 (2022.04)	6.9억 (2024.03)	2.1억	6.4억	3.8억	2.6억

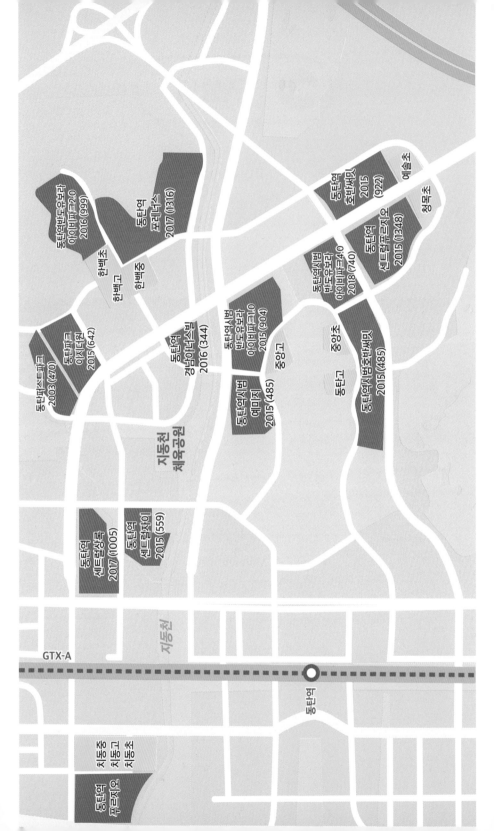

동탄역반도유보라
아이파크2.0
2016 (999)

동탄역
포레나
2017 (1316)

동탄역
호반써밋
2015
(922)

예술초

청목초

동탄역
센트럴푸르지오
2015 (1348)

한백고

한백중

한백초

동탄역시범
반도유보라
아이파크4.0
2018 (740)

동탄파크자이
2003 (470)

동탄파크
이지더원
2015 (642)

동탄역
경남아너스빌
2016 (344)

동탄역시범
반도유보라
아이파크1.0
2015 (904)

중앙고

중앙초

동탄고

동탄역시범호반써밋
2015 (485)

동탄역시범
예미지
2015 (485)

지동천
체육공원

동탄역
센트럴상록
2017 (1005)

동탄역
센트럴자이
2015 (559)

지동천

GTX-A

동탄역

치동중 치동고 치동초

동탄역
푸르지오

동탄역

아파트 이름	평수	최고가	최근 실거래가	안전 마진	네이버 최저가	전세 가격	매매-전세
동탄역시범예미지	33	10.8억(2021.07)	8.55억(2024.04)	2.2억	8.6억	5억	3.6억
동탄역시범호반써밋	32	11.5억(2021.09)	8.68억(2024.03)	2.8억	8.7억	5억	3.7억
동탄역시범반도유보라 아이비파크1.0	33	11억(2021.09)	9억(2024.03)	2.5억	8.5억	5억	3.5억
동탄역시범반도유보라 아이비파크4.0	34	12.5억(2021.08)	9.3억(2024.04)	3억	9.5억	5.7억	3.8억
동탄역 센트럴푸르지오	25	7.78억 (2021.01)	5.85억 (2024.03)	1.98억	5.8억	4억	1.8억
동탄역호반써밋	24	7.42억(2021.09)	5.7억(2024.04)	1.62억	5.8억	3.8억	2억
동탄파크이지더원	24	6.9억(2021.08)	5.45억(2024.03)	1.4억	5.5억	3.5억	2억
동탄퍼스트파크	26	5.58억(2021.11)	3.97억(2024.03)	1.58억	4억	3억	1억
동탄역반도유보라 아이비파크2.0	33	7.85억(2021.01)	6.55억(2024.04)	1.85억	6억	4억	2억
동탄역포레너스	33	7.95억(2021.11)	6.15억(2024.04)	2.15억	5.8억	3.8억	2억
동탄역경남아너스빌	32	9억(2021.09)	7.2억(2023.12)	1.8억	7.2억	4.5억	2.7억
동탄역센트럴자이	29	10.4억(2021.09)	7.97억(2024.03)	2.5억	7.9억	4.3억	3.6억
동탄역센트럴상록	29	10.2억(2021.09)	7.9억(2024.03)	2.2억	8억	-	-
동탄역푸르지오	33	11억(2021.01)	8.1억(2024.03)	2.6억	8.4억	4.3억	4.1억

GTX
B 노선

마석
왕숙
별내
평내호평
상봉
청량리
서울역
용산
신도림
여의도
부천종합운동장
부평
인천시청
인천대입구

2024년 3월 7일 착공기념식
개통 예정: 2030년

GTX-B 인천대입구역

아파트 이름	평수	최고가	최근 실거래가	안전 마진	네이버 최저가	전세 가격	매매-전세
송도더샵 퍼스트파크 F15블럭	35	14.7억 (2021.09)	10.97억 (2024.04)	4억	10.7억	4.8억	5.9억
송도더샵 퍼스트파크 F14블럭	29	11.3억 (2022.06)	5.6억 (2024.02)	2.8억	8.5억	4억	4.5억
	35	13.7억 (2021.09)	9.95억 (2024.04)	3.7억	10억	5억	5억
송도더샵 퍼스트파크 F13블럭	35	13.1억 (2021.12)	10.2억 (2024.04)	3.6억	9.5억	5억	4.8억
송도더샵마스터뷰 23-1블럭	34	12.5억 (2021.10)	9.4억 (2024.01)	4억	8.5억	4억	4.5억
송도더샵 마스터뷰22블럭	34	11.5억 (2021.08)	7.8억 (2024.04)	3.5억	8억	3.5억	4.5억
송도더샵 마스터뷰21블럭	34	11.9억 (2021.09)	8.3억 (2024.04)	4억	7.9억	4억	3.9억
송도 풍림아이원2단지	33	8.5억 (2021.11)	5.7억 (2024.04)	3.3억	5.2억	4억	1.2억
송도한진해모로	32	8.35억 (2021.10)	5.5억 (2024.02)	2.15억	6.2억	4.5억	2.7억

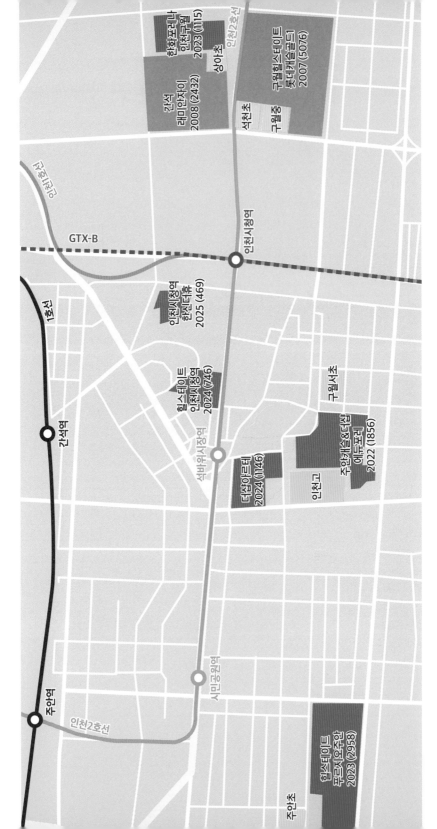

GTX-B 인천시청역

아파트 이름	평수	최고가	최근 실거래가	안전 마진	네이버 최저가	전세 가격	매매-전세
힐스테이트 푸르지오주안	24	4.53억 (2021.07)	3.88억 (2023.10)	0.03억	4.5억	3억	1.5억
주안캐슬&더샵 에듀포레	26	5.38억 (2021.10)	3.8억 (2023.09)	1.38억	4억	2.8억	1.2억
힐스테이트 인천시청역 (분양권)	32	6.73억 (2024.01)	6.53억 (2024.03)	0.69억	6.04억	4.5억	1.54억
더샵아르테 (분양권)	24	4.7억 (2024.03)	4.67억 (2024.04)	0.81억	3.89억	3.2억	0.69억
인천시청역 한신더휴(분양권)	24	4.86억 (2023.08)	4.72억 (2024.03)	0.45억	4.41억	-	-
간석래미안자이	24	6억 (2021.08)	4.02억 (2024.04)	1.9억	4.1억	2.7억	1.4억
구월힐스테이트 롯데캐슬골드1	33	6.47억 (2021.10)	4.53억 (2024.04)	2.07억	4.4억	3.5억	0.9억
한화포레나 인천구월	33	6.72억 (2023.10)	-	0.83억	5.89억	4.5억	1.39억

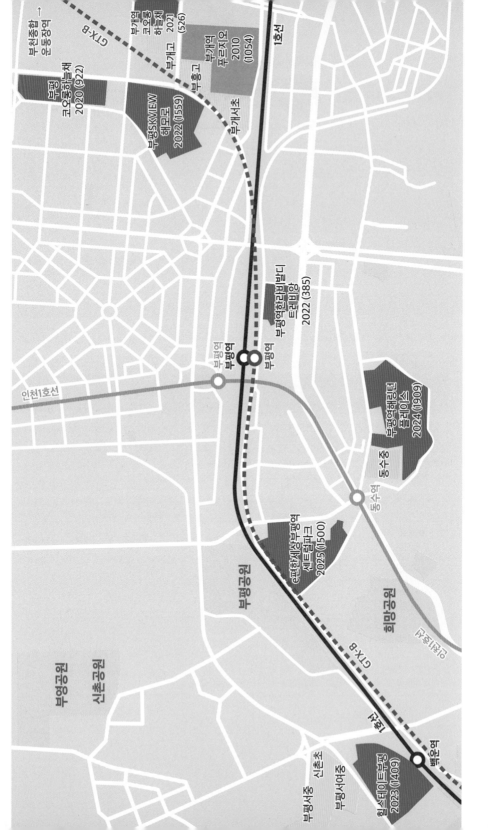

GTX-B 부평역

아파트 이름	평수	최고가	최근 실거래가	안전 마진	네이버 최저가	전세 가격	매매-전세
e편한세상부평역 센트럴파크 (분양권)	24	5.53억 (2024.02)	4.58억 (2024.04)	0.67억	4.86억	-	-
힐스테이트부평	33	7.48억 (2020.11)	6.9억 (2024.04)	0.48억	7억	4.6억	2.4억
부평역해링턴 플레이스 (분양권)	25	6.1억 (2021.12)	5.04억 (2024.03)	1.27억	4.83억	-	-
부평역한라비발디 트레비앙	34	7.51억 (2021.02)	5.6억 (2023.06)	0.21억	7.3억	4.8억	2.5억
부개역 푸르지오	35	8.3억 (2021.09)	6.2억 (2024.04)	2.41억	5.89억	4.2억	1.69억
부평SKVIEW 해모로	25	6.5억 (2021.04)	5.45억 (2024.04)	0.7억	5.8억	3.6억	2.2억
부개역 코오롱하늘채	25	5.49억 (2021.07)	5.1억 (2024.01)	0.49억	5억	3.7억	1.3억
부평코오롱하늘채	29	7.1억 (2021.10)	6.1억 (2024.04)	1.2억	5.9억	4.2억	1.7억

GTX-B 부천종합운동장역

아파트 이름	평수	최고가	최근 실거래가	안전 마진	네이버 최저가	전세 가격	매매-전세
힐스테이트중동	36	12.2억 (2023.10)	11.94억 (2024.04)	1.9억	10.3억	8억	2.3억
중동센트럴파크 푸르지오	35	14.8억 (2022.04)	12억 (2024.03)	4.5억	10.3억	7억	3.3억

GTX-B 신도림역

아파트 이름	평수	최고가	최근 실거래가	안전 마진	네이버 최저가	전세 가격	매매-전세
신도림 디큐브시티	25	11.8억 (2021.04)	9.07억 (2023.11)	1.8억	10억	6.8억	3.2억
신도림SKVIEW	32	12.9억 (2022.05)	9.4억 (2024.01)	3.2억	9.7억	7억	2.7억
신도림 태영데시앙	25	10.3억 (2021.05)	8.2억 (2024.04)	1.8억	8.5억	5.2억	3.3억

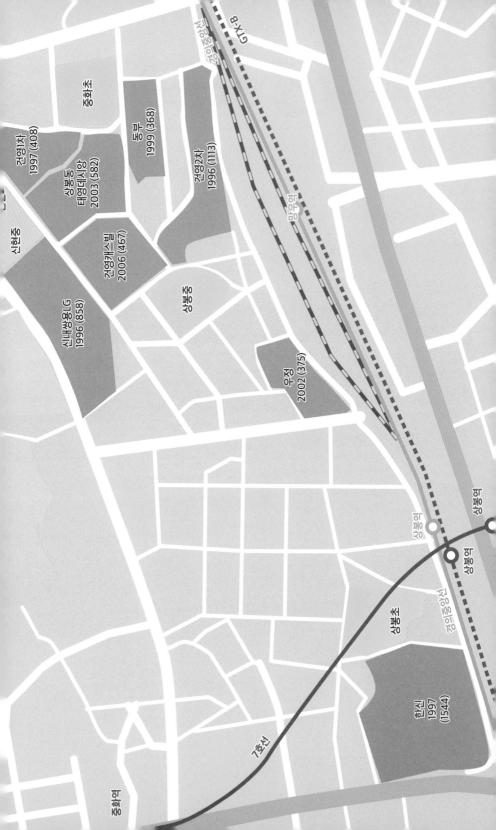

GTX-B 상봉역

아파트 이름	평수	최고가	최근 실거래가	안전 마진	네이버 최저가	전세 가격	매매-전세
한신	26	8.32억 (2021.10)	6.2억 (2024.04)	2.32억	6억	4억	2억
우정	25	7.8억 (2021.09)	6.75억 (2023.06)	1억	6.8억	4억	2.8억
건영2차	29	7.88억 (2021.09)	6.5억 (2024.03)	1.48억	6.4억	4.5억	1.9억
건영1차	33	8.3억 (2021.12)	6.4억 (2024.01)	1.5억	6.8억	4.8억	2억
동부	25	6.8억 (2021.07)	5억 (2024.03)	1.9억	4.9억	3.2억	1.7억
건영캐스빌	33	9.9억 (2021.11)	7.72억 (2024.04)	2.1억	7.8억	6억	1.8억
상봉태영데시앙	34	9.9억 (2023.10)	7.94억 (2024.04)	1.7억	8.2억	5억	3.2억
신내쌍용LG	28	7.3억 (2021.08)	5.65억 (2023.04)	1.5억	5.8억	4.5억	1.3억

GTX-B

경의중앙선

8호선

모란역

동익미라벨
38단지
2013 (369)

한벌동

별내성윤예가
2012 (652)

별내역
우미린더퍼스트
2012 (396)

화정동

한벌초

포레나별내
2012 (729)

구리갈매
한라비발디
2016 (1075)

갈매역
아이파크
2018 (1196)

갈매역

별내역

아파트 이름	평수	최고가	최근 실거래가	안전 마진	네이버 최저가	전세 가격	매매-전세
별내역 우미린더퍼스트	38	9.2억 (2021.08)	6억 (2023.03)	1.4억	7.8억	5억	2.8억
포레나별내	33	8.65억 (2021.10)	6.4억 (2024.04)	2.15억	6.5억	4.5억	2억
별내쌍용예가	38	10억 (2021.11)	7.75억 (2023.01)	1.7억	8.3억	5억	3.3억
동익미라벨38단지	38	9억 (2021.05)	7.5억 (2024.04)	1.3억	7.7억	5.3억	2.4억
구리갈매 한라비발디	30	8억 (2022.04)	6.1억 (2024.03)	1.6억	6.4억	4.5억	1.9억
갈매역아이파크	34	9.95억 (2021.10)	7.13억 (2024.04)	2.65억	7.3억	5억	2.3억

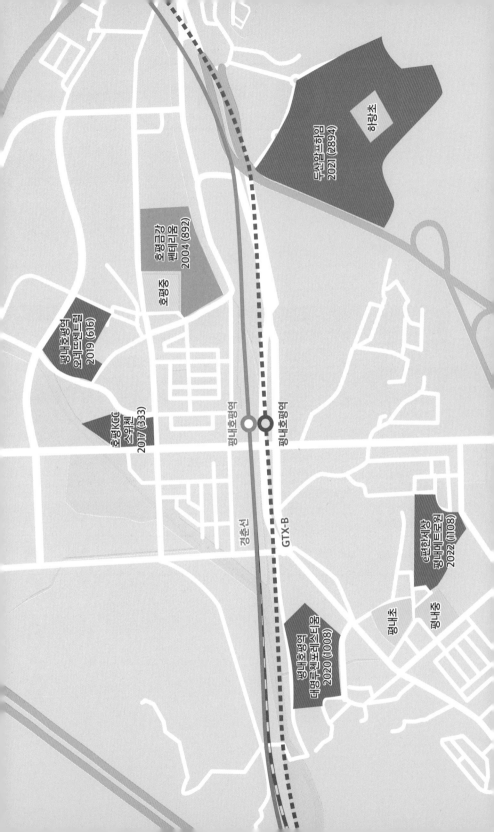

두산알프하임 2021 (2894)

하랑초

호평금강 펜테리움 2004 (892)

호평중

평내호평역 위드센트럴 2019 (616)

호평KCC 스위첸 2017 (333)

평내호평역

평내호평역

경춘선

GTX-B

e편한세상 평내메트로윈 2022 (1108)

평내초

평내중

평내호평역 대명루첸포레스티움 2020 (1008)

GTX-B 평내호평역

아파트 이름	평수	최고가	최근 실거래가	안전 마진	네이버 최저가	전세 가격	매매-전세
e편한세상 평내메트로원	24	6.3억 (2021.08)	3.57억 (2024.04)	2.2억	4.1억	3.6억	0.5억
평내호평역대명 루첸포레스티움	25	6.5억 (2021.10)	4.55억 (2024.03)	2.05억	4.45억	3.2억	1.25억
호평 KCC스위첸	33	8.1억 (2021.11)	6.5억 (2024.03)	1.4억	6.7억	4.5억	2.2억
평내호평역 오네뜨센트럴	30	7.4억 (2021.09)	5.5억 (2024.04)	2억	5.4억	4.5억	0.9억
호평금강 펜테리움	35	7.8억 (2021.10)	5억 (2024.04)	3억	4.8억	4억	0.8억
두산알프하임	34	7.25억 (2021.11)	5.5억 (2024.04)	2.05억	5.2억	4.3억	0.9억

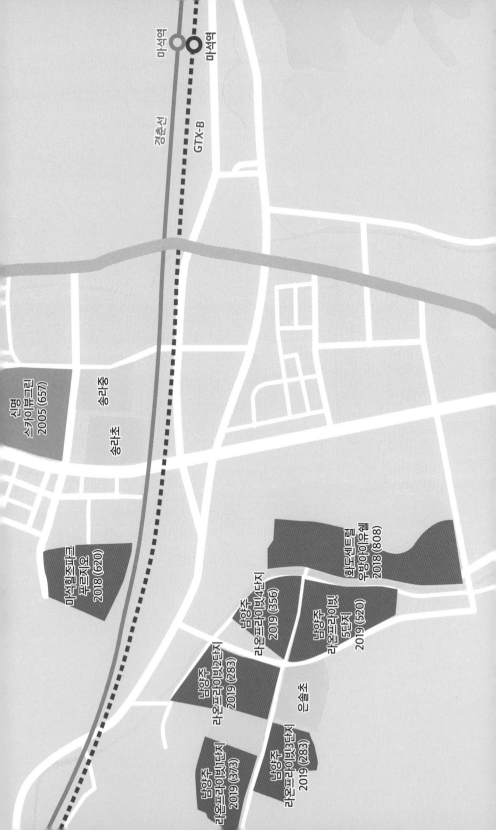

GTX-B 마석역

아파트 이름	평수	최고가	최근 실거래가	안전 마진	네이버 최저가	전세 가격	매매-전세
마석힐즈파크 푸르지오	26	6억 (2021.12)	4.2억 (2024.04)	2.6억	3.4억	2.5억	0.9억
신명 스카이뷰그린	35	5.95억 (2021.08)	3.9억 (2024.03)	2억	3.95억	3.4억	0.55억
화도센트럴 우방아이유쉘	34	6.4억 (2021.10)	4.55억 (2024.04)	1.6억	4.8억	3.5억	1.3억
남양주라온 프라이빗1단지	24	5.08억 (2021.09)	3.38억 (2024.03)	1.58억	3.5억	2.8억	0.7억
남양주라온 프라이빗3단지	24	4.8억 (2021.08)	3.38억 (2024.03)	0.9억	3.9억	3억	0.9억
남양주라온 프라이빗2단지	24	5.25억 (2021.10)	3.55억 (2024.04)	1.75억	3.5억	3억	0.5억
남양주라온 프라이빗4단지	34	6.55억 (2021.10)	4.8억 (2023.12)	1.55억	5억	3.5억	1.5억
남양주라온 프라이빗5단지	29	5.8억 (2022.08)	4.4억 (2023.07)	1.3억	4.5억	3.5억	1억

GTX
C 노선

동두천

덕정

의정부

창동

광운대

청량리

왕십리

삼성

양재

정부과천청사

인덕원

금정

의왕

상록수

수원

화성

오산

평택

아산　천안

2024년 1월 25일 착공기념식
2028년 개통 목표

GTX-C 노선 개통 시

덕정–삼성: 29분
수원–삼성: 27분

※ 역사 위치는 아직 확정되지 않아 지도에 표시하지 않았습니다.

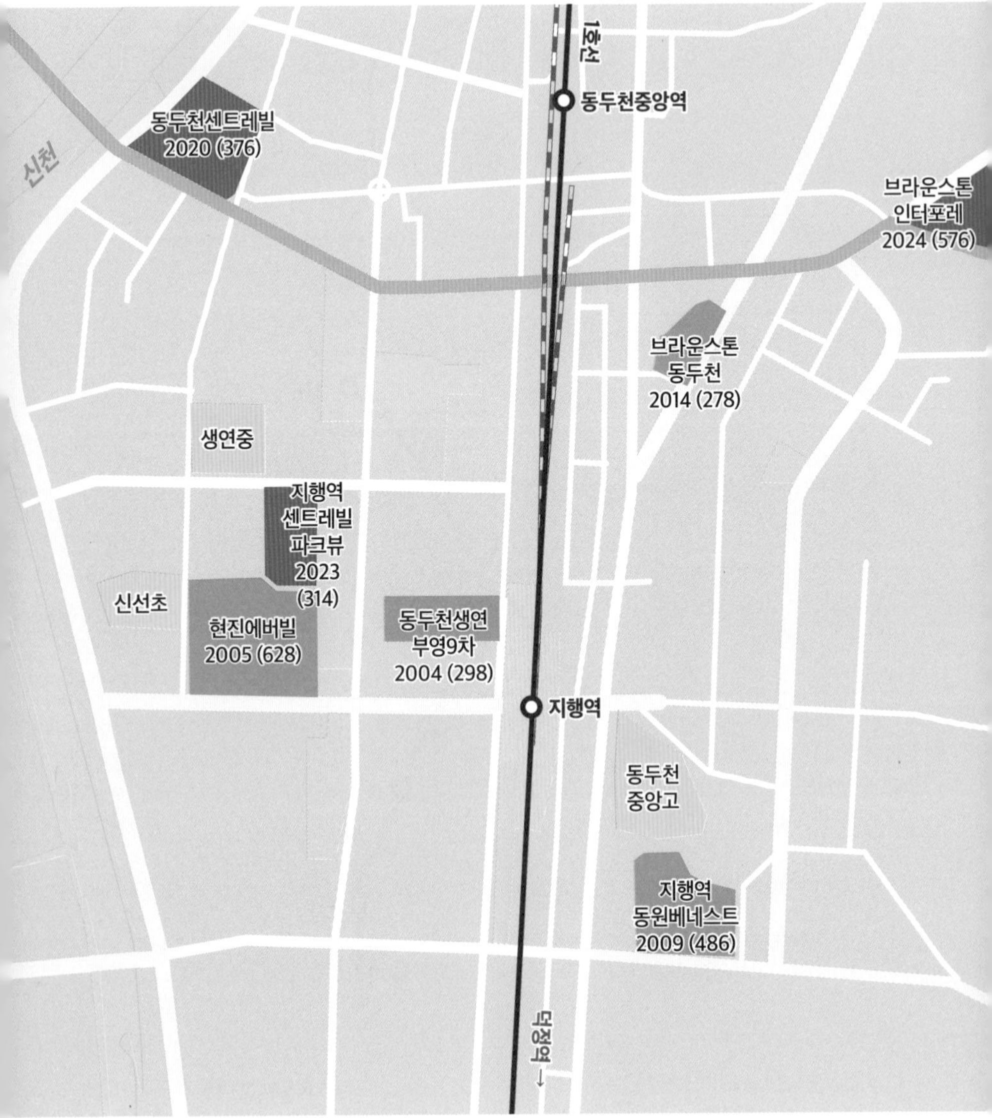

1호선

동두천중앙역

신천

동두천센트레빌
2020 (376)

브라운스톤
인터포레
2024 (576)

브라운스톤
동두천
2014 (278)

생연중

지행역
센트레빌
파크뷰
2023
(314)

신선초

현진에버빌
2005 (628)

동두천생연
부영9차
2004 (298)

지행역

동두천
중앙고

지행역
동원베네스트
2009 (486)

소요산 →

동두천역

아파트 이름	평수	최고가	최근 실거래가	안전 마진	네이버 최저가	전세 가격	매매-전세
브라운스톤 인터포레 (분양권)	29	2.36억 (2023.04)	-	-	-	-	-
지행역 센트레빌파크뷰 (전매제한)	34	3.4억 (분양가)	-	-	-	-	-
동두천센트레빌	23	3.1억 (2022.06)	2.2억 (2024.03)	0.25억	2.85억	2.4억	0.45억
현진에버빌	35	4.4억 (2021.01)	3.09억 (2024.02)	1.45억	2.95억	2.4억	0.55억
동두천생연부영 9단지	32	3.55억 (2021.09)	2.45억 (2024.03)	1.25억	2.3억	2억	0.3억
브라운스톤 동두천	34	3.7억 (2022.06)	2.69억 (2023.07)	1억	2.7억	2억	0.7억
지행역동원 베네스트	34	4.1억 (2021.07)	2.8억 (2024.04)	1.55억	2.55억	1.9억	0.65억

덕정역

아파트 이름	평수	최고가	최근 실거래가	안전 마진	네이버 최저가	전세 가격	매매-전 세
e편한세상덕정역 더스카이	32	3.7억 (2024.02)	-	-	4.25억	2억	2.25억
양주서희스타힐스 1,2단지	33	6억 (2021.11)	4억 (2024.03)	2.6억	3.4억	2.3억	1.1억
양주덕정역 한라비발디 퍼스티어(분양권)	33	4.65억 (분양가)	-	-	-	-	-

의정부역 파라곤스위트리버 2024 (769)

중 랑 천

경의초

의정부역 센트럴자이 앤위브캐슬 2022 (2473)

의정부역 푸르지오더센트럴 2023 (926)

의정부중앙역

의정부역 스카이자이 2024 (393)

중앙로

의정부역

선

GTX-C

경전철의정부역

회룡역

범골역

의정부시청역

상우교

의정부 롯데캐슬 골드파크 2단지 2018 (919)

의정부 롯데캐슬 골드파크 1단지

직동 근린공원

의정부더샵 파크에비뉴 2021 (420)

흥선 브라운스톤 2008 (673)

의정부롯데캐슬 골드포레 2023 (466)

GTX-C 의정부역

아파트 이름	평수	최고가	최근 실거래가	안전 마진	네이버 최저가	전세 가격	매매-전세
의정부역 스카이자이 (분양권)	26	4.96억 (2023.01)	4.52억 (2024.04)	0.24억	4.72억	3억	1.6억
의정부더샵 파크에비뉴	32	6.5억 (2021.02)	5.5억 (2024.02)	1.6억	4.9억	4억	0.9억
브라운스톤흥선	33	5.92억 (2021.08)	3.51억 (2024.03)	2.32억	3.6억	2.6억	1억
의정부롯데캐슬 골드포레	33	8.8억 (2022.01)	4.6억 (2023.07)	3.4억	5.4억	3.8억	1.6억
의정부역센트럴 자이&위브캐슬	24	7.2억 (2021.09)	5.65억 (2023.11)	1.6억	5.6억	3.6억	2.1억
	33	10억 (2021.07)	8.5억 (2022.01)	1억	9억	5억	4억
의정부역푸르지오 더센트럴	20	4.36억 (2021.06)	3.9억 (2023.07)	-	4.4억	2억	2.4억
	33	9.05억 (2021.08)	7.83억 (2023.08)	0.55억	8.5억	5억	3.5억
의정부롯데캐슬 골드파크1단지	25	6.45억 (2021.01)	4.53억 (2024.02)	1.95억	4.5억	3.5억	1억
	34	7.8억 (2021.09)	5.75억 (2024.04)	2.2억	5.6억	4.3억	1.3억
의정부롯데캐슬 골드파크2단지	25	6.45억 (2021.01)	4.53억 (2024.02)	2.05억	4.4억	3.5억	1억
	34	7.8억 (2021.09)	5.75억 (2024.04)	2억	5.8억	4.3억	1.3억
의정부역 브라운스톤리버뷰 (분양권)	25	-	4.63억 (2024.02)		4.07억	3억	1.6억
	33	-	6.4억 (2024.01)		6.71억	5억	1.7억

가인초

북한산아이파크
2004 (2061)

자운초

동아청솔
1997(1981)

중랑천

효성상아
1차
1987 (694)

창동역

동아
1988 (600)

4호선

주공19단지
1988 (1764)

노곡중

월천초

초안산
생태공원

GTX-C

1호선

아파트 이름	평수	최고가	최근 실거래가	안전 마진	네이버 최저가	전세 가격	매매-전세
북한산아이파크	33	12억 (2021.01)	8.45억 (2024.01)	3.55억	8억	5.5억	2.5억
동아청솔	33	11.99억 (2021.07)	8.9억 (2024.04)	3.69억	8.3억	5억	3.3억
효성상아1차 (재건축)	24	7.35억 (2021.11)	5.45억 (2024.03)	1.9억	5.45억	3억	2.45억
동아	32	11억 (2021.08)	7.51억 (2024.02)	3.15억	7.85억	4.3억	3.55억
주공19단지 (재건축)	23	9.2억 (2021.07)	6.95억 (2024.04)	2.5억	6.7억	2.6억	4.1억

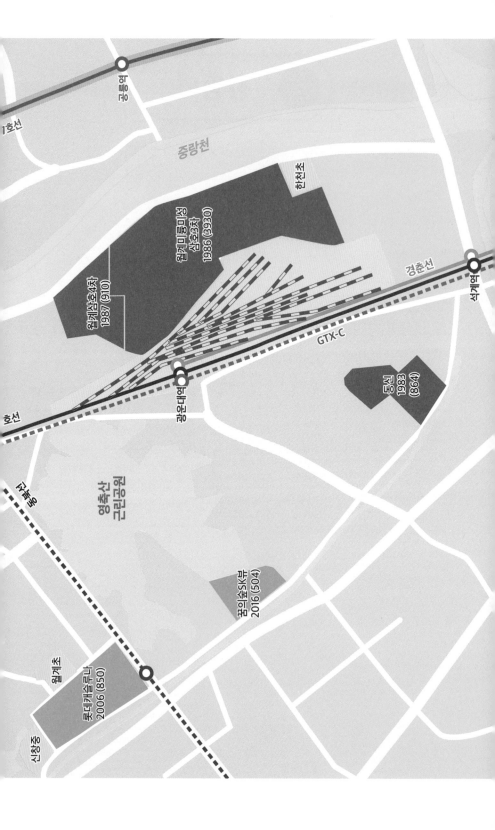

GTX-C 광운대역

아파트 이름	평수	최고가	최근 실거래가	안전 마진	네이버 최저가	전세 가격	매매-전세
월계미륭미성 삼호3차 (재건축)	21	8.75억 (2021.09)	6.09억 (2024.03)	2.5억	6.25억	2.5억	4억
삼호4차 (재건축)	24	8.7억 (2021.07)	6.77억 (2023.07)	2억	6.7억	2.8억	3.9억
동신(재건축)	23	7.8억 (2022.02)	5.2억 (2024.03)	2.6억	5.2억	-	-
롯데캐슬루나	25	7.5억 (2022.03)	6.32억 (2023.11)	0.6억	6.9억	4.3억	2.6억
꿈의숲SK뷰	34	11.58억 (2022.04)	8.35억 (2024.04)	3.08억	8.5억	5억	3.5억

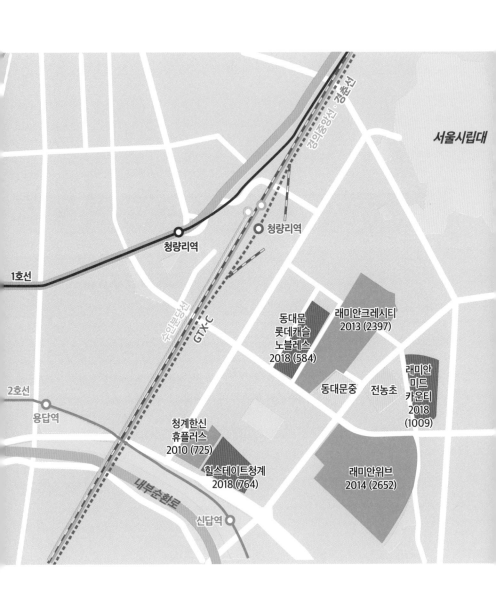

서울시립대

청량리역

청량리역

1호선

경의중앙선·경춘선

GTX-C

동대문
롯데캐슬
노블레스
2018 (584)

래미안크레시티
2013 (2397)

래미안
미드
카운티
2018
(1009)

동대문중

전농초

2호선

용답역

청계한신
휴플러스
2010 (725)

힐스테이트청계
2018 (764)

래미안위브
2014 (2652)

내부순환로

신답역

GTX-C 청량리역

아파트 이름	평수	최고가	최근 실거래가	안전 마진	네이버 최저가	전세 가격	매매-전세
동대문롯데캐슬 노블레스	25	13.75억 (2021.02)	11.2억 (2023.08)	2.75억	11억	6.2억	4.8억
	34	15.95억 (2021.03)	12.4억 (2024.03)	3.55억	12.4억	7.3억	5.1억
래미안크레시티	26	13.5억 (2021.01)	10.35억 (2024.03)	3.6억	9.9억	6.5억	4.5억
	34	17억 (2021.09)	12.2억 (2024.03)	4.5억	12.5억	7.5억	5억
래미안 미드카운티	25	12.85억 (2021.10)	10.3억 (2024.03)	2.65억	10.2억	6.5억	3.7억
	33	15.5억 (2021.08)	12.4억 (2024.04)	3억	12.5억	7.3억	5.2억
래미안위브	34	15.5억 (2021.07)	11.5억 (2024.03)	3.8억	11.7억	7.5억	4.2억
청계한신 휴플러스	24	12억 (2021.08)	9.5억 (2024.03)	2.6억	9.4억	6.2억	3.2억
힐스테이트청계	25	13.15억 (2021.05)	10.69억 (2024.03)	2.65억	10.5억	6.9억	3.6억

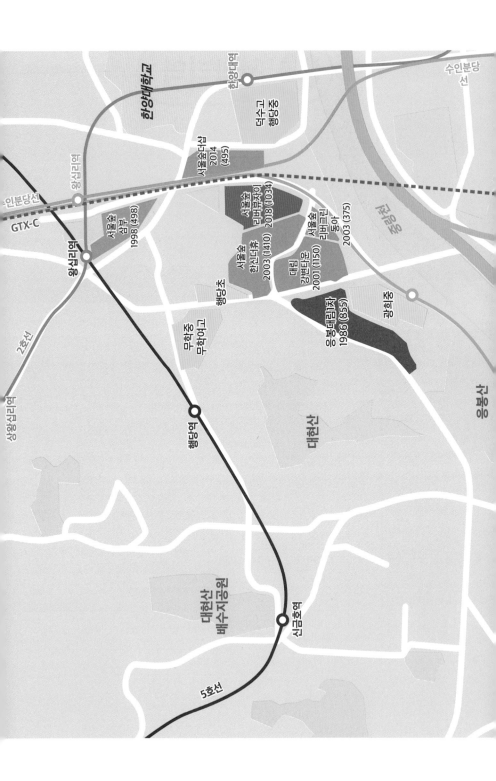

왕십리역

아파트 이름	평수	최고가	최근 실거래가	안전 마진	네이버 최저가	전세 가격	매매-전세
서울숲 리버뷰자이	33	21억 (2021.07)	18.6억 (2024.03)	3억	18억	10.5억	7.5억
서울숲더샵	36	16.5억 (2021.06)	16억 (2024.01)	-	16.5억	13억	3.5억
서울숲삼부	24	11.87억 (2024.01)	11.87억 (2024.01)	-	13억	6억	7억
서울숲 한신더휴	24	12.55억 (2021.08)	9.68억 (2024.04)	2.65억	9.9억	6억	3.9억
서울숲 한신더휴	33	15.5억 (2021.10)	12.4억 (2024.04)	3억	12.5억	7억	5.5억
대림강변타운	33	16.3억 (2022.05)	12억 (2023.12)	2.5억	13.8억	7.3억	6.5억
서울숲리버그린 동아	25	11.95억 (2021.01)	9.9억 (2024.02)	1.95억	10억	5.7억	4.3억
응봉대림1차 (재건축)	26	12.85억 (2021.07)	10.5억 (2023.08)	2.15억	10.7억	4.3억	6.4억

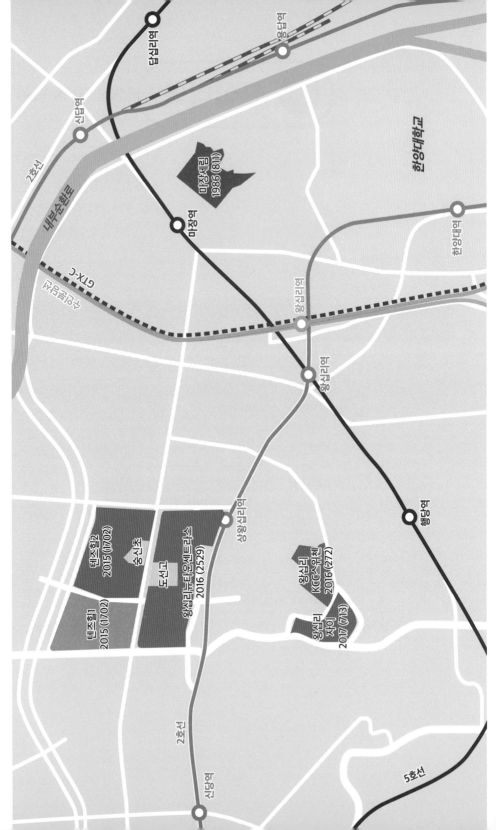

아파트 이름	평수	최고가	최근 실거래가	안전 마진	네이버 최저가	전세 가격	매매-전세
왕십리뉴타운 센트라스	17	9.9억 (2021.10)	8.3억 (2024.03)	1.51억	8.39억	6.3억	2.09억
	24	15.3억 (2012.12)	12.8억 (2024.02)	2.3억	13억	8억	5억
	34	17.2억 (2021.10)	14.9억 (2023.08)	2.4억	14.8억	10억	4.8억
텐즈힐1	32	17억 (2021.07)	14.65억 (2024.03)	2.7억	14.3억	9.5억	4.8억
텐즈힐2	33	17.5억 (2021.07)	13.31억 (2024.03)	3.2억	14.3억	9억	5.3억
왕십리자이	25	14억 (2021.08)	11.3억 (2024.04)	3억	11억	7.5억	3.5억
	34	16억 (2021.10)	12.5억 (2024.03)	3.5억	12.5억	9억	3.5억
왕십리 KCC스위첸	25	12.05억 (2021.10)	9.8억 (2024.03)	2.15억	9.9억	6.2억	3.7억
	34	14억 (2021.10)	11억 (2024.03)	2.5억	11.5억	7.2억	4.3억
마장세림 (재건축)	18	8.85억 (2021.07)	6.9억 (2024.04)	1.85억	7억	3.2억	3.8억

래미안에코
팰리스
2007 (659)

과천역

관문초

래미안과천
센트럴스위트
2018 (543)

과천센트럴파크
푸르지오써밋
2020 (1317)

과천푸르지오써밋
2020 (1571)

청계초

과천고

과천중앙공원

과천자이
2022 (2099)

정부과천청사

문헌체육공원

정부과천청사역

과천위버필드
2021 (2128)

문원초

4호선

GTX-C

래미안슈르
2008 (2899)

GTX-C 정부과천청사역

아파트 이름	평수	최고가	최근 실거래가	안전 마진	네이버 최저가	전세 가격	매매-전세
래미안슈르	33	18.3억 (2021.10)	15.2억 (2024.04)	4.3억	14억	9억	5억
과천위버필드	34	21.9억 (2021.08)	18.4억 (2024.04)	5.2억	16.7억	10.5억	6.2억
과천 푸르지오써밋	24	17.4억 (2021.11)	15.35억 (2024.03)	2.9억	14.5억	8.2억	6.3억
과천자이	33	20.5억 (2022.07)	18.65억 (2024.03)	4억	16.5억	10억	6.5억
래미안과천 센트럴스위트	25	16.5억 (2021.08)	13.7억 (2024.02)	3.3억	13.2억	8.2억	5억
과천센트럴파크 푸르지오써밋	34	21.5억 (2021.12)	17.15억 (2024.03)	4.5억	17억	10억	7억
래미안 에코팰리스	33	19.5억 (2021.11)	15.3억 (2024.03)	4.8억	14.7억	8.5억	6.2억

인덕원역

아파트 이름	평수	최고가	최근 실거래가	안전 마진	네이버 최저가	전세 가격	매매-전세
인덕원푸르지오 엘센트로	34	16.3억 (2021.06)	12.4억 (2024.03)	5.1억	11.2억	7억	4.7억
인덕원센트럴 푸르지오	25	9억 (2021.07)	6.7억 (2024.03)	3억	6억	4.1억	2.5억
	33	12.4억 (2021.08)	8.15억 (2024.03)	5.2억	7.2억	5.2억	2억
인덕원동아에코빌	33	9억 (2021.08)	5.7억 (2024.03)	2.8억	6.2억	4.5억	1.7억
평촌더샵 센트럴시티	34	15.4억 (2021.08)	11.75억 (2024.04)	4.2억	11.2억	7.5억	3.7억
인덕원마을삼성	32	13.3억 (2021.07)	5.6억 (2023.03)	4.15억	9.15억	5.3억	3.85억

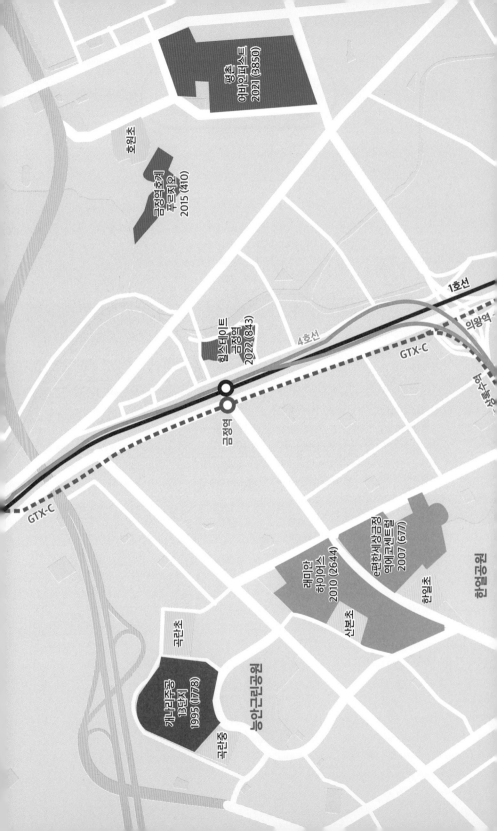

금정역

아파트 이름	평수	최고가	최근 실거래가	안전 마진	네이버 최저가	전세 가격	매매-전세
힐스테이트금정역	34	14.4억 (2022.04)	10억 (2023.07)	4.4억	10억	7억	3억
래미안하이어스	34	14.4억 (2021.07)	9.1억 (2024.03)	5.7억	8.7억	7억	1.7억
e편한세상금정역 에코센트럴	33	9.75억 (2021.09)	7억 (2024.03)	2.45억	7.3억	4.8억	2.5억
개나리주공13단지 (리모델링)	20	5.1억 (2021.11)	2.7억 (2024.03)	2.2억	2.9억	2억	0.9억
금정역호계 푸르지오	24	7.8억 (2021.11)	6억 (2024.03)	1.7억	6.1억	4.3억	1.8억
평촌 어바인퍼스트	17	5.26억 (2022.02)	4.2억 (2024.04)	1.36억	3.9억	3억	0.9억
	34	12억 (2021.04)	9.16억 (2024.03)	3.2억	8.8억	5.8억	3억

상록수역

아파트 이름	평수	최고가	최근 실거래가	안전 마진	네이버 최저가	전세 가격	매매-전세
본오동월드 (재건축)	18	5억 (2021.01)	3.7억 (2024.02)	1.3억	4억	1.4억	2.6억
본오주공	23	4.85억 (2022.03)	3.7억 (2023.09)	1.12억	3.73억	2.1억	1.63억

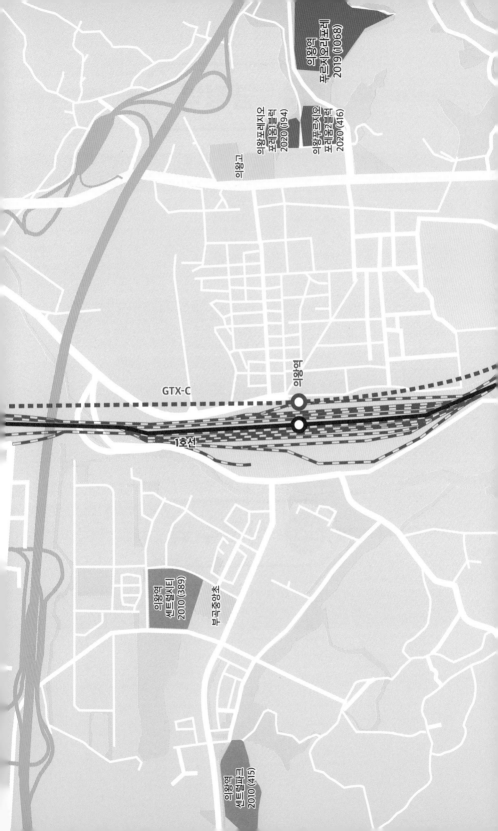

의왕역

GTX-C

1호선

의왕고

의왕포레자이
포레힐슬림
2020 (194)

의왕포레스지앤
포레힐슬림
2020 (416)

의왕더샵캐슬앤더퍼스트
2019 (1068)

의왕내손e편한세상
2010 (389)

부곡중앙초

의왕더샵캔트럴파크
2010 (415)

의왕역

아파트 이름	평수	최고가	최근 실거래가	안전 마진	네이버 최저가	전세 가격	매매-전세
의왕푸르지오 포레움1블럭	21	5.85억 (2022.04)	4.8억 (2023.01)	0.95억	4.9억	5억	-0.1억
의왕푸르지오 포레움2블럭	30	7.4억 (2023.01)	-	0.1억	7.3억	7.7억	-0.4억
의왕역푸르지오 라포레	33	10.5억 (2021.01)	7.18억 (2024.04)	4억	6.5억	7억	-0.5억
의왕역센트럴시티	33	7.5억 (2021.06)	5.1억 (2024.03)	1.7억	5.8억	5.8억	-
의왕역센트럴파크	33	8.5억 (2021.08)	5.2억 (2024.04)	3.5억	5억	5.3억	-0.3억

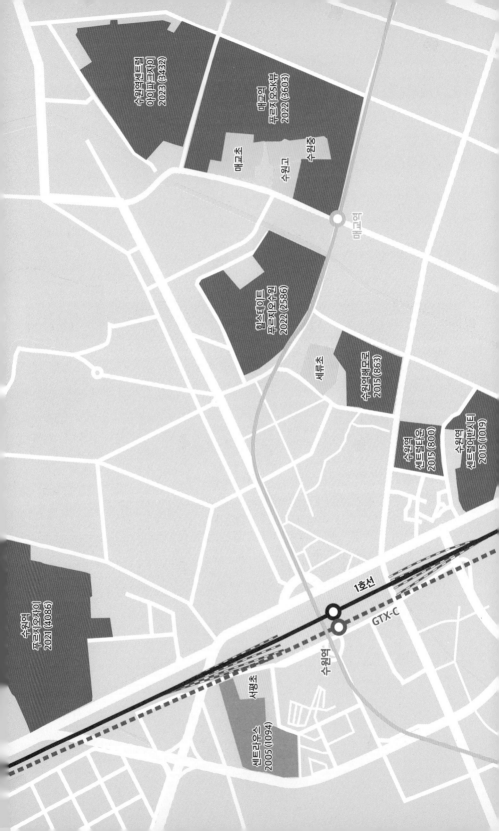

수원역푸르지오자이
2023 (3432)

매교역
푸르지오SK뷰
2022 (3603)

매교초

수원고

수원중

매교역

힐스테이트
푸르지오수원
2022 (2586)

세류초

수원역해모로
2015 (863)

수원역
센트럴타운
2015 (800)

수원역
센트럴시티
2015 (1019)

수원역푸르지오자이
2021 (4086)

1호선

수원역

GTX-C

서평초

센트라우스
2005 (1094)

아파트 이름	평수	최고가	최근 실거래가	안전 마진	네이버 최저가	전세 가격	매매-전세
수원역푸르지오 자이	30	9억 (2021.05)	7.25억 (2024.03)	1.8억	7.2억	4.5억	2.7억
센프라우스	34	8.5억 (2021.07)	6.05억 (2024.04)	3.4억	5.1억	3.5억	1.6억
수원역센트럴 어반시티	33	7.55억 (2021.01)	5.78억 (2024.03)	2.25억	5.3억	3.8억	1.5억
수원역해모로	33	8.25억 (2021.10)	6.07억 (2024.03)	2.55억	5.7억	4억	1.7억
수원센트럴타운	25	6.7억 (2021.06)	5.05억 (2024.03)	1.9억	4.8억	3.3억	1.6억
힐스테이트 푸르지오수원	26	7.96억 (2021.05)	6.8억 (2024.04)	1.26억	6.7억	4.2억	2.9억
	33	10.63억 (2021.04)	9.3억 (2023.06)	2.63억	8억	5억	3억
매교역푸르지오 SK뷰	24	8.24억 (2021.08)	6.5억 (2024.04)	1.09억	7.15억	4.2억	2.95억
수원센트럴 아이파크자이	30	11.09억 (2021.02)	5.96억 (2023.12)	-	-	4.5억	-

※ 역사 위치는 아직 확정되지 않아 지도에 표시하지 않았습니다.

서동탄역
파크자이
2018 (982)

서동탄역
파크자이2차
2018 (376)

병점역
센트럴허브시티
2004 (1499)

병점역
양우내안애
2016 (268)

송화초

병점역SK뷰
2008 (228)

화서병점초

병점역효성
해링턴플레이스
2013 (231)

병점역

1호선

병점역
e편한세상
2021 (2666)

새봄초

GTX-C 병점역

아파트 이름	평수	최고가	최근 실거래가	안전 마진	네이버 최저가	전세 가격	매매-전세
병점역 아이파크캐슬	33	8.3억 (2021.07)	6.6억 (2024.04)	1.6억	6.7억	4.5억	2.4억
병점역효성 해링턴플레이스	33	7억 (2021.09)	5.25억 (2024.04)	2.3억	4.7억	4억	0.7억
병점역SK뷰	33	4.78억 (2021.06)	4.5억 (2023.10)	0.18억	4.6억	3.3억	1.3억
병점역양우내안에	24	4.5억 (2021.08)	3.5억 (2024.04)	1억	3.5억	2.7억	0.8억
서동탄역파크자이	33	7.5억 (2021.01)	5.2억 (2024.03)	2.2억	5.3억	3.7억	1.6억
서동탄역 파크자이2차	33	7.2억 (2021.09)	5.3억 (2024.04)	2억	5.2억	3.6억	1.6억
병점역 센트럴허브시티	33	6.35억 (2021.09)	4.3억 (2024.03)	2.55억	3.8억	3.2억	0.6억

※ 역사 위치는 아직 확정되지 않아 지도에 표시하지 않았습니다.

오산대역
세교자이
2018 (1110)

오산대역
호반써밋
2017 (855)

오산대역
우미린
2004 (990)

오산대역
엘크루
2013 (498)

오산대역

매홀고

더샵
오산센트럴
2020 (596)

매홀중

1호선

오산대역

아파트 이름	평수	최고가	최근 실거래가	안전 마진	네이버 최저가	전세 가격	매매-전세
더샵오산센트럴	33	7.6억 (2021.05)	6.6억 (2024.01)	1.1억	6.5억	4.3억	2.2억
오산대역 세교자이	32	7.48억 (2023.12)	5.52억 (2024.03)	2.38억	5.1억	4억	1.1억
오산대역 호반써밋	33	6.94억 (2021.06)	4.9억 (2024.04)	1.94억	5억	3.7억	1.3억
오산대 우미린	27	4.7억 (2021.10)	3.25억 (2024.04)	1.4억	3.3억	2.2억	1.1억
오산대역 엘크루	34	6.53억 (2021.07)	4.3억 (2024.04)	2.03억	4.5억	3억	1.5억

※ 역사 위치는 아직 확정되지 않아 지도에 표시하지 않았습니다.

신안인스빌
시그니처
2020 (613)

고덕국제신도시
르플로랑
2021 (891)

서정리역

민세초

민세중

고덕
제일풍경채
2019 (1022)

고덕
파라곤
2019 (752)

이충주공4단지
1990 (490)

고덕
자연앤자이
2019 (755)

1호선

삼성전자
평택캠퍼스

서정리역

아파트 이름	평수	최고가	최근 실거래가	안전 마진	네이버 최저가	전세 가격	매매-전세
고덕국제신도시 파라곤	33	9.8억 (2021.09)	6.4억 (2024.03)	3.2억	6.4억	3.5억	2.9억
고덕국제신도시 제일풍경채	33	9.27억 (2021.09)	6억 (2024.04)	3.32억	5.95억	3.2억	2.75억
신안인스빌 시그니처	32	8.5억 (2021.11)	5.8억 (2024.04)	3억	5.5억	3억	2.5억
고덕신도시 자연앤자이	33	9억 (2021.09)	6억 (2024.03)	3.4억	5.6억	3.3억	2.73억
고덕국제신도시 르플로랑	24	5억 (2023.07)	4.45억 (2024.04)	0.5억	4.5억	2.6억	1.9억
이충주공4단지 (재건축)	14	3억 (2022.01)	2.05억 (2024.02)	0.8억	2.2억	1.3억	0.9억

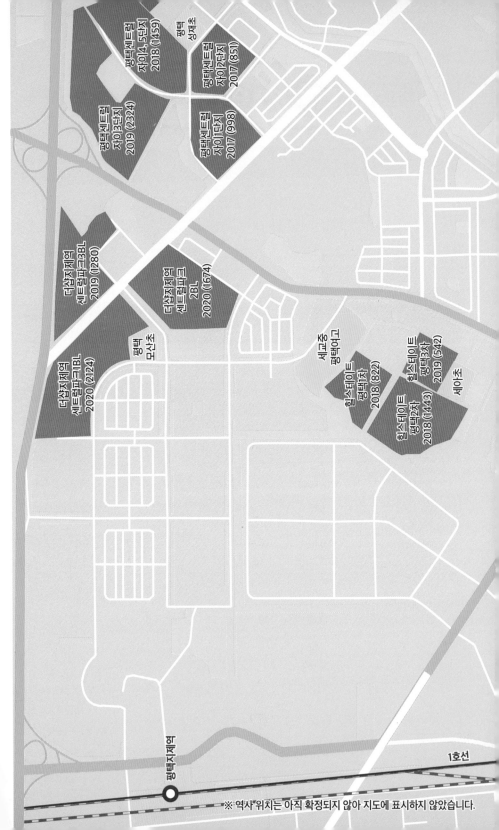

평택센트럴
자이4,5단지
2018 (1459)

평택
성재초

평택센트럴
자이2단지
2017 (851)

평택센트럴
자이3단지
2019 (2324)

평택센트럴
자이1단지
2017 (998)

더샵지제역
센트럴파크3BL
2019 (1280)

더샵지제역
센트럴파크
2BL
2020 (1674)

평택
모산초

세교중
평택여고

힐스테이트
평택1차
2018 (822)

힐스테이트
평택3차
2019 (542)

세이초

더샵지제역
센트럴파크1BL
2020 (2124)

힐스테이트
평택2차
2018 (1443)

평택지제역

1호선

※ 역사 위치는 아직 확정되지 않아 지도에 표시하지 않았습니다.

아파트 이름	평수	최고가	최근 실거래가	안전 마진	네이버 최저가	전세 가격	매매-전세
더샵지제역 센트럴파크1BL	24	5.58억 (2021.10)	4.14억 (2024.03)	1.38억	4.2억	2.8억	1.4억
더샵지제역 센트럴파크2BL	24	5.5억 (2021.04)	4.15억 (2024.03)	1.5억	4억	2.6억	1.4억
더샵지제역 센트럴파크3BL	33	7.07억 (2021.11)	5억 (2024.03)	2.27억	4.8억	3억	1.7억
힐스테이트 평택	33	6.3억 (2021.11)	4.8억 (2024.04)	1.9억	4.4억	3억	1.4억
힐스테이트 평택2차	34	6.45억 (2021.10)	4.8억 (2024.03)	1.95억	4.5억	3.5억	1억
힐스테이트 평택3차	33	6.7억 (2021.10)	4억 (2024.04)	2.2억	4.5억	3억	1.5억
평택센트럴자이 1단지	24	5.27억 (2021.09)	3.66억 (2024.03)	1.67억	3.6억	2.5억	1.1억
평택센트럴자이 2단지	24	5억 (2021.11)	3.33억 (2024.03)	1.5억	3.5억	2.5억	1억
평택센트럴자이 3단지	34	7.02억 (2021.10)	4.65억 (2024.04)	2.32억	4.7억	3억	1.7억
평택센트럴자이 4단지	34	6.8억 (2021.10)	5.15억 (2024.04)	2.1억	4.7억	2.8억	1.9억
평택센트럴자이 5단지	33	7억 (2021.08)	4.4억 (2024.04)	2.3억	4.7억	2.8억	1.9억